# AUTHENTIC HAPPINESS

Using the New Positive Psychology to
Realize Your Potential for Lasting Fulfillment

# 世界でひとつだけの幸せ

ポジティブ心理学が教えてくれる満ち足りた人生

著
マーティン・セリグマン
Martin E. P. Seligman, Ph. D
訳
小林裕子
Hiroko Kobayashi

アスペクト

# 世界でひとつだけの幸せ

**Authentic Happiness**
Using the New Positive Psychology to
Realize Your Potential for Lasting Fulfillment
by Martin E.P. Seligman

# 目次
CONTENTS

## Part 1

# 大切なのは幸せになりたいという意欲

Part 2

## あなたにとっての強みと美徳



Part 3

## 幸せというゴールを目指して

# まえがき

心理学はここ半世紀というもの、うつ病や統合失調症、アルコール依存症といった「心の病」だけに注目し、その研究に取り組んできた。その結果、それぞれの症状の特徴、進行状況、さらには発病の原因が、かなりの精度で解明された。何よりの進歩は、現場にたずさわる医師たちが、患者の症状を和らげる方法を修得したことである。私も薬物療法と心理療法を併用することで、数十症例におよぶ精神病のうち一四症例で治療効果を得ることができ、しかも二症例は完治している。

このように、これまで順調に進展してきたかに思える心理学も、一方では高い代償を払っている。それは、患者に生きがいを与えることを重視してこなかったため、症状こそ和らいでも、患者はみじめな人生を送っているという現実である。

人は弱点を補うだけでは幸せになれない。自分自身のマイナス五の部分をマイナス三にするための方法をあれこれ考えて、日に日に悲惨な状況におちいっていくよりも、プラス二の部分をプラス七にステップアップする方法を考えたほうが、人は幸せになれる。そのような意味で、これまでの心理学は少しでも幸せになりたいと願う普通の人たちとは、一線を画す学問だった。

「幸せの追求」という言葉を、何度も耳にされたことがあるだろう。ところが現実には、幸せを追求することなど、科学的根拠もなく不可能だとされている。幸せには、あらかじめ一人ひとりに定められた範囲があるというのだ。ダイエットをした人にリバウンドがあるのと同じで、不幸な人の幸せが長続きすることも、幸せな人の不幸が長続きすることもないのだ、と。

どんなに努力しても人の心は本当に変えられないのだろうか。いや、けっしてそんなことはない。人間の心はいつでも変えられる。今までの説をくつがえすもの、つまり、人びとの願いをかなえるもの、それが私の提唱する「ポジティブ心理学」である。

私は本書の前半部分で、変わることのない満ち足りた人生を手に入れるためのポジティブな感情と、それを高めるプロセスについて紹介する。

この「ポジティブ心理学」には、大きなハードルがある。それは、幸せなど実体のない偽りだとする、根深くも罪深い教えだ。今まであらゆる文明でくりかえされ広まってきたこの教えは、じつはとんでもない独断なのだが、残念ながら現代社会にあっても、いまだに廃れてはいない。

この罪深い教えを、あらゆる文化の定義づけとして二〇世紀の心理学に引用したのがフロイトだった。フロイトは、人間はさまざまなネガティブな感情をもって生きており、そのネガティブな感情を「抑えよう」と葛藤するエネルギーが文化を生み出す、と主張した。

たとえば、私が略奪や殺人に走ることなく、この「まえがき」をパソコンに向かって書いているのは、私がこの行動によって「つぐなわれた」からだというのだ。つまり、残忍な衝動を抑えようと必死に自己防衛することが、私の執筆活動のエネルギー源だというわけだ。

このフロイトの原理は、現代の心理学や精神医学にも深く浸透している。診療の場では、それぞれの症状の原因を特定するために、患者の過去や幼児期の出来事が徹底的に洗いだされる。その結果、人一倍競争心旺盛なビル・ゲイツが今日の成功にいたった理由については、父親を超えたいという願望のあらわれであり、また、故ダイアナ妃が積極的に地雷撲滅運動に励んだのも、チャールズ皇太子や他の王室メンバーに対する残忍な憎しみの結果にすぎないということになってしまうのである。

だが、強みや美徳がネガティブな動機から生まれるという根拠などどこにもない。私は、人間は善悪双方の特徴を受けいれて進化してきたと信じている。道徳的で協調性があり博愛主義で善良な人びとだけでなく、殺人者、自己中心者、そしてテロリストもまた、世界中で数多くの役割が与えられてきた。この人間がもつ二面性が、本書後半の重要なテーマである。

二〇〇一年九月一一日の同時多発テロは、被害者やその家族を失意のどん底におとしいれたが、あの日以降、私はますます「ポジティブ心理学」の重要性を確信するようになった。ただ苦悩を和らげるだけでは、苦しみ、落ちこみ、自暴自棄になっている人びとを、本当の意味で救うことはできない。人はどん底にあっても、美徳や誠実さ、さらには生きる目的や価値を、必死になって求めている。何か問題が起きたときに本当に必要なのは、苦しみを理解して和らげることではなく、幸せを理解し築きあげることである。

最高のセラピストとは、単にダメージをいやす人ではなく、それぞれの患者のポジティブな特性を見つけだし、築きあげる手助けができる人のことをいう。そして、誰もが元来もっている特別な能力を自覚し磨きあげ、それらを日々の仕事や子育て、恋愛、遊びなどに役立てて初めて、本物の幸せを手に入れることができるのだ。

人の心はいつでも変えられる。人はみな、変わることのない満ち足りた人生への切符を手に生まれてきたのだ。満たされているという気持ちがほとんどもてず、生きる価値も見いだせずに途方にくれているあなたも、本書を読み終わったころには、きっと進むべき道を見つけるに違いない。「本物の幸せ」というゴールへとつながる、とっておきの道を。

Part
1

# 大切なのは幸せになりたいという意欲

POSITIVE EMOTION

第1章

# 心から幸せだと感じるためには

ミルウォーキーにあるノートルダム教育修道女会の修練院での見習い期間を終えたセシリア・オペインは、一九三二年、残りの人生を幼い子どもたちの教育にささげることを誓って修道女となった。この誓いのとき、略歴を求められたセシリアは、次のように記した。

計りしれない愛を神からさずけられ、私の生活が始まりました。……ノートルダムで勉学に励んだこの一年間、私はとても幸せでした。そして今、私は聖母マリア様から神聖なる修道衣をさずかり、慈愛に満ちた神に生涯をささげることを心からうれしく思っています。

同じ年、同じくミルウォーキーで修道女になったマルグリート・ドネリーは、自分の略歴を次のように記した。

私は一九〇九年九月二六日に、女五人と男二人の七人兄弟の一番目の子として生まれました。……最初の見習い期間は化学を教えながら修道女会修練院本部で過ごし、二年目はノートルダム大学でラテン語を教えました。私は神の御加護のもと、宗教の伝道と私自身を神にささげるために、努力してまいります。

この二人を含む一八〇人のシスターは、幸福と長寿との関連を調査した前例なき研究の対象となった。人の寿命を具体的に調査し、どんな条件が人の寿命を縮めたり延ばしたりするのかを研究することは、重要であると同時に、科学的にも解明が困難な問題である。

修道女たちは、世間から隔離され、毎日決まりきった生活を送っている。彼女たちは毎日、ほとんど変わらない味気ない食事をし、酒も飲まずタバコも吸わない。異性との接触が原因の病気にはかからないし、経済上も社会上も同じ階級に属し、同じ医療機関を利用する。

このように生活環境はほぼ等しいにもかかわらず、先にあげた二人の修道女の寿命や健康状態には、大きな違いが見られた。前者のセシリアは九八歳になっても病気一つしない健康体だったが、後者のマルグリートは五九歳のとき脳卒中で倒れ、その後まもなく亡くなった。この違いがライフスタイルや食事、医療の違いによるものでないことは明らかである。

一八〇人の修道女全員が見習い時代に書いたものを注意深く読んでいくと、そこには注目に値する相違点があった。ここでもう一度、セシリアとマルグリートの記述を読んでいただきたい。あなたは両者の違いに気づかれただろうか？

セシリアは「とても幸せ」や「心からうれしい」というポジティブな感情をあらわす言葉を使っているが、マルグリートはこうした言葉をまったく使っていない。また修道女たちのポジティブな感情量を調査したところ、最も快活なグループではその九〇％が八五歳になっても生存していたのに対し、最も快活でないグループでは三四％しか生存していなかった。

では、ポジティブな性格の人は、本当に長生きなのだろうか。この調査では、不幸の表現度、将来への期待度、信心深さ、略歴内容の知的レベルや複雑さといった要因が検証されたが、いずれも寿命との関係性は見られなかった。寿命の違いをもたらしたのは、それぞれが記した略歴にあらわされているポジティブな感情量の違いだけだった。すなわち、「幸福な修道女」＝「長生きをする修道女」ということになる。

卒業アルバムは、ポジティブ心理学の研究者にとっては宝の山だ。カメラマンから「にっこり笑ってください」と言われると、誰もが素直にとびきりの笑みを浮かべる。本当にうれしくて明るく笑っている人もいれば、礼儀正しくポーズをとるだけの人もいる。笑いには本物の笑いと作り笑いの二通りがあり、本物の笑いは、発見者のギューム・デュシーヌにちなんで「デュシーヌ・スマイル」と呼ばれている。口の端が上を向き、目尻にカラスの足のようなシワが寄る。このシワが寄る目のまわりの筋肉を、自分の意思でコントロールすることはほとんど不可能だ。だから、訓練を積んだ心理学者なら、一目でデュシーヌ・スマイルとそうでないものとに区別することができる。

一つの例を紹介しよう。カリフォルニア大学バークレー校の研究室が、ミルズ大学の一九六〇年の卒業記念アルバムから一四一人を抽出して調査している。その中の女性のうち、三人をのぞいた全員が笑っており、笑っている女性の半分がデュシーヌ・スマイルだった。彼女たち全員が、それぞれ二七歳、四三歳、五二歳のときに、結婚と生活に関する満足度の調査を受けた。一九九〇年にこの調査を引き継いだダッハー・ケルトナーとリーアン・ハーカーは、高齢に達した彼女たちのスマイルから、今まで彼女たちがどんな生活を送ってきたのかを推測した。驚いたことに、デュシーヌ・スマイルの女性はほとんどが結婚していて、その結婚生活も長続きしており、その後の三〇年間は心身ともに健康だった。幸福のバロメーターが、目尻のシワだけで推測できたのである。

この結果を分析していたハーカーとケルトナーは、充実した生活が予測できたのは、じつは目尻のシワからではなく、容貌の違いによるものなのではないかと考えた。そこで調査対象者たちの容貌を評価してみたのだが、彼女たちの容貌の評価は、結婚や生活に対する満足度とはまったく関係がなかった。つまり、心から笑っている女性は、結婚に満足し幸せだということになる。一枚の写真に撮しだされたほんの一瞬のポジティブな感情から、その後の人生を正確に予測できるというのは、驚くべきことである。

本書のパート1では、快楽、社交性、陽気さ、楽しみ、満足感、平穏さ、希望、忘我といった、瞬間的なポジティブな感情を取りあげ、とくに次の三つの問いに焦点を当てて述べていく。

●進化の過程で私たちがポジティブな感覚を得た理由とは何か？　心地よさを超えたポジティブな感情を長続きさせるものとは何か？

●ポジティブな感情を多くもつ人と、もたない人の違いとは何か？　ポジティブな感情を引き起こすものと、引き起こさないものの違いとは何か？

●日常生活の中で、私たちがより多くのポジティブな感情を持続させるための秘訣とは何か？

これらの問いの答えを人びとが心理学に求めるのは当然である。しかし実際には、心理学は人間のポジティブな側面を軽視してきた。したがって、これら三つの問いについて、科学的な調査にもとづいた回答を提供することも、本書のテーマの一つである。

この章に続く以下の三章を読めばわかると思うが、本書の最大のテーマは、心の病を和らげる精神病理学の知識に、人びとが備えもつ強みと美徳、そしてポジティブな感情についての知識をプラスして、今までの心理学のアンバランスを修正し、ポジティブ心理学を発展させることにある。

それにしても、既存のポジティブ心理学の本は、どうして刹那的な「幸福論」や「快楽論」の域を出ないのだろうか？　幸福をもたらす質の良い生活とは、単純に、良い時期の総量から悪い時期の総量を差し引いたものだと、快楽主義者は指摘する。事実、大多数の人たちが、このゴールに向かって生活を営んでいる。しかしこの論理は、まったく浮世離れしている。刹那的な感情の合計とは、映画や休暇、結婚といったエピソードが、その人にとって良かったか悪かったかを判断しただけの、欠陥だらけの論理にすぎないからだ。

プリンストン大学の有名な心理学教授で楽観主義に関する世界的権威でもあるダニエル・カーネマンは、このような楽観主義論に反論する事例を数多く実証して名声を得た。その彼がテストに使ったものの一つに、結腸内視がある。これはチューブの先端についた結腸内視鏡を、患者に苦痛を与えながら直腸に挿入し、実際は数分なのだが患者にとっては永遠に続くと思える時間、腸の中で上下に動かすというものだ。

カーネマンは実験で六八二人の患者を無作為に抽出して二つのグループに分けた。通常の結腸内視をおこなうグループと、最後に実験を一分間追加し、その間は結腸内視鏡を動かさないというグループだ。追加された一分間は、患者たちに苦痛はないが不快感は残る。

結果は、一分間追加したグループのほうが、実験後の苦痛体験の記憶が和らぎ、もう一度内視鏡検査を進んで受けようという態度を示した。これは、実験時間の合計は長くなるが、検査の苦痛体験が比較的軽いものとして記憶されたからである。

この実験と同様に実生活でも、物事の結末をどう締めくくるかが重要だ。なぜなら、結末があなたの全人生の記憶や、やり直そうとする意志を永遠に変えてしまうからだ。

また、生きているあいだずっと、人為的に脳を刺激することができれば、ポジティブな感情を必要なだけ受けられるだろう。しかし人間に必要なのは、ポジティブな感覚だけではなく、ポジティブな感覚をもつ権利を得ることなのだ。

薬物やチョコレート、愛のないセックス、ショッピング、自慰、テレビといった、良い気分になるための近道は無数に発明されている。しかし、幸福や快楽、有頂天、夢中、恍惚への近道に頼って生きる人たちは、物質的には満たされても精神的には飢えている。本物のポジティブな感覚とは、安易な近道に頼らず、強みと美徳を生かして獲得するものなのだ。

ペンシルベニア大学で過去三年間ポジティブ心理学の講座を担当した私は、よく学生たちに、バージニア大学の若い優秀な教授であるジョン・ハイトの話をした。彼の心理学者としての第一歩は、吐き気をもよおすようなバッタの唐揚げを被験者に食べさせることから始まった。さらに彼は、アドルフ・ヒトラーが着たといわれるTシャツを被験者に着させて反応を観察するという、じつに嫌な実験もおこなっている。しかし、こういった後ろ向きの調査に疲れた彼は、一転して「エレベーション（上昇）」と呼ばれる感情の調査を始め、誰かが特別にポジティブな行為をおこなうところを見聞きした話や、人間味にあふれる良い経験をした話を収集した。

これはバージニア大学のある一年生による、典型的なエレベーションの話である。

雪の降る夜、私たちは救世軍の施設から車で家に戻る途中、年老いた婦人がシャベルで自宅前の車道の雪かきをしているところを通りかかりました。すると、仲間の一人が運転手に降ろしてくれるよう言いました。私は、そこが彼にとっては自宅への近道なのだろうと思ったのですが、彼がシャベルを手にするのを見て感激で胸がいっぱいになり、涙が出てきました。

私のクラスの学生の一人が、「幸福は遊びからよりも親切な行為からのほうが手に入れやすいのでしょうか」と質問した。活発な討論の末に学生たちは、一つのグループは娯楽活動を、もう一つのグループは慈善活動をそれぞれおこない、その結果をレポートにまとめることになった。

結果は、彼らの人生観を変えるようなものとなった。友達と遊ぶ、映画を観る、チョコレートサンデーを食べるなどの娯楽活動は、慈善活動の前にかすんでしまったのだ。

ある学生は、小学三年生の甥の算数を見てやった日のことをまとめた。「そのあと一日中、自分が人の話によく耳を傾け、穏やかであり、まわりの人もふだんより好意的に接してくれた」ことに気づき、彼は非常に驚いた。ただ楽しむこととは違って、親切にすることには充足感がともなう。この充足感を得るためには、それぞれが自分の強みを生かして臨機応変に相手の要求に対処することが必要だ。他人に親切をすることは義務でも見栄でもなく、時間を忘れて没頭することができる。幸せになるために金《かね》もうけの方法を学ぼうとペンシルベニア大学に入った商学部のある学生も、買い物に金を使うよりも他人の手助けをするほうが楽しいと感じる自分を発見して驚いた。

心身ともに健康な状態とはどういうことなのかを理解するためには、まず、自分の強みや美徳を理解する必要がある。これが、本書のパート2のテーマである。

心身ともに健康な状態をもたらす強みは二四種類あるといわれており、そのうちの一つに楽観主義がある。

ミネソタ州のある精神科医が、楽観主義者は長寿であるかを確かめるため、四〇年前に治療を受けた八三九人の患者を抽出して調査している。八三九人の患者のうち、二〇〇人が二〇〇〇年までに亡くなったが、楽観主義者は悲観主義者と比較すると、予想寿命より一九%長寿だった。一九%という数字は、先に紹介した幸福な修道女の調査結果に匹敵する。

また、ハーバード大学のジョージ・ベイラント教授は、男性を二つのグループに分けて、彼が「熟年への防御」と名づけた強みについての研究をおこなっている。二つのグループは、一つがハーバード大学に一九三九年から四三年に在籍した級友たちで構成され、もう一つはボストンの旧市内に住む四五六人の同世代の男性たちで構成されている。いずれのグループの調査も、対象者が一〇代後半だった一九三〇年代に始まり、対象者が八〇歳を越えた今日にいたるまで続けられている。

「熟年への防御」と呼ばれる強みには、利他主義や充足感を持続させる能力、将来への関心、ユーモアが含まれる。対象者の中には、年をとるにしたがってこれらの強みを発揮して生活を楽しむ人がいるかと思えば、それが発達できない人もいる。そしてベイラントは、社会的に成功した老後を迎えるための最大の要因は、「収入」「健康」「生活の喜び」であることを発見した。

この調査によると、「熟年への防御」はハーバード大学グループの白人やプロテスタントに多く見られた。一方、ボストンの旧市内グループが見せる強みははるかに変化に富んでいる。若いころにこの強みを示していた七六人の男性のうち九五％は、老年になっても疲れを知らず、重い家具の移動や、まき割り、三キロの歩行、そして、一階から二階まで休まずに駆け上がることができた。ところが、このような強みをまったく示したことのなかった六八人を調べると、同じような運動能力を老年になっても示したのは五三％にすぎなかった。

ところで、ポジティブ心理学は、無数にある強みの中から何を基準に二四種類を選び出したのだろうか。これらの強みが数えられたのは一九三六年のことだが、それらは一万八〇〇〇種類の強みの中から選ばれている。どの強みをどの調査の対象とするかは、ＤＳＭ（米国精神医学協会の診断と統計の手引き）に対抗するシステムを作りあげようとする心理学者や精神科医にとっては重要な課題である。

強みを選ぶ三つの基準は次のとおりである。

●ほとんどあらゆる文化で尊重されている。

●ただ目的を達成するためだけの手段ではなく、それ自体が正しい行為として尊重されている。

●順応性に富んでいる。

勇気、親切、創造性といった強みはどうだろう。もちろん基準に当てはまる。では、知性、絶対音感、正確さはどうだろう。知性と絶対音感は、学習して身につくものではないので当てはまらない。正確さは学習できるが、絶対音感と同じく目的を達するための手段であり、あらゆる文化で尊重されているわけではない。

次に美徳について考えてみたい。これまで心理学は、美徳の存在を無視してきたのかもしれない。宗教や哲学でも美徳は認められてこなかったのだが、じつは一〇〇〇年間にわたって美徳と強みとをまとめあげたすばらしい文化が存在する。それは、孔子、アリストテレス、聖トマス・アキナス、武士道、インドの叙事詩「バガバッド・ギータ」などの尊敬すべき伝統である。これらの規範には次の六つの核となる美徳が含まれている。

- 知恵と知識
- 勇気
- 愛と人間性
- 公平さ
- 自制心
- 精神性と卓越性

それぞれ哲学的な土壌が異なる文化が、数千年の時間を経て調和しているということは、注目に値する。ポジティブ心理学では、この異文化間の調和を指標として取り入れている。

強みと美徳は、好調な時期だけでなく不遇な時期も私たちを支えてくれる。不遇な時期こそ、たくさんの強みを発揮する絶好のチャンスである。つい最近までポジティブ心理学は、人類の繁栄期における創造物と考えられていた。国が戦争に突入し、貧困にあえいで混乱している時期に人びとが関心をもつのは防御や破壊に関してであり、この時期に必要な科学は、破壊されたものを修復する技術だろう。一方、平和な時期には、生涯で最高のものを作り上げることに関心が集まる。ロレンツォ・デ・メディチ家の支配下にあったフィレンツェが、ヨーロッパ最強の軍事大国になるためには財力を使わず、美の創造に財力を費やしたのはこの例だ。

筋肉生理学は、持続的な活動（tonic activity＝アイドル状態）と相動性な活動（phasic activity＝筋肉に指示が出て収縮する状態）とを区別しているが、心理学が研究しているのは、ほとんどが持続的な活動だ。たとえば、内向性、高いＩＱ値、うつ状態、怒りの測定は、すべて実社会で起こるような刺激を考慮せずに研究されている。しかし心理学者たちが本当に測定したいと望んでいるのは、社会的で相動的な難問に直面したとき、人間がどのような状態になるかということだ。

首を縦にふらない顧客に対して機転のきいた返答ができるかどうかを、高いＩＱ値から予測することができるだろうか。実際に会社を解雇されたときの挫折感を、持続的なうつ状態の測定から十分に予測することができるだろうか。答えは、「おおまかには予測できるが、完全ではない」といったところだろう。

心理学はさまざまなケースを予測しているが、実際にはＩＱの高い人が失敗する例は非常に多い。反対に、実社会で賢く立ち回らなければならない局面で、ＩＱの低い人が成功する例もたくさんある。このような測定ミスが発生するのは、持続的な状態での測定値が大まかな予想値だからである。

難局に直面したときにそれを解決することができる心理学が必要とされているのは、それが人間の行動を予測するのに不可欠な分野だからだ。

人類はその進化の過程で、配偶者を勝ち取ったり、肉食動物の攻撃から生き残ったりして、難局をうまく乗り越えた先祖だけが子孫に遺伝子を残すことができた。祖先の血を受け継ぐ私たちが、実際にチャレンジを受けるまでは気がつかなくても、もともと強い力を体内に備えもっているのは確かである。第二次世界大戦を経験した人びとは「偉大な世代」と呼ばれるが、彼らは現在の私たちと違った強みをもっていたのではなく、危機の時代に遭遇したために、個々の体内に生まれながら備わっていた強みを発揮しただけだ。

強みには、性格と深くかかわるものと、あまりかかわりのないものがある。私は、性格と深くかかわる強みのことを「とっておきの強み」と呼んでいる。あなたが、「とっておきの強み」と「性格とは関係のない強み」とを区別できるようになることも、本書の目的の一つである。無理な努力をして弱点を修正する必要などない。「とっておきの強み」を認識して活用していけば、成功することも深い満足を得ることもできる。本書のパート2は、これらの強みをどのように見わけるかに焦点を当てている。

そしてパート3では「豊かな生活とは何か」という問いについて述べていく。私はちょっとした日常の中に、その答えがあると思っている。

シャンパンを飲むことやポルシェを運転することは「楽しい生活」かもしれないが、「良い生活」ではない。良い生活とは、「とっておきの強み」を日々活用して、本物の幸福と豊かな充足感を得ることにある。これは、仕事、愛情、子育てといった、毎日の生活の中から学ぶことができる。

私自身の「とっておきの強み」の一つは、学習に対する愛情だ。私は大学で教えながらこの強みを自分の生活の中に組みこみ、毎日実行するよう努めている。学生に複雑な概念をかみくだいて教えたり、八歳の息子にブリッジのルールを説明していると、体内にエネルギーがみなぎってくる。学生がよく理解してくれれば、私は元気づけられる。自分がいちばん得意とする「教える」ことから得られる幸福は本物である。

一方、人を組織する強みは私にはない。やむを得ないときは、信頼のおけるアドバイザーの助けを受けるので対処できるが、それが終わると疲れきって元気がなくなってしまう。そこから得られる満足は、「教える」ことから得られる本物の満足よりはるかに小さい。報告書がどんなにうまく書けたとしても感動は得られず、満足感は小さい。

「とっておきの強み」を生かして得られる幸福は本物だ。しかし、強みと美徳という支えがあって本物の幸福が成り立つのと同様に、強みや美徳にも何か大きな支えが必要だ。「豊かな生活」は、楽しいだけの生活を超越したところにあり、その先にあるのが「生きがいのある生活」だ。

今、生きる意味や目的を見つけたいと願う多くの人びとが、精神世界に傾倒するニューエイジに転じたり、既存の宗教へと復帰している。彼らは奇跡や神の調停を熱望している。何事も病理学だけで片づけ、今より少しでも幸せになりたいと願う普通の人たちを無視してきた現代の心理学が、行き場を求めてさまよう巡礼者たちを生み出しているのだ。

彼らと同じように、私もまた、日々の生活の中での目的を超越した生きがいを追い求めている。ただし、超自然的な信仰や既存の神への信仰は、私には受けいれがたい。

ポジティブ心理学は、宗教とはかかわりのない立場から、世俗を超越した生きる目的や生きがいを、さらには超自然的ではない神を追求している。こういったポジティブ心理学が求める究極の目的については最後の章で述べることにする。

この本を読みはじめたあなたに、ここで簡単な感情度調査への回答をお願いしたい。この調査はマイケル・W・フォーダイスが開発したもので、今までに何万という人が回答してきたものである。参考までに回答数の平均値を記しておくが、もちろん幸福は点数競争ではないことを心にとどめておいていただきたい。本物の幸せは、他人と比較することではなく、自分で門を開くことにある。

## フォーダイスの感情度測定テスト

あなたがいつもどのくらい幸せや不幸せを感じているのか、最も近い項目を選んでチェックしてみよう。

□きわめて幸せだ（喜びに満ちて至福の極みにある）――――10点
□とても幸せだ（とても豊かな気分）――――――――9点

□かなり幸せだ（気分が高揚）――8点
□やや幸せだ（豊かでなんとなく元気）――7点
□少し幸せだ（通常よりは幸せ）――6点
□どちらともいえない（とくに幸せでも不幸せでもない）――5点
□少し不幸せだ（5点よりはやや不幸せ）――4点
□やや不幸せだ（4点よりは不幸せ）――3点
□かなり不幸せだ（なんとなく憂うつな気分）――2点
□とても不幸せだ（気分が落ちこんでいる）――1点
□きわめて不幸せだ（気分がかなり落ちこんでいる）――0点

次に、幸福、あるいは不幸だと感じるパーセンテージはいくつになるか、どちらともいえないパーセンテージはどうか、三つの合計が一〇〇%になるように書き出してみよう。

●幸福だと感じる――【　%】
●不幸だと感じる――【　%】
●どちらともいえない――【　%】

三〇五〇人のアメリカ人の回答をもとに算出した幸せの平均点数は六・九二である。幸福あるいは不幸だと感じる割合の平均は、幸福が五四・一三%、不幸が二〇・四四%、どちらでもないが二五・四三%である。

「ところで、〝幸せ〟っていったい何なの」――第1章を読んでこられたあなたは、こんな疑問をおもちではないだろうか。幸せについては、ありとあらゆる哲学用語以上に、数多くの定義が今までになされている。さまざまな分野で多用されるこの言葉を残りのページで整理するのは造作のないことだが、混乱は招きたくない。私の関心事は、幸福を定義することではなく、ポジティブな感情と強みを分析し、どうすればその感情と強みを増やすことができるのかという「幸福の構成要素」をあなたに教えることだからだ。

第2章
# 心の強さを育てる心理学

「もしもし、マーティン？　本当に長い間お待たせしました。やっと終わったわ。結果は……、ガーガー」。電話は途中で切れた。

電話の主がドロシー・カンター教授だということはわかっていた。ドロシーは一六万人の会員を擁するアメリカ心理学会の会長であり、彼女の後任を選ぶ選挙がちょうど終わったところだった。その候補者の一人が私だった。それにしても、ティートン山中での自動車電話の不具合といったら……。

ふたたび電話がかかってくるのを待ちながら、私は心理学者への道を歩みだしたばかりの四〇年前へと記憶をさかのぼらせた。

ニューヨーク州のアルバニーで、三〇〇年も続く名門のプロテスタントや大金持ちのユダヤ系の子弟、それにカソリックの運動選手たちが集まる学校に一人まぎれこんだ、小太りで非現実的な好奇心を持った一三歳の中流階級のユダヤ系の少年。それが私だった。アルバニー・アカデミー男子部に好成績で入学した私は、大学進学適性試験を受けるまで、そこで退屈な日々を送った。アルバニーの公立学校からでは一流大学へ進学できなかったため、公務員だった両親はなけなしの貯金をはたいて六〇〇ドルの授業料を支払っていた。息子を一流大学に入れたいという両親の考えは間違いではなかったが、五年間もアルバニー・アカデミー女子部の学生や彼女たちの父母からもさげすまれつづけた息子の苦しみを思えば、やはり良い選択とはいえなかった。

毛先を軽やかにカールさせ鼻筋の通ったジニー・アルブライトやバーバラ・ウィルス、それに冬のバカンス帰りで雪焼けしたサリー・エッカート。典型的なWASPのお嬢様たちの不安や悪夢、落胆の瞬間などについて、あれこれと考えてあげる奴など、私以外ほかには誰もいなかった。早熟でゴシップ好きな彼女たちの興味から逃れるためには、ほかにどんな方法があったというのだ？　それにしても、そのころから人の悩みを聞くという役割が、私には適していたようだ。

「もしもし、ドロシー。誰が当選したの？」

「投票結果は、いいえ……。ガーガー」。ふたたび電話が切れた。「いいえ」と言うからには良くない知らせなのだろう。

意気消沈した私はふたたび過去に思いをめぐらせた。時は一九四六年のワシントンDC、軍隊がヨーロッパや太平洋地域から引きあげてきた時期だったので、肉体を負傷した者以上に心に傷を負った者が多かった。私たちの自由を守るために犠牲となって戦った、多くの退役アメリカ軍人たちの心をいやすことができるのは誰だろう。

精神科医？　もちろん！　心の病を治すのは精神科医の使命《ミッション》である。クレペリンに始まり、ジャネット、ブロイラー、そしてフロイトと、多くの精神科医が心に傷を負った患者を治療し、歴史上の名声を得てきた。しかし、退役軍人すべての治療に当たるには、精神科医の数は少なすぎた。精神科医になるには年月がかかるし、費用もかさむ。試験もむずかしい。診てもらうほうにしても、多大な費用がかかるし、治療時間も期間も長い。退役軍人の治療に当たらせるのに、労力をかけることなく相当数の専門家を量産する適当な方法はないだろうか。そこで連邦議会が白羽の矢を立てたのが心理学者だった。

心理学者だって？　一九四六年当時の彼らに何ができたというのだ。第二次世界大戦直後、心理学者はマイナーな職業だった。その大半は、白いハツカネズミを使って学習と動機づけの基本プロセスを研究するか、ごく普通の大学生を使って認知の研究をするだけだった。彼らが取り組んだのは純粋な科学実験であって、発見した基本法則を何か具体的なものに応用することには、ほとんど関心が向けられなかった。

当時の心理学者には三つの使命《ミッション》があった。一つは精神障害を治療すること。そのほとんどはセラピーというよりはむしろ、精神科医がおこなうような地味なテストのくりかえしだ。二つ目は普通の人をもっと幸せにし、生産性をもたせ、充実させること。これは、工場や軍隊、学校で働く心理学者が探求してきたものだ。三つ目は非常に高いIQをもった子どもの成長過程を追跡して、並はずれた才能をもつ若者を見つけて育てることだった。

一九四六年に制定された退役軍人法で、心の問題を抱える退役軍人を心理学者が治療することが認められると、心理学者の多くが大学院課程から資金提供を受け、精神科医にまじって投薬治療を始めた。しかし実際には、退役軍人以外の患者を診療して保険会社から報酬を受けることのほうが多かったが。

こうなると、心理学者がハツカネズミや普通の大学生だけに興味をもちつづけていられるはずもなく、しだいに心理学は精神障害を治療することと同義語となった。問題を抱えていない普通の人たちに生きがいを与えることや、天才を発掘して育てるというそれまでの使命《ミッション》は、ほとんど無視されていった。

一九四七年に連邦議会が創設したNIMH（国立精神保健研究所）は、莫大な資金を調達して活動を開始した。初めのうちこそ心理作用（ノーマルもアブノーマルも）の基礎研究もおこなわれていたが、この研究所は精神科医によって運営されていたため、研究所の名前が示しているように本質的な任務が「精神保健」であるにもかかわらず、しだいに「精神障害」の国立研究所とみなされるようになっていった。一九七二年までにこの研究所は、精神障害の原因の研究と治療を目的として、おそらく総額一〇〇億ドルもの助成金を獲得した。この金額がNIMHの重要性を物語っている。

「イエローストーンに行ってみましょうよ。あそこなら公衆電話があるはずだわ」。妻のマンディが叫んだ。車をUターンさせ運転を続けるうちに、さらに私の思いは過去へと戻っていった。

一九六四年、ペンシルベニア大学の大学院生だった私は、級友のスティーブ・マイアーとブルース・オブマイヤーとともに「学習性無力感」と呼ばれる現象の研究に取り組んでいた。私たちは、行動を起こすたびに電気ショックの痛みを受け、どんなにあがいてもその痛みから逃れられないと学習した犬が、しだいに行動そのものをあきらめるようになることを発見した。こうした犬は、ショックから簡単に逃れる手段が用意されているときでさえ、ただ悲しげな声をあげながら無気力な表情で、ショックに打たれるままに耐え忍んでいた。

当然のことだが、私たちの理論は、当時の心理学の主流だった行動主義の学者たちから反発を受けた。それは、動物には自分の行動が無駄であると認識する能力はないと思われていたからだ。学習が成り立つのは、行動によって何らかの反応が起きるとき（バーを押すとお菓子が出てくる）、または、行動しても何の結果も起きないとき（バーを押してもお菓子は出てこない）だけだというのが、この分野の基本的な前提だった。つまり、すべての行動は「刺激―反応―強化」の図式であらわされているので、考えること、信じること、期待することは、行動には何の影響も及ぼさないとされていた。動物も人間も、複雑に入り組んだ偶然の出来事を評価することはできないし、将来を期待することもできない。だから、何をやっても無駄なことを学習するはずがないというわけである。

学習性無力感は行動主義理論に対する挑戦であるとともに、私が専門とする分野の核となった。私は、学習性無力感は「単極性うつ病」、つまり、躁病のないうつ病のモデルであると提唱した。そのため、長年にわたりうつ病患者の症状や原因を究明し、その治療を並行しておこなってきたのだが、研究を続けるうちに、診療所を訪れるうつ症状の患者や解決できない問題を抱えて望みを失った人たちが、積極性を失って学習意欲も低下し、どんどん悲しげで疑心暗鬼になっていくのに気がついた。薬物治療による患者のダメージも目の当たりにしていたので、私はひどく不安だった。

さらにセラピストとして、疾病のモデルにうまく当てはまらない患者たちも診てきた。それは、最悪の状況におちいっても、快復のきざしを見せる患者たちの存在である。過去は変えられないが、未来を変えるのは自分しだいなのだという事実を確信するようになった患者。あまり優秀な会計士ではないが、いつも丹念に仕事をして思慮深いことから顧客に大事にされていることに気がついた患者。次から次へと起こる問題に対処できず明らかな混乱状態におちいっていたのに、首尾一貫した会話を作りあげることを試みただけで落ち着きを取りもどした患者。私は多くの人たちのそれぞれに備わった強さが、治療の中で定着し、しだいに増幅されていくのを見てきた。この強さは、さまざまな疾患を和らげる、いわばクッションの役割をはたす。

治療に耐えうる弾力性のある強さを作りあげるという考え方は、「特定の疾患を治すには特定の治癒技術が必要だ」という今までのやり方には、そのままでは当てはめることができない。

また調査の過程で、どんなにつらい状況を与えてもけっしてあきらめない人がいる一方で、そのような状況におちいった経験など一度もないのに最初から無気力な人にも出会った。私は一〇年におよぶ学習性無力感の研究の中で、こういった事実をくりかえし目撃してきたにもかかわらず、この事実をうやむやにしようとしてきたのだった。私は、ようやくこの事実をもっと真剣に研究する必要があると悟った。

無気力感に屈しない人たちがもつ弾力性のある強さは、どうやって備わったのだろう？　問題が起こる最初の時点で、すでにあきらめてしまうのはどのような人たちだろう？

イエローストーンに到着した私は公衆電話に急いだ。だがドロシーはまだ話し中だった。「当選者と話をしているに違いない」と私は思った。私はいらいらとしてただ受話器を見つめた。そして深く息を吸いこむと、私の今までの行動をなぞらえてみた。私は一方的に悪い知らせに違いないと思い込んでいる。勝手に希望を失ってパニックにおちいっていたわけで、自分が高い処理能力を持っていることを忘れていた。悲観論者は、自ら挫折や落胆を作り出す。原因は自分にあり永遠に蔓延すると勝手に思いこむ。私は、これと同じことをしていたのだ。

元気を取りもどした私は、アメリカ心理学会の隆盛の基礎を築いたレイ・フォウラー博士に電話をして結果を聞いてみることにした。

「マーティン、君が勝ったよ。それも二位の候補者の三倍の得票数でね、圧勝さ。例年の二倍以上の人が君に得票したんだ。史上最高の得票数だよ!」

アメリカ心理学会の会長に就任し、研究の核となるテーマを構築する必要に迫られた私は、自分に共感し協力してくれる心理学者を招集しはじめた。研究テーマの最有力候補は「予防」だった。

心理学者は、症状が限界にまで達した患者の治療に専念している。これはNIMHが、どの精神障害の症状にどの薬物療法と心理療法の組み合わせが最も効果的かという研究を重視したためだ。しかし、従来の治療では手遅れになることが多いので、元気なうちから行動を起こす予防的医療が大切だというのが私の見解だ。治るかどうかははっきりしなくても、予防には大きな効果がある。助産婦が手を洗うことで産褥《さんじょく》熱がなくなり、予防接種によりポリオはなくなったといった過去の実例からも、その効果ははっきりしている。

では、若いうちからうつ病や統合失調症、薬物乱用を防ぐ心理的医療は可能なのだろうか。過去一〇年間、この問いへの答えを探しつづけてきた私は、一〇歳の子どもたちに楽観的な思考や行動をするように教えると、思春期に入ったときにうつ病の症状が起こる割合が半分に減らせることを発見した。私は予防の効果とそれを取りまく科学と実践の促進こそが、自分の研究の核となるテーマだと悟った。

一九九六年、アメリカ心理学会の会長に就任した私は、予防対策委員会を招集した。一二人のメンバーの中には、この分野での生え抜きの医師も何人かいた。メンバーの一人ひとりが心の病の予防について発表したが、残念なことに私はひどく退屈した。どの発表も理にかなってはいたが、ただ既存の概念を温めなおし、きれいに飾りつけただけのものだったからだ。私は二つの難題にとらわれ、心はうわの空だった。

問題点の一つ目は、心の病の治療法が、これまで初期段階での予防にはほとんど触れてこなかったということだ。心の病は、未来志向や希望、人間関係を結ぶ能力の高さ、勇気、信頼性、勤労意欲といった若者がもつ一連の強さや能力、美徳を認識して育てることなどで予防できる。つまり、こういった能力を訓練して身につけて、心の病にかかる危険に立ち向かう強さと柔軟性を発達させるのだ。しかし、柔軟性をもった強さを築くには、患者の欠点を修復することだけを考えてきた従来の疾病モデルでは、まったく対応できない。

二つ目の問題点は、統合失調症やうつ病の疑いのある子どもたちに、抗うつ剤のハルドールやプロザックを投薬しても効かないということだ。予防科学を刷新するには、歴史上のあらゆる分野で真の進歩をもたらしてきた人物たちのように、若くて頭脳明晰な本当の科学者の登場が欠かせない。

私が回転ドアを通りぬけたとき、誰かが私を追いかけてきてこう言った。「マーティン、今日の発表は本当に退屈だったね。何かこう背骨になるものを理論に組み入れないと」。彼はまさに、既存の概念を打ち破るタイプの教授だった。

そして二週間後、五歳になる娘のニッキと庭で草取りをしていた私は、ついに核となるアイデアをかいま見た。

私は子どもをテーマにした本や論文も数多く手がけたが、正直なところ、子どもたちの扱いは苦手だ。私は結果至上主義者で、何事もせっかちだ。だから庭の草を取るときはそれだけに集中するが、ニッキは草を放り投げたり、歌ったり、踊ったりしている。あまり邪魔ばかりするので私が怒鳴ると、彼女は向こうへ行ってしまった。数分後に戻ってきたニッキは私に言った。

「お父さん、五歳の誕生日を迎える前までの私のこと覚えてる？　三歳から五歳になるまで、私は文句ばっかり言ってたわ。毎日、毎日。だから五歳のお誕生日のときに、これからは文句は言わないって決めたの。文句を言わないでいるのは、今まででいちばん大変なことだったわ。でも、私がやめたんだから、お父さんもそんなふうに怒るのはやめて」

私はハッとした。娘の言葉は的を射ていた。私は不機嫌な人間だ。五〇年間の人生を通して、私の心はずっと雨模様だった。私が今までに出会った幸運はたぶん、気むずかしさから得たものではなく、気むずかしいにもかかわらず得たものなのだろう。娘の言葉で、私は変わろうと心に決めた。

もっと重要なのは、ニッキを育てるということは、彼女の欠点を矯正することではないという点に気づいたことだ。娘の欠点は娘が治せる。彼女を育てる私の目的は、彼女が示しはじめている強み、つまり相手を見抜く洞察力、専門用語でいうところの社会的知性を伸ばすことである。こういった強みを十分に伸ばしていくことができれば、彼女の欠点を補うことができ、今後、娘が避けて通ることのできない世間の荒波に対する、いわばクッションになるだろう。今になってわかったが、子どもたちの欠点を矯正するだけでは子どもを育てることはできない。大事なのは、子どもたちの強みと美徳に気づき、それを育てることであり、さらに、子どもたちがもつポジティブな特性を最大限に生かせる場所を見つけるための手助けをすることだ。

両親や教師たちは、子どもたちに満ち足りた生活を送る機会をできるだけたくさん提供したいと望んでいる。では、強くて柔軟性のある子どもを育てるために、心理学を応用することはできないだろうか。

新しい心理学では、満足感、幸せ、希望といったポジティブな気持ちが大切だ。新しい心理学は、子どもたちをポジティブな気持ちへと導き、強みや美徳を身につける練習の必要性や、それを促進するポジティブな存在（強い絆で結びついた家族、民主主義、モラル感のあるサークル）の必要性を問いかけ、そして豊かな生活へと私たちを導くものである。

娘は私に、私の使命《ミッション》を見いださせてくれた。私はこの本で読者のみなさんに、その使命をお伝えしたいと思う。

第3章

# 人が幸せを求める理由

私たちはなぜ幸せだと感じるのだろう。なぜ何かを感じたりするのだろう。なぜ進化は私たちに感情を与えたのだろう。そして私たちは、なぜこんなにも感情にふりまわされるのだろう。

## 人間の進化とポジティブな感覚

人はポジティブな感情が生まれるものへは近づき、ネガティブな感情が生まれるものからは離れようとする。焼きたてのブラウニーのおいしそうな匂いは私をオーブンへと近づけるが、嘔吐物の嫌な臭いは私を道路の反対側へと退ける。一方、アメーバや昆虫は、何も感じることなく、原始的な知覚と運動機能だけで見当をつけて、必要な物に近づいたり落とし穴を避けたりする。

アメーバや昆虫よりも複雑な動物たちは、進化の過程のどこかで情緒的な生活を獲得したのだが、それはなぜだろう。

この難問を解く第一の手がかりは、ネガティブな感情とポジティブな感情を比較することにある。

人が外敵と戦ったり抵抗したりするときに生じるのは、恐怖や悲しみ、怒りなどのネガティブな感情だ。恐怖は危険がひそんでいる合図、悲しみは何かを失う危険が迫っている合図、そして怒りは侵入者を警戒する合図である。進化の過程では、危険も損失も侵入も、すべては生死をかけた、勝つか負けるかのゼロサム・ゲームになる。

ゼロサム・ゲームで重要な役割を担ってきたのがネガティブな感情だ。打ち負かされたという思いが深刻であればあるほど、ネガティブな感情は極端で絶望的になる。私たちの祖先は自然淘汰をくりかえす中で、ネガティブな感情を強くもって最強の敵と戦い、あるいはそれから逃れ、そして優秀な遺伝子を残してきたのだろう。

あらゆる感情には、感覚、知覚、思考、そして行動といった構成要素があるが、すべてのネガティブな感情の感覚要素は「嫌悪感」である。むかつき、恐怖、反発作用、憎悪、こういった感情は、視覚、嗅覚、聴覚と同じように、意識の中に侵入し、すべてを圧倒する。ゼロサム・ゲームがくりひろげられるあいだ、ネガティブな感情は感覚センサーとなり、悪を見つけだし、それらを排除する。ネガティブな感情にとりつかれた人びとは、視野が狭くなり、相手を思いやる気持ちが失せてしまう。戦うか、逃げるか、動かないでいるか、選択肢はそれだけだ。

このあまりに単純で退屈な理論は、ダーウィン以降、ネガティブな感情についての進化の概念の核をなしてきた。

第一次世界大戦終結以降、五〇年間にわたってアメリカ心理学会を支配していたのは、B・F・スキナーに始まる行動主義だった。行動主義者は、人間の行動を「現象」と「付帯現象」だけで説明した。たとえば、アクセルを踏むという感覚でとらえられる出来事は「現象」だ。そして、そのあとに起きる「付帯現象」とは、車を加速させようという人間の意志とは無関係の、いわばスピードメーターのようなもので、単に車を加速したという状況をあらわすにすぎない。

行動学者は、あらゆる精神生活も「付帯現象」として説明する。熊の追跡をかろうじて逃れたときの恐怖心は、ただ逃げたという事実を反映したもの、つまり、行動のあとに起きた「付帯現象」にすぎないということになる。つまり、恐怖心はスピードメーターにすぎず、逃げようという意志はそこには反映されない。

私が大学卒業後に「学習性無力感」についての論文を発表し、行動主義に波紋を投げかけたことについては、第2章でもお話ししたとおりだ。動物のみならず人間であればなおさら、出来事の複雑なかかわり合いを考えたり、将来のことを予測したりできる。複雑に入り組んだ出来事の評価は判断のプロセスであり、それらをもとに将来を推測することは期待のプロセスである。学習性無力感の理論の重大さを知っていたら、熊の追跡を逃れた恐怖心を「付帯現象」として説明することはできないはずだ。なぜなら、これらのプロセスはあきらめという行動を生じさせるからである。

こうして私は、ネガティブな感情は「付帯現象」ではないと確信した。悲しみと絶望は損失のシグナルであるばかりか、離脱、あきらめ、そして極端な場合には自殺行動へとつながる。心配や恐れは危険の存在を示唆し、逃亡、防衛、保護の心構えへとつながる。怒りは不法な侵入のシグナルであり、侵入者を攻撃し不正を正す心構えへとつながるのだ。

それにしても、ネガティブな感情については、怒りと抑うつとの違いといった分野にまで踏みこんだ長い研究の歴史があるというのに、なぜポジティブな感情はこれまでほとんど研究されてこなかったのだろう。

世の中には、ポジティブな感情をたくさんもっている人たちがいる。この感情は生涯を通して彼らに備わっていて、多くのすばらしい出来事や喜び、楽しみをもたらしてくれる。一方、ポジティブな感情をわずかしかもたない人たちもいる。彼らはすばらしさを感じることなく、良い出来事とも無縁だ。成功しても、うれしさで飛び上がることはない。そして、これら両極端な人びとのはざまに、残りの普通の感情をもつ人びとがいる。

人の心を解明するには、ネガティブな感情を研究するだけでは不十分だ。心理学はもっと早くこの矛盾に気づくべきだった。

私は、ポジティブな感情は何ももたらさないという説と、恵まれた環境に育たなかった人はあとからポジティブな感情を増やすことができないという説に、疑問を抱いてきた。私は自著『つよい子を育てるこころのワクチン』(邦訳・ダイヤモンド社刊)で、とりわけ自尊心と幸せの感情が、世の中をうまく生きぬく副作用として役立つことを説明した。しかし、社会人としてビジネスの経験をする前に高い自尊心やすばらしい感覚をもつよう試みても、人間の成長過程の中では手段と結果があとさきになるため、大いに混乱することになるかもしれない。少なくとも執筆当時はそう思った。

私は私生活では、楽しい感情にはめったにお目にかかったことがない。そういうチャンスが訪れても長続きすることもなく、がっかりすることの連続だった——少なくとも、ポジティブ効果とネガティブ効果についての一冊の本を手にするまでは。

その一冊の本とは、楽しさと高揚感をもつ人たちの特徴を丹念に分析したミネソタ大学の研究者によるレポートで、ポジティブな情緒性は遺伝と大いに関連があるというものだった。たとえば、一卵性双生児の姉が陽気あるいは陰気であったとき、同じ遺伝子をもった妹もまた同じ性格をもつ場合が多い。しかし、二卵性双生児であったときには、同じ情緒性をもつ可能性は、一般の場合と大差がなかった。

これらの結果から導きだされた理論は、遺伝が情緒的な生活を手に入れるための鍵となっているというものだ。つまり、あらかじめ定められた航路が陽当たりの良いルートではない人たちは、幸福を感じる可能性が低いということになる。あなたにできることは、この冷え冷えとした情緒の世界で生きていくという事実を受けとめることであり、「高いポジティブな感情」をもって生まれた人たちに与えられているような輝かしい成功を目指して、船をこぎ進むことではない。

それにしても、あとからポジティブな感情を培うことは不可能なのだろうか？

私には、私よりもさらにポジティブな感情が低い、レンという名の友人がいる。彼は仕事でも遊びでも、人並み以上のめざましい成功を手に入れた。証券会社のCEOとして年間何百万ドルもかせぎ、さらにはブリッジの名手として何度も世界チャンピオンに輝いていた。それも、すべて二〇代にである。ハンサムで頭脳明晰、まさに生え抜きのエリート。ところが彼は、恋愛はからきし苦手だった。控えめと言えば聞こえはいいが、じつはレンにはポジティブな感情が欠けていたのだ。私は彼が大きなブリッジの大会で優勝した瞬間に立ち会ったことがある。優勝の瞬間、彼は、ちょっと中途半端な笑みを浮かべただけで、「月曜の夜のフットボール番組を見る」と言って階段を駆け上がってしまった。無神経なわけではない。彼は他の人たちの感情やニーズをつねに気にかけ、すばやく対応する。ところが彼自身には、そもそも感情というものがあまりないのだ。

彼がつきあった女性たちは、彼のこの性格を嫌った。彼は温かくない、明るくない、あまり笑わない。「レン、あなたってなんだかおかしいわ」。女性たちはみな、そう言った。非難を受けた彼は、五年間ニューヨークの精神分析医のカウンセリングを受けた。医師は、彼のポジティブな感情を押さえつけてきた子どものころのトラウマを探しだそうとして、数々の技術を駆使した。

しかし無駄だった。彼にトラウマはなかった。

事実、レンはとくにどこも悪くなかった。彼のポジティブ度はもともと、分布範囲のいちばん低い部分に位置していたのだ。ポジティブな感情が非常に低い人が数多く存在することは、人間の進化によって裏づけられている——自然淘汰は、こういった感情を表に出せない人たちにしかできない、何らかの役割を与えてきたのだ。

レンの冷淡な感情が、非常に重要な役割をはたす場面がある。ブリッジのチャンピオンとして、やり手のオプション・トレーダーとして、そしてCEOとして、いずれの立場でも反対勢力の攻撃の的となったときには冷静な態度が要求される。

一〇年前、はつらつとした魅力的なアメリカ女性とのつきあいを望んだレンが、アドバイスを求めて私のところにやってきた。そこで私は彼に、快活さや外交的な性格がそれほど重視されないヨーロッパに引っ越すことを提案した。そして彼は今、ヨーロッパの女性と結婚して幸せに暮らしている。人はポジティブな感情がそれほど高くなくても、十分、幸せになれるのだ。

## ポジティブな感情は知性を磨く

ポジティブな感情が、ただ楽しいと感じることをはるかに超えた、もっと奥深い目的をもつことを私に教えてくれたのは、ミシガン大学助教授のバーバラ・フレデリクソンだった。最初に彼女の論文に目を通したとき、私は一気に階段を駆け上がり、興奮して妻のマンディに言った。

「人生を変えるものにめぐり会ったよ!」

それは人生を変えるものだった。少なくとも私のような不機嫌な人間にとっては。

フレデリクソンの説は、ポジティブな感情は、進化における遠大な目的をもっているというものだった。ポジティブな感情は、人びとの知性を磨き、身体能力を培い、危機に直面したときには勇気をふるい起こさせる。ポジティブな気分でいるときには、いつも以上に他者をいとおしみ、友情や愛情やお互いの絆もさらに強固になる。そして、新しい考えや教えを受けいれる柔軟性がもてる。

彼女は、シンプルだが説得力のある実例を示して、この画期的な理論を立証した。たとえば、あなたの前に、画びょうの入った箱とロウソクとマッチ箱があるとする。あなたは、ロウソクのロウが床にしたたり落ちないように、壁にロウソクを取りつけなければならない。この課題の解決には想像力が必要だ。正解は、箱を空にして画びょうで壁に留め、ロウソク立てとして使うのである。被験者は前もって、キャンディーの入った小さなバッグをもらう、面白い漫画を読む、ポジティブな言葉を感情を込めて声に出して言うなどして、肯定的な感情をインプットされている。こういった工夫が人びとの心地よさの感覚を刺激し、呼びさまされたポジティブな感情が課題を解く創造性を生み出した。

もう一つの例を紹介してみよう。課題は、これから聞く単語がどのカテゴリーに属するかをできるだけ早く答えるというものだ。カテゴリーは「乗り物」。たとえば、「車」と「飛行機」と言われたら、「正解」とすばやく答える。次の単語は「エレベーター」。エレベーターは乗り物と言われれば乗り物だが、たいていの人は、回答するまでにある程度の時間が必要だ。この実験で、先に記したようなポジティブなインプットを受けていた人の反応時間のほうが、インプットを受けていない人よりも早いことがわかった。

同じように、知的な能力の発達をうながした例も紹介してみよう。一つは幼児を対象にしたものだ。四歳児を二組に分け、その一方に「飛んだり跳ねたりするような楽しいこと」、あるいは「座ったままでにっこりするような楽しいこと」を三〇秒間思い出させた。そのあとで幼児たち全員に、いろいろな形についての学習という課題を与えてみた。すると、事前にポジティブな感情をインプットされていた四歳児たちのほうが、インプットを受けなかった四歳児たちより課題の成績が良かった。

もう一つは内科医を対象にした実験だ。四四人の内科医を、三つのグループに分ける。一つのグループにはキャンディーが与えられ、もう一つのグループには医学にまつわる感動的な話を声に出して読むよう指示があった。そして最後のグループは、すべての行動が規制された。そのあとで内科医たちは、診断の困難な肝疾患の症例を見せられ、おのおのが診断を下すに当たって思い浮かぶ言葉を口にするという課題が与えられた。結果は、キャンディーを与えられたグループが、最も適切な診断を下して成績が良かった。

## 幸せな人は能天気なのか？

前述のような明確なデータがあるにもかかわらず、実際には幸せな人は頭が良くないと見られがちだ。私も、アルバーニで悲惨な学生生活を送っていたときには、「美男美女は頭が悪い」というジョークによくなぐさめられたものだ。

幸せ者＝能天気という見解には根拠がある。プラグマティズム哲学の創始者であるC・S・パースは一八七八年の論文で、「人が何かを考えるのは問題を解決するときだ」と述べている。つまり私たちは、何か問題が起きるまでは、考えることも気にかけることもしない。とくに障害がなければ、能天気に人生というハイウェイを進むだけで、小石につまずいて初めて考えるのだと。

それからちょうど一〇〇年後、私の大学院の優秀な教え子であるローレン・アロイとリン・アブラムソンが、ある実験でパースの学説を立証した。一方の学生グループにはボタンの操作でライトの点滅がコントロールできる状態を、もう一方にはボタンの操作ではコントロールできない状態を設定して、それぞれのメンバーに、どの程度まで点滅をコンロールできたと思うかを自己申告させたのである。

気分が落ちこんでいる学生の調査結果は予想どおりだった。彼らはコントロールできたかできないかの判断を正確に申告した。ところが、ハッピーな学生の調査結果は予想外だった。コントロールできたときの判断は正確だが、まったくコントロールできなかったときでも、三五％の学生はコントロールできたと判断したのだ。つまり、気分が落ちこんでいる学生はハッピーな学生よりも、失敗の経験を冷静に記憶し学習するというわけだ。

この二人の研究が発表されて以降、うつ状態のリアリズムを実証する同様の論文が続いた。それらの論文によると、八〇％のアメリカ人男性は上位レベルの社会的技能を身につけていると考え、労働者の多くは自分たちの職務遂行能力を平均以上と評価し、自動車を運転する人の大多数は事故に巻きこまれた経験があっても自分たちの運転は人並み以上に安全だと考えるという。

ハッピーな人は、良いことは実際に経験した以上に覚えているが、悪いことはすぐに忘れる。成功と失敗の評価は平等ではない。成功したら、それを最後まで何もかも上手に遂行し、失敗してもさっさとあきらめて、大したことではなかったと考える。ところがうつ状態の人は、成功と失敗を平等に評価し、良いことも悪いことも正確に覚えてしまう。

幸せな人が能天気に見えるのはこのためだ。しかし今、うつ状態のリアリズム説は、根拠となる実験結果をめぐり論議の的となっている。これは、被験者が同じ失敗をくりかえすことができないため、数値に信憑性が欠けるからだ。

一方、ユタ大学のリサ・アスピンウォール教授は、幸せな人は不幸せな人よりも頭が良いという仮説を打ち出し、それを実証してみせた。彼女は実験の被験者に対して、コーヒー愛飲家にはコーヒーと乳ガンの相関性に関する文献を、また、日焼け好きには日焼けと黒色腫の相関性に関する文献といった具合に、それぞれ健康上のリスク情報を示したうえで、彼らを「幸せ組」と「不幸せ組」とに分けた（すべての被験者に対して、文献を読む前にポジティブな感情を呼びおこさせるインプットをおこなっている）。そして一週間後に、被験者が健康上のリスクをどれだけ覚えているかを調査した。この結果、幸せな人は、不幸せな人よりも健康のリスクを示す情報を多く覚えており、それをより納得できる形で評価し、理解することがわかった。

幸せな人は、自分が過去に経験してきた本物のポジティブなインプットをもとに、物事を都合よく解釈することができる。前述の調査で、ライトの点滅がコントロールできない状態でも、過去の自分の経験から考えて、そのうち点灯するようになるだろうとか、自分でコントロールできる部分が見つかるはずだと思うのである。だから実際にコントロールできなかったにもかかわらず、三五％の人がコントロールできたと答えたのだろう。

後者の実験の場合でも同様に、明らかにリスクが証明されていたとしても、幸せな人は戦略の矛先を変え、そんな説は疑わしいと分析する柔軟性や想像力をもっている。一方、不幸せな人は、すべてのことに懐疑的で創造性に欠け、さらに弾力性もない。

ネガティブな気分でいるか、ポジティブな気分でいるか、気分のもちようで結果はかなり違ってくる。これまでの研究結果を総合して考えると、私にも思いあたる出来事があった。

私が三〇年間も出席していた心理学部の教授会は、窓もない部屋に不機嫌な人たちがおおぜい集まる灰色で陰気なものだった。このような環境は人を批判的にする。新しい教授の採用を話し合っても、すばらしい候補者が集まっているにもかかわらず彼らの欠点ばかりをあげつらい、結局、誰も選ばないことがよくあった。三〇年間も新しい教授を選んでこなかったのだ。その結果はどうだったか。不採用だった人たちの多くが、今や世界をリードする優秀な心理学者となっているではないか。

寒々とした暗い気分は、攻撃的な考え方を呼びおこす。間違ったことのみに注目し、それを取りのぞこうとするのは昨今の悪い風潮だ。あら探しばかりしていないで、もっと良い部分に目を向けることだ。大切なのは、それぞれの状況に柔軟に対応し、自分の価値を高めることである。

当面の課題を達成するのにぴったりな状況と気分を選択してみよう。

批判的な考え方が必要とされるのは、たとえば、大学院進学適性試験の合否を決めるときや、所得税の計算をするとき、誰をクビにするかを決定するとき、たび重なるプロポーズを拒絶するとき、どの大学に進むかを決めるときなどである。このような課題のときには、雨の日に、背もたれがまっすぐな椅子に座って、黙って、単調な色の部屋で実行するとよい。いらだち、悲しみ、不機嫌でいることは、あなたの思考力をさまたげないどころか、むしろ決断力を高める。

反対に、人生における多くの課題には、独創的で寛容で柔軟な思考が必要だ。営業キャンペーンを計画する、次から次へと恋愛ができる方法を考える、新しい職場を思案する、誰かと結婚するかどうか決断する、趣味や競技とは関係のないスポーツについて考える、文章を推敲するといったことがこれに当てはまる。このようなときには、自分を元気づけるような状況（たとえば、心地よい椅子に座って、お気に入りの音楽を聴きながら、太陽の下で新鮮な空気を吸って）で実行する。できればあなたのまわりに、わがままが言える信頼できる人たちがいる環境だと、よりいっそう好ましい。

## ポジティブな感情は健康と長生きの秘訣

エネルギーを発散するポジティブな気分は、人びとを陽気にする。とくに遊びは、身体能力の形成に深くかかわっている。たとえば、子リスたちの遊びとは、全速力で走り、空中に飛び上がり、そのまま方向転換して着地するや、新しい方角へと猛スピードで走る、といったものだ。この一連の動きは、天敵をかわすために成熟した動物が用いているものと同じだ。一般に遊びは、戦い、捕獲、求愛の練習であるのと同時に、筋肉や心臓血管の強化や天敵から逃れるための練習だといわれている。

ポジティブな感情が健康と長命をもたらすことを実証した、全米で最大規模の調査データを紹介しよう。これはアメリカ南西部出身で六五歳以上のメキシコ系アメリカ人二二八二人に心理テストをおこない、その後の二年間を追跡調査したものである。

研究者が被験者を、年齢、収入、教育、体重、喫煙や飲酒の有無、疾病といったカテゴリーに分けて結果を分析したところ、幸せな人が死亡したり身体に不自由をきたす確率は、不幸せな人の半分であることがわかった。ポジティブな感情が、誰が長生きし、誰が死亡し、誰が身体に支障をきたすのかをはっきりと予測したのである。

さらに、ポジティブな感情は、加齢によるダメージからも守ってくれる。第1章で紹介したノートルダムの修道女やメイヨークリニックの患者たちのケースを思い起こしてほしい。いずれも楽観主義者のほうが悲観主義者よりも長寿だった。さらに、幸せな人のほうが不幸せな人よりも健康な習慣が身についており、血圧も低く、免疫システムも活発だった。このデータに、幸せな人はより健康のリスクに敏感で、それを自分なりに取り入れているというユタ大学のアスピンウォール教授の発見を重ね合わせると、幸せな人は健康で長寿をまっとうできるという先に紹介した幸福な光景がはっきりと浮かびあがってくる。

## ポジティブな感情は生産性を高める

仕事での満足感が高いから幸せなのか、幸せであるから満足度が高いのか、これはニワトリと卵の関係のようなものだが、おそらく人間の特性を築きあげるいちばん大切な資質は、仕事の生産性だろう。したがって、より幸せな人が仕事から得る満足感は、あまり幸せでない人の満足感よりもずっと高いという研究結果も、まったく驚くべきものではない。

しかし、満足感によって得られる以上の幸せは、じつは高い生産性と収入によってもたらされるという研究結果がある。二七二人の従業員のポジティブな感情の量と、その後の一八カ月の仕事ぶりを測定したところ、幸せな人のほうが監督者からより良い評価を得て、より高い給与を得たのだ。さらに、一五年間にわたってオーストラリアの若者を調べた大規模な調査でも、幸せを獲得したのは報酬の多い人たちだった。

幸せと生産性のどちらが先にくるのかを定義づけた研究では、大人も子どもも気分の良いときのほうが、アナグラム（言葉の綴り変え）を解くといった設問を、より長くより多く続けたいと主張した。気分の良いときのほうが目的を高くもち、良い成果をあげたということになる。

## 幸せな人が災難にあったとき

幸せな人が身体能力を培うための究極の力は、物事にどううまく対処するかということだ。あなたは氷の入ったバケツにどれだけ長く手を入れていられるだろうか。冷たくて耐えられないという我慢の限界の平均は、六〇秒から九〇秒である。ポジティブ心理学の基礎を築いたカンザス大学のリッキー・シュナイダー教授は、このテストを『グッドモーニング・アメリカ（全米で放送されている朝のモーニングショー）』で、困難に対処するポジティブな感情の効果を示すために実演した。最初に出演者たちのポジティブ感情度を測定したところ、最も得点が高かったのは司会のチャールズ・ギブソンだった。次に、全員が氷の入ったバケツに手を入れた。するとほとんどの人が九〇秒になるのを待たずに音《ね》をあげてしまったが、一人ギブソンだけは、CMの時間が告げられるまで、にこやかに笑いながらバケツに手を入れつづけた。幸せな人は危険にさらされても、痛みに耐えて健全で安全な予防措置を取るだけでなく、ポジティブな感情によってネガティブな感情をもとに戻すのだ。

バーバラ・フレデリクソンは、映画『ザ・レッジ』のワン・シーンを生徒たちに見せた。内容は、一人の男が高層ビルの側壁のわずかな出っ張りに手をかけて、少しずつ進んでいるシーンだ。男が手をすべらせ往来の上に宙吊りになったところで、生徒たちの心拍数がピークに達した。この映像を見せたあと、生徒たちにさらに四本の映画のワン・シーンを見せた。安堵感をあらわす「波」、楽しさをあらわす「子犬」、何の感情もあらわさない「棒」、そして悲しみをあらわす「泣く」である。「子犬」と「波」の場合には、いずれも心拍数は下がったが、「泣く」の場合は高かった心拍数がさらに上がった。

## ポジティブな感情は社会性を培う

私の末娘のカーリーは生後六週間目に、社会生活の第一歩を踏みだした。妻のマンディから母乳をもらっているあいだ、カーリーは休息しながらほほえんだのだ。マンディがほほえみを返すと、カーリーは大きな声をたてて笑った。このような母と子の心の交流が終わると、強い愛の絆が双方に形成される。たしかに愛されて育つ子どもは、辛抱強さ、問題解決能力、独立心、探究心、熱心さといった面で、他者をしのぐ能力を見せる。ポジティブな感情を察知し、それを十分に表現することは、母親と赤ん坊との愛情にかぎられたことではなく、すべての愛情や友情の本質だろう。

例外もある。メビウス・シンドロームと呼ばれる、気の毒にも笑うことができない顔面神経麻痺がある。この症状をもって生まれた人は、ポジティブな感情を表情であらわすことができない。そのため彼らは、最も友好的な会話ですらまったくの無表情でおこない、気のおけない友人たちとの日常会話でさえ非常に苦労する。人はポジティブな感情を察知すると、それを表現して相手に送り返す。だから、感情をうまく表現できないとなると、愛と友好のプロセスはさまたげられてしまうのだ。

心理学研究の日常業務《ルーティン》は、病理学に重点が置かれている。心理学者は、窮極に落ちこんで不安になっている人びとを診断し、彼らの日常生活や性格を細かく調べる。私は二〇年にわたってこんな研究にたずさわってきた。

最近、エド・ディーナーと私は、それとは反対のアプローチを試みることにした。最も幸せな人の日常生活や性格に重点を置いたのだ。私たちは無作為に二二二人の学生を抽出し、六つの尺度で幸福度を厳密に測定して、全体の一〇％に当たる最も幸せな人を調査した。

これら「とても幸せ」な人たちは、ある重要な点で、普通の人や不幸せな人と明らかに違っていた。その相違点は、彼らの豊かで充実した社会生活である。とても幸せな人は、一人きりになる時間が少なく、人とのつきあいを楽しむ。そして、自分とも友人とも良い関係を築ける確率も最も高かった。とても幸せな人のグループでは、一人を除いた全員に現在交際しているパートナーがいた。彼らは、他の二つのグループよりも少し多めの金銭を所持していたが、ネガティブあるいはポジティブな出来事の経験、睡眠量、テレビの視聴時間、喫煙、飲酒、あるいは宗教活動においては差がなかった。他の多くの研究も、幸せな人は不幸せな人より気のおけない友人や親しい友人を多くもち、結婚をし、グループ活動に参加していることを示している。

幸せな人が他人とのつながりが増える原因は、その利他主義にある。データを見る前は、不幸せな人のほうが人間関係での苦悩を多く経験しているために利他主義になると思っていたので、この結果に私は驚いた。私たちは幸せなとき、人に対して寛大で、友好的で、そして他人にも幸運を分けたいと思う。しかし気分が落ちこむと、人を疑い、内向的になり、自分の富だけを守ろうとする。つまり、ナンバーワンをライバル視するのは、幸せな人の特徴ではなく、不幸せな人の特徴なのだ。

## 幸せとお互いの満足感

バーバラ・フレデリクソンの理論と今までに述べたすべての研究結果から私は、自分の人生にもっとポジティブな感情を取りこむよう努力しなければならないと痛切に思った。ポジティブな感情表現が乏しいおおぜいの人たちと同じように私も、自分がどう感じるかなんて重要ではないと思ってきた。私の関心事は、世間とうまくかかわっていくことだけだったからだ。しかし、ポジティブな感情を抱くということは、自分だけが心地よいからではなく、あらゆる分野でより良い人間関係を築くことができるから重要なのだ。毎日の生活の中でポジティブな感情を培っていけば、これまで以上の友情や愛情、健康的な身体、そして業績を手に入れることができる。フレデリクソンの理論は、この章の冒頭の「私たちはなぜ幸せだと感じるのだろう」という問いかけへの回答でもある。ポジティブな感情を育て発達させることは、お互いが満足できる関係を築くうえで重要なポイントなのだ。

私がこの本の仕事をうまく達成することができたら、私は本を書くことで、あなたは本を読むことで、お互いに知性を磨くことができる。恋愛、友情、そして子育ては、毎日のように両者に大きな満足をもたらす。また、印刷機の発明が莫大な経済効果を生み出したように、ほとんどすべての技術革新は相互に有益な関係性をもたらす。

ここにポジティブな感覚の存在価値がある。ネガティブな感情が、勝つか負けるかの危機に直面していることを正確に伝えて警戒態勢を取らせるセンサーであるのと同様に、ポジティブな感情をつかさどる部分もセンサーなのだ。寛容で創造的で柔軟性のある考え方を培うことで、ポジティブな感情は、知性や社会性としての身体能力を最大限まで引き出すことができるのだ。

さて、自分たちの生活に幸せを取りこむことの重要性を認識した私たちにとって最大の問題は、ポジティブな感情を増やすことが可能かということだ。次章からは、その話題に移ることにしよう。

# 第4章 ずっと幸せでいるために必要なこと

本書で引用している研究結果の多くは統計にもとづいたものだが、心理学の専門家ではない一般の読者の方々にも理解しやすいよう、ここでぜひ覚えていただきたい一つの公式を紹介したい。

幸福の公式：H＝S＋C＋V

Hは永続する幸福のレベル、Sはその人にあらかじめ設定されている幸せの範囲、Cは生活環境、Vは自発的にコントロールする要因をあらわす。

さて、この章ではまず、「H＝S＋C」の公式について検討しよう。Vはポジティブ心理学における最も重要な論点であるため、引きつづき第5章から第7章で説明する。

## 永続する幸福のレベル（H）

まず必要なのは、一時的な幸福と永続する幸福とをしっかり区別することである。

一時的な幸福とは、チョコレートやコメディー映画、マッサージ、お世辞、花、新しいブラウスといった、あなたにとって快楽となる感情が一時的に高まる幸福のことで、これはたやすく増やすことができる。もちろんこの章は、というより本書自体が、日常での束の間の幸福度を上げるためのガイドブックではないし、この命題についてはむしろ、あなた自身のほうがよくご存知だろう。

挑戦していただきたいのは、い、つ、ま、で、も、長、続、き、す、る、幸福を増やすことであり、これは一時的にポジティブな感覚を増やすだけでは達成できない。第1章では一時的な幸福度を測るフォーダイスの感情度測定を受けていただいたが、ここでは、あなたの日常の幸福度を測ってみよう。

次のテストは、カリフォルニア大学リバーサイド校の心理学准教授ソニア・リュボミルスキーが考案したものである。

## 日常の幸福度測定テスト

次の四つの質問事項について、それぞれいちばん当てはまる数字を選んで○で囲みなさい。

①一般的に、あなた自身の幸福度はどのレベルに該当しますか？

「それほど幸せではない」←→「とても幸せだ」

1　2　3　4　5　6　7

②友人や同僚と比較したときのあなた自身の幸福度は？

「彼らより幸せではない」←→「彼らより幸せだ」

1　2　3　4　5　6　7

③「通常はとても幸せだという人たちがいる。こういった人たちは、現在の暮らしぶりとは関係なく、生活を楽しみ、何事であれ可能なかぎりのものを手に入れている」

この記述にあなたの性格を照らしあわせると、どのレベルに該当しますか？

「まったく該当しない」←→「かなり該当する」
1　2　3　4　5　6　7

④「通常はあまり幸せでないという人たちがいる。こういった人たちは、落ちこんではいないのだが、幸せであるはずなのに幸せそうには見えない」
この記述にあなたの性格を照らしあわせると、どのレベルに該当しますか？

「かなり該当する」←→「まったく該当しない」
1　2　3　4　5　6　7

四項目すべての点数を合計して平均点を出すとテストの結果が出る。アメリカ人の成人の平均値は4・8で、全体の三分の二の人が3・8から5・8のあいだに分布する。

どのような感情の状態や個人的な特性も、努力をすれば改善することができる。私もこのことを信じて、四〇年前に心理学の勉強を始めた。当時は、この人間の柔軟性にもとづいた説が、すべての分野においても有力だった。個人的な努力と環境作りさえすれば、心理学はすべてをより良く作り変えることができると考えられていた。一九八〇年代に入ってこの定説はくつがえされたが、そうした中で双子と養子の子どもの個性に関する研究が登場した。

この研究から、一卵性の双子の心理状態は二卵性の双子よりもはるかに似ており、また養子の心理状態は養父母よりも生みの親によく似ていることがわかった。こういった研究は現在では数百におよぶが、どの研究結果もある一つの点で一致する。つまり、あらゆる個人的特性の約五〇%は、遺伝とかかわりがあるということである。しかし注目すべきは、このように高い遺伝力も、個人の特性を決定することはないということだ。もちろん、性的嗜向や体重のように、生涯ほとんど変わらない遺伝的特性もあるが、悲観的性格や恐怖心といった遺伝的特性は変化しやすい。

## 人間はあらかじめ設定された幸福の範囲をもっている（S）

あなたが記入した先ほどのテストを、あなたの生みの親に試してもらったとしたら、約半数の親子の採点結果は似かよったものとなるはずだ。これはあなたが、ある一定の幸福レベルへと、または不幸レベルへと導く、「あらかじめ設定された航路」を受け継いでいることを意味する。

たとえば、あなたのポジティブな感情が低ければ、社会とのかかわりを避け、一人で時間を過ごしたいという感情に駆られることがよくあるだろう。一方、第3章でも述べたように、幸せな人はとても社交的で、その幸せの根拠は充実した社会生活にあることが立証されている。もしあなたが、遺伝的に受け継いだ「あらかじめ設定された航路」との戦いをあきらめてしまったら、当然、得られるはずの幸福よりも、低い幸福レベルにとどまることになる。

### ［幸福のサーモスタット］

シカゴのハイドパークの近くに住むシングルマザーのルースは、生活に希望をもちたいと思った。そこで彼女は、毎週イリノイ州の宝くじを五ドル分だけ買うという手軽な方法を選んだ。彼女はふだんは気分が沈みがちで、気分を高揚させる薬を定期的に飲んでいた。もしセラピストのもとへ通っていたなら、彼女の症状は軽いうつ病と診断されただろう。彼女のうつ状態は、三年前に夫が他の女のもとへと去ってしまったときに始まったものではなく、少なくとも二五年前の中学生時代から続いているようだ。

そこに奇跡が起こった。ルースはイリノイ州の宝くじで二二〇〇万ドルを当てたのだ。彼女は喜びでわれを忘れてしまった。ニーマン・マーカスでギフトを包装する仕事を辞め、イリノイ州エバンストンに建つ一八部屋もある邸宅や、ベルサーチのワードローブ一式、それに緑青色のジャガーを購入した。双子の息子たちを私立の学校に通わせることもできるようになった。だが瞬く間に時間が過ぎ去ると、不思議なことに、彼女の気分はふたたび沈みこみがちになった。そして、特別な不運が彼女を襲ったわけでもないのに、彼女のかかりつけのセラピストは、ルースを慢性うつ病と診断した。

ルースのような例を検証した心理学者たちは、一時的に気分が高揚してももとに戻ってしまう理由を、人間はもともと遺伝によってあらかじめ設定された幸福の範囲をもっているからだと主張する。たとえば、設定された範囲をはるかに超えた幸運に恵まれると、サーモスタットが幸福のレベルをいつもの状態まで引き下げてしまう。宝くじで大金を当てた二二人を調査した結果によると、時間がたつにつれ彼らの幸福感はもとの状態に戻り、調査に協力した二二人は結局、幸せになることなく終わってしまった。これは悪いほうに作用したケースだ。

一方、不幸に見まわれたあとでも、最終的にはサーモスタットが不幸な境遇から私たちを引き上げようと努力する。これは良いケースだ。たしかにうつ病は、ほとんど例外なく発病から数カ月以内に快復する。また脊髄の損傷で下半身不随になった人も、きわめてかぎられた身体機能ではあるが適応ができるようになり、八週間以内にネガティブな感情よりポジティブな感情のほうが多くなる。そして平均して数年以内で、麻痺のない人たちよりはわずかに不幸せだと思える程度まで快復するという研究結果が出ている。さらに極端な四肢麻痺になった人たちも、その八四%が、自分の生活は平均的か平均以上だと考えている。

こうした調査結果は、人間のポジティブ（およびネガティブ）な感情レベルには、一人ひとりに設定された範囲があり、この範囲は遺伝して受け継いだ幸福の全体像の一側面を作っているという説に合致する。

幸福レベルを上げようとする場合、障害となるものがもう一つある。それは、前からそうだったかのようにすぐにより良いものに慣れてしまうということで、「快楽の踏み車」と呼ばれる。

生活が豊かになり、成功を収めるにしたがって、期待が大きくなる。そうなると、一生懸命働いて得た成功や物では、あなたはもう満足ができない。幸福レベルを設定された範囲の上限まで引き上げる、つまり、何かもっと良い物を手に入れる必要がある。そして、次の段階の物を手に入れて成功を収めても、またすぐにそれに慣れてしまい、もっと上を望む。不幸なことに、そのような踏み車の証拠はたくさんある。

もし踏み車がなければ、より良い物を手に入れたことで普通は不幸せな人よりも幸せなはずだが、現実はそうでもない。幸薄い人たちも、概して幸多い人たちと同じくらい幸せなのだ。次の研究結果に見られるように、一時的な良い物や大きな成功が幸福に及ぼす影響は、驚くほど少ないのだ。

●大きな出来事、たとえば、職場を解雇される、または昇格するというようなことが起きても、三カ月もすれば、幸福レベルに及ぼしていた影響力は失われる。
●富は物質的な豊かさをもたらすが、幸福レベルとの相関関係はあまり見られない。金持ちは平均して貧しい人よりわずかに幸福なだけである。
●アメリカなどの豊かな国では、過去五〇年間で実質収入は劇的に増えたが、生活の満足感はまったく変わらない。
●大幅な給料の増減は仕事に対する満足感を変化させるが、平均的な増減ではそうした相関関係はない。

●物理的な魅力、たとえば、富がもたらす優越性などは、幸福にはまったく影響を及ぼさない。

●最も価値があると思われる健康と幸福との相関関係はわずかなものである。

しかし、適応にも限界がある。私たちにはけっしてなじむことのできない出来事や、なじむまでにとても時間のかかる出来事がある。たとえば、自動車事故による子どもや配偶者の死などがその例である。こういった出来事を経験すると、四年たっても七年たっても、家族を失った人びとはふさぎこみ、不幸なままである。アルツハイマー患者の世話をする家族は、時間がたつにしたがい、心身ともに健康がそこなわれてゆく。何世紀ものあいだ貧困に耐えしのんできたインドやナイジェリアといった国の人びとは、豊かな国の人びとと比べて幸福感がはるかに低い。

このように変数S（遺伝的な要因、快楽の踏み車、各人に設定された範囲）は幸福レベルが上がらないようにする作用があるが、C（生活環境）やV（自発的にコントロールする要因）には幸福レベルを上げる作用がある。

## 生活環境から得られる幸せ（C）

生活環境を変えることによるメリットは、幸福度を高めることができるさまざまな要因が含まれていることである。一方、デメリットは、生活環境を変えることは、通常は非現実的で経費もかかるということだ。

生活環境がいかに幸福と関連しているのか検討を始める前に、次の質問について頭に浮かぶ数字を記入してみよう。

①何％のアメリカ人が生涯でうつ病と診断されていますか？——【　　％】
②何％のアメリカ人が自分の生活の満足感を平均的と考えていますか？——【　　％】
③何％の精神病患者がポジティブな感情バランス（ネガティブな感情よりもポジティブな感情のほうが多い）をもつと考えていますか？——【　　％】
④次のアメリカ人グループのうち、どのグループがネガティブな感情バランス（ポジティブな感情よりネガティブな感情のほうが多い）をもつと考えていますか？
□貧しいアフリカ系のアメリカ人
□失業中の男性
□高齢者
□重度の多種障害者

これらの質問に対するアメリカの成人の回答を見てみると、①生涯でうつ病と診断された人の予測割合は平均すると四九％（実際には八〜一八％）、②生活満足度を平均的と考える予測割合は五六％（実際には八三％）、③精神病患者のポジティブな感情バランスは三三％（実際には五七％）だった。また、④四つのグループのネガティブな感情バランスに関しては、実際にはほとんどの人が幸福であると答えたのだが、その予測割合は、貧しいアフリカ系のアメリカ人については八三％、失業中の男性については一〇〇％、高齢者は六二％、そして多種障害者は七六％が不幸だというものだった。

おそらくあなたも、人びとの幸福度を過小評価していたことだろう。

この質問の結果から全体をまとめてみると、ほとんどのアメリカ人は自分を幸福であると感じる一方で、自分以外の他のアメリカ人の幸福度を過小評価しているのである。

幸福に関する本格的な調査が始まった一九六七年、ワーナー・ウィルソンは当時用いられていた調査内容を再検討し、幸せな人びとは次の項目すべてに該当すると心理学学会で発表した。

●高給取りである
●結婚している
●若い
●健康である

×●高等教育を受けている
×●男性・女性の違いは無関係
・●知的レベルの差は無関係
○●宗教を信仰している

このうちの半分は誤りであることがやがて判明したが、残りの半分は正しかった。外部環境が幸福に与える影響についての過去三五年間の研究で、どんなことが発見されたかについて、ここでくわしく検討するつもりはないが、その中には驚くべき結果もあった。

## 「金持ちは幸せか?」

「金持ちのときもあり、貧しいときもあった。だが、やはり金持ちのほうが良い」——ソフィー・タッカー

「金で幸福は買えない」——アメリカのことわざより

どちらも一見矛盾しているように思えるが、いずれも真実である。富と貧困がいかに幸福に影響するかを示すデータは多い。研究者たちは、できるだけ平等に、豊かな国の平均的な人びとの幸福と、貧しい国のそれとを広範囲に比較することを試みている。

ここに生活の満足度についての質問事項がある。これは、少なくとも四〇カ国の一〇〇〇人か

ら回答を得たものである。ここであなたも次の質問に回答してみよう。

質問：最近、あなたは全体としてどのくらい生活に満足しているのかを、1（不満足である）から10（満足している）の尺度のあいだで回答しなさい。

次ページに示した表は、各国の生活に対する満足度と相対的な購買力（100＝アメリカ）との比較を示している。

数十カ国の何万人もの人びとを対象としたこの大がかりな調査から、いくつかの事実が明らかになった。まずいえるのは、先にあげたソフィー・タッカーの言葉がいわんとすることは、ある程度は正しいということだ。

概して、国全体の購買力と生活満足感は、ほぼ同じ傾向にある。しかし、国内総生産（GNP）が八〇〇〇ドルを超えると相関性が失われて、それ以上の富は生活満足感とは無関係になる。購買力の豊かなスイス人は購買力の乏しいブルガリア人より満足度が高いが、アイルランド人、イタリア人、ノルウェー人、あるいはアメリカ人を比較してみると、あまりはっきりとした違いは見あたらない。

富と満足感との相関関係には多くの例外もある。ブラジル、中国、アルゼンチンは、その購買力の乏しさから予想されるよりも、生活満足感ははるかに高い。旧ソビエト連邦に属する国は、

| 国 | 生活満足感 | 購買力 |
|---|---|---|
| ブルガリア | 5・03 | 22 |
| ロシア | 5・37 | 27 |
| ベラルーシ | 5・52 | 30 |
| ラトビア | 5・70 | 20 |
| ルーマニア | 5・88 | 12 |
| エストニア | 6・00 | 27 |
| リトアニア | 6・01 | 16 |
| ハンガリー | 6・03 | 25 |
| トルコ | 6・41 | 22 |
| **日本** | **6・53** | **87** |
| ナイジェリア | 6・59 | 6 |
| 韓国 | 6・69 | 39 |
| インド | 6・70 | 5 |
| ポルトガル | 7・07 | 44 |
| スペイン | 7・15 | 57 |
| ドイツ | 7・22 | 89 |
| アルゼンチン | 7・25 | 25 |
| 中国 | 7・29 | 9 |
| イタリア | 7・30 | 77 |
| ブラジル | 7・38 | 23 |
| チリ | 7・55 | 35 |
| ノルウェー | 7・68 | 78 |
| フィンランド | 7・68 | 69 |
| **アメリカ** | **7・73** | **100** |
| オランダ | 7・77 | 76 |
| アイルランド | 7・88 | 52 |
| カナダ | 7・89 | 85 |
| デンマーク | 8・16 | 81 |
| スイス | 8・36 | 96 |

日本と同じように、購買力の豊かさから予想されるよりも、生活満足感は低い。ブラジルとアルゼンチンの文化的価値と中国の政治的影響力は、ポジティブな感情を支えている。共産主義からの脱却のむずかしさが、おそらく東ヨーロッパでの生活満足度を低下させているのだろう。日本での満足感の低さは、中国、インド、ナイジェリアといった、予想以上に高い生活満足感をもつ貧しい国々と合わせて考えると、なおさら理解不能だ。こういったデータは、幸福は必ずしも金《かね》で買えるものではないことをあらわしている。

この五〇年間における豊かな国々での購買力の変化も、同様の事実を伝えている。アメリカ、フランス、日本では、実際の購買力は倍以上になっているにもかかわらず、生活満足感は少しも変化していない。

国家間の比較調査では、豊かな国々は物質的に恵まれているだけでなく、読み書きの能力が高く、健康的に優れ、自由が認められているため、それらの条件を差し引いて判断するのはむずかしい。一方、同一国内で豊かな人とそうでない人とを比較するのは、原因を選択することができるので収集した情報は比較しやすい。

「今よりもっとお金があったら、もっと幸福になれるのだろうか?」と考えるのは、たとえば、もっと子どもと多くの時間を過ごすべきか、それとも会社でもっと働くべきか、で悩んだりするときなどだ。貧困が生命の危機をもたらすような非常に貧しい国では、富が心身ともに健康な状態をもたらすというイメージを思い描くことはできない。一方、ほとんどの国民がセーフティーネットで保証されているような豊かな国では、富が増えても個人的な幸福にはほとんど影響がない。アメリカでは、貧しい人びとの幸福度は低いが、彼らが生活に十分な収入を得るようになっても、増えた収入と幸福にはほとんど相関関係がない。経済雑誌『フォーブス』の平均純資産一億二五〇〇万ドル以上にリストされている一〇〇人のような金持ちでも、平均的なアメリカ人よりほんの少し幸福なだけである。

では、非常に貧しい人はどうだろうか。著名な幸福研究家を両親にもつアマチュアの科学者ロバート・ビスワス・ディーナーは、世界でいちばん幸福度が低いといわれる地域で調査をするために、カルカッタとケニアの田舎町やカリフォルニア州中央部のフレスノ、グリーンランドのツンドラ地帯などを旅した。カルカッタで三二人の売春婦と三一人の路上生活者にインタビューし、さらに彼らの生活満足感について質問とテストをおこなった。

常識から考えて、カルカッタの貧しい人びとは圧倒的に生活に不満をもっているだろうと思われて当然だ。ところが、実際はそうでない。彼らの全体の生活満足感は「わずかにネガティブ(一から三までのスケールで一・九三)」で、カルカッタ大学の学生(二・四三)よりも低かったが、生活のさまざまな分野では満足感が高かった。道徳は二・五六、家族は二・五〇、友だちは二・四〇、食事は二・五五といった具合だ。ちなみに、最も満足感が低かった分野は収入で二・一二だった。

また、カルカッタとカリフォルニア州フレスノの路上生活者を比較したところ、カルカッタの路上生活者のほうに良い意味で目立った特徴があることが発見された。フレスノの七八人の路上生活者の生活満足感はきわだって低く（一・二九）、カルカッタの路上生活者（一・六〇）と比べると差は歴然である。満足感が、知性（二・二七）や食事（二・一四）のように普通レベルの分野もいくつかあるが、収入（一・一五）、道徳（一・九六）、友だち（一・七五）、家族（一・八四）、住居（一・三七）のように、悲惨なほど不満足な分野がある。

これらのデータは、被験者となる貧しい人たちの人数が限定されているのが難点だが、結果は意外であり、簡単には見すごせない数値である。

極度の貧困は社会的な病気であり、そのような貧困におちいっている人たちは、一般的には不幸だと考えられている。しかし彼らは、途方もない逆境に向かい合っていても、自分の生活の中に満足できる点をたくさん見つけている。このことは、非常に貧しいアメリカ人よりも、カルカッタのスラムに住む人びとのほうにより当てはまっている。この考えが正しければ、幼児の高死亡率や不健康な住居と食事、高密度な人口、雇用機会の不足、屈辱的な仕事など、貧困の原因となるものを減らす方策はいくらでも考えられる。

金持ちかどうかということよりも、あなたが金銭をどのくらい大切なものと考えるかが自分自身の幸福に影響を及ぼす。私には物質主義は逆効果のようにも見える。なぜなら、実収入のあらゆる水準で何よりも金銭を最優先する人は、概して自分の収入や生活に対する満足度が低いからだ。その理由は、はっきりとはわからないが……。

## 結婚すると幸せになれるか?

ときに結婚は、囚人の足かせのように呪われたり、永遠の喜びとしてたたえられたりする。どちらの評価も私は的を射てはいないと考えている。事実、多くの調査結果が、結婚は永遠の喜こびをもたらしてくれることを示している。わずかな影響力しかもたない金銭とは違って、結婚と幸福には強い関連性がある。

全米世論調査センターが過去三〇年間に三万五〇〇〇人のアメリカ人を調査した結果、結婚している人の四〇%が「非常に幸福である」と答えたのに対して、同様の答えをした未婚、離婚、別居中、あるいは配偶者と死別した人は、わずか二四%だった。結婚していない恋人との同居は、アメリカのような個人主義の文化では幸福度を上げるが、日本や中国のような集団主義の文化では幸福度は下がる。年齢や収入にかかわらず男女どちらにとっても、結婚は幸せな人生を送るための大きな要因である。

だが、不幸な結婚は心身ともに健康な状態をむしばむことから、キルケゴールの言う「悪い結婚をするくらいなら死んだほうがまし」という皮肉な真理もある。あまり幸せでない結婚をしている人は、未婚者や離婚した人よりも幸福レベルは低い。

しかし、結婚すると本当に誰もが幸せになれるのだろうか？　意地悪なようだが、次のような可能性も考えられる。つまり、もともと幸せな人だから結婚することができ、結婚生活が長続きするのかもしれない。容姿の良さや社交性といった「第三」の要因が幸せをもたらし、結婚の可能性を広げるのかもしれない。憂うつな気分の人は、いらいらしたり自己中心的になりがちなので、結局はパートナーへのアピール度が乏しいのかもしれない。

研究者たちはまだ、結婚＝幸せ説の根拠を調査中だと私は考える。

エド・ディーナーと私は、幸福度に関する調査から、幸せな人の上位一〇人が、一人を除いて全員が恋愛をしていたことを発見した。非常に幸せな人の社会性については第3章でも述べたとおりだが、豊かで充実した社会生活を送ってきたことで普通の人や不幸な人と大きく異なっていた。彼らは一人で過ごす時間が非常に少なく、ほとんどの時間を社交に費やす。自分とも友人ともとても良い関係を築いている。

幸せだから社会性が増し、社会性が増すから社交的な結婚相手を見つける可能性が増すことも考えられる。いずれにしても、結果だけで判断するのはむずかしいが、豊かな社会生活や結婚が、あなたをもっと幸せにする可能性は高い。もともと幸せな人は他人から好かれ、豊かな社会生活を送り、おそらく結婚するだろう。より社交的になるとか、とても話し上手といった「第三」の要因が、豊かな社会生活や幸せをもたらすということも考えられる。

## 〔ネガティブな感性を無理に減らす必要はない〕

生活の中でさらにポジティブな感情を取りこむためには、ネガティブな感情を減らすよう努力しなければならないのだろうか？　答えはあなたにとって少し意外かもしれないが、無理にネガティブな感情を減らす必要はない。普通以上の不幸を抱えていても、多くの喜びを得ることはできるのだ。ここに、ポジティブな感情とネガティブな感情との相互関係を否定する、信頼できる証拠がある。

シカゴ大学の名誉教授であるノーマン・ブラッドバーンは、その長い経歴を数千人のアメリカ人の生活満足感の調査からスタートさせた。彼は、ネガティブな感情をたくさん抱いている人はほとんどポジティブな感情を抱かない、そして、その逆もまた同じという完全に相反する相関関係を期待していた。しかし、調査の結果はまったく異なったものだった。そして何度調査してもデータは同じ数値を示した。

彼の調査結果は、ポジティブな感情とネガティブな感情の相関関係はあいまいであるというものだった。つまり、ネガティブな感情をたくさん抱いて生きている人でも、普通の人よりは少ないがポジティブな感情ももちあわせていて、喜びのない生活を送るよう運命づけられているわけではないということだ。同じように、ポジティブな感情をたくさん抱いている人であっても、これは悲しさから適度に守られているだけということになる。

続いて、二つの相反する感情について、女性と男性を対比した研究がおこなわれた。女性については すでに確立された調査があった。女性は男性の二倍の頻度でうつ病を患い、一般に男性より多くのネガティブな感情をもつというものである。

ところが、調査員がポジティブな感情と性別の調査を試みたところ、女性のほうが男性より頻繁に、強いポジティブな感情を体験することが判明した。こういった違いが生物学上の問題なのかは、まだ完全には解明されていない。しかし、とにかく反対の関係を示していることは明らかである。

全体として見ると、ネガティブな感情とポジティブな感情とは、間違いなく両極の関係ではない。どんな関係なのか不明な点は多いが、この解明は今後のポジティブ心理学が挑戦する課題の一つである。

## 若いから幸せというわけではない

先述したワーナー・ウィルソンの三七年前の調査では、若者はもっと幸せであると予測されていた。しかし、その後の詳細な調査によると、当時の若者がもっていたような強い幸福感はすでに消失している。何事にも文句をつける意固地なお節介焼き、というかつての年配の人のイメージも、今では現実性がない。

四〇カ国の六万人の成人を調査した権威ある報告では、幸福を、生活に満足、快い感情、不快な感情の三つの要因に分類している。それによると、生活への満足感は年齢とともに上がり、快い感情は少し下がるが、不快な感情は変化しない。年をとって変化するのは感情の強さである。「世界のトップにいる気分」と「絶望の底にいる気持ち」の両方は、年齢や経験とともに減ってくる。

### 〔病気でも幸せでいられる〕

健康は幸福への鍵であり、健康な状態は人間の生活の中で最も重要な分野である。しかし客観的な健康は、ほとんど幸福には結びつかない。重要なのは、いかに健康であるかの主観的な認識であり、不運にみまわれてもそれに適応する能力、たとえば重い病気にかかっても健康をポジティブに判断する方法を見つける能力が必要である。医師の往診や入院は、生活への満足感には影響しないが、主観的に判断した健康はネガティブな感情に影響を与える。意外なのは、重体のガン患者でも、生活への満足感は客観的に健康な人とさほど違いがないということだ。

身体に障害を及ぼす病気が重く長期にわたると、一般に予想されるほどではないが、幸福と生活への満足感は低下する。心臓病などの特定慢性疾患で入院した患者は、一年たつと明らかに幸福度を増すが、五つも六つもの合併症を患う病人は、幸福度は時間がたつにつれて低下する。普通の病気は不幸をもたらさないが、重い病気は不幸をもたらすといえる。

### 〔教育、気候、人種、性は幸せとは無関係〕

これらの係数はいずれも幸せに大きくかかわらないので、一つのグループにまとめた。

教育は高収入を得るための手段ではあるが、幸福を得るための手段ではない。知性も幸福には影響を及ぼさない。

太陽が降り注ぐ温暖な気候は、うつ病など季節の影響を受ける病気には有利に働いてくれるが、幸福度は気候では変化しない。ネブラスカ州の冬を耐えしのぶ人は、カリフォルニア州の人は幸福だと信じているが、それは間違っている。人は良い天候に完全に、しかも非常にすみやかに適応してしまうからだ。

人種の違いは、少なくともアメリカでは、いかなる面でも幸福とは関係がない。経済的に恵まれてはいないアフリカ系とヒスパニック系のアメリカ人は、白人に比べてうつ病の割合がきわめて低いが、幸福度は白人より高くなかった。

性と気分には興味深い相関関係がある。男女の感情的な状態の平均値には変わりはないのだ。しかしこれは、女性の幸せの平均値が男性より高く、また女性の不幸せの平均値が男性より低いことから得られた結果である。

## ［信心深い人は幸せになれる］

フロイトの学説の見直しから半世紀を経てもなお、社会科学は宗教に関しては半信半疑でいた。信仰についての学術的な論議では、宗教は罪つくりで性的関心を抑制し、不寛容で反インテリ主義、権威主義であると非難された。しかし約二〇年前、信仰がポジティブな心理に与える影響についてのデータが示されると、それまでの非難とは反対の考え方があらわれるようになった。

信仰心の篤いアメリカ人は、麻薬中毒、犯罪、離婚、自殺などの発生率が明らかに低く、肉体的にも健康で長生きをする。心身障害の子どもの母親が信仰心に篤いと、家庭内の不幸にめげない。さらに、信心深い人は、離婚、失業、病気も少ない。事実、信仰心の篤い人は、無信仰の人よりもどことなく幸せで生活に満足している。

宗教と社交的な生活に因果関係があることも間違いない。多くの宗教は、麻薬や犯罪、不信心を禁じ、慈善事業や穏健主義、勤勉などを奨励する。強い幸福感、うつ状態からの解放、悲劇からの早い立ち直りなどと宗教との因果関係はひと言ではあらわせない。行動主義の全盛期には、宗教によって得られる豊かな感情的表現は、宗教とかかわることで社会的な支持を得る機会が増えるからだと説明されていた。信心深い人は友だち同士の気の合ったコミュニティーを組織し、これが全員を良い気持ちへと導くと結論づけられている。しかし私は、それ以上のものがあると信じている。宗教は将来に対する希望をもたらし、生活を有意義なものにするのだ。

シーナ・セティ・イエンガーは、私が今まで会ったうちで最も優秀な学生の一人である。全盲にもかかわらず、ペンシルベニア大学の四年生のとき、卒業論文を書きながらアメリカ中の宗教集会を訪ね歩いて、オプティミズムと信仰との関係を調査した。この調査で彼女が最初に発見したことは、原理主義であればあるほど、信者が楽観的であることだ。正統派のユダヤ教徒、キリスト教原始主義、イスラム教徒は、悲観的傾向のある改革派ユダヤ教徒やユニテリアン教徒よりも、きわだって楽観的である。さらに深く調べるために彼女は、説教、礼拝、講話にあらわされている希望の量を、社会的な支持などの他の係数と切り離して調査した。そして、希望の量が多いと信仰心が深まり、より楽観的な感情が増えることがわかった。

最近まで、幸せな人は、高収入、既婚、若くて健康、高等教育を受け、信仰心が篤いというのが常識とされていたが、この章では、外的な環境（C）を変えて幸福度をさらに増やし、それを持続させるためにはどうすべきかを考えてきた。次の項目は今まで述べてきたことを総括したものである。

## 今より幸せな状態を永続させるには

①貧しい独裁政権の国でなく、豊かな民主主義の国に住む。↓強い影響力がある。
②結婚する。↓強い影響力があるが、それほど決定的ではない。
③ネガティブな出来事とネガティブな感情を避ける。↓ほどほどの影響力。
④豊かな社会ネットワークを獲得する。↓強い影響力があるが、それほど決定的ではない。
⑤宗教を信仰する。↓ほどほどの影響力。
⑥財産を築く。↓ほとんど影響力がない。

△⑦健康に留意する。➡留意するのは主観的健康であって客観的健康ではない。
×⑧できるだけ多くの教育を受ける。➡影響力はない。
×⑨気候に恵まれた土地に移住する。➡影響力はない。

不可能なものから不都合なものまで、さまざまな要因が自分自身の環境を変えられることに気がつかれたに違いない。もし列記したすべての外的環境を変えることができたとしても、あなたの幸福度は八%から一五%に変化するだけかもしれないが、だとしても救いはある。外的な環境だけではなく、幸福に影響を与えうる内的な環境もたくさんあるということだ。

このことが理解できたら、あなたの意志で幸福度をコントロールしてみよう。外的な環境を変えたいと決心し本気で努力したら、今よりも幸せな状態が末長く続くことだろう。

第5章

# 悪い思い出を良い思い出に変える

人それぞれに定められた幸せの範囲があるとして、ではその範囲の最上部で生きていくことはできるのだろうか。束の間の喜びではなく、いつまでも長続きする幸せをもたらす自発的要因（V）とは何なのだろう。

ポジティブな感情には過去に対するもの、現在に対するもの、未来に対するものがある。未来に対するものには、楽観、希望、信念、信頼があり、現在に対するものには、喜び、絶頂感、落ちつき、熱意、歓喜、快楽、そして何よりも大切なフロー（完全な充足感の状態）がある。そして過去に対するポジティブな感情には、充足感、安堵感、達成感、誇り、平穏がある。

ここで理解してほしいのは、これら三つの状況における幸せの感情はそれぞれ異なり、必ずしも緊密な連携があるわけではないということだ。すべての情緒を手に入れることができれば最高だが、必ずしもすべてを達成できるわけではない。過去が満足のいくもの、誇るべきものだったとしても、現在に落胆し、未来に希望がもてないこともある。また、現在はどんなに多くの喜びにひたっていても、つらい過去や絶望的な未来しかないこともある。

そのため、三つの状況における幸せの感情を正しく理解することが必要だ。自分の生きる方向性、つまり過去をどうとらえ、未来をどう展望し、現在をどう生きるかを見直すことが、自分の感情を肯定的な方向へと導くことにつながるのだ。

では過去から始めよう。まずは、次のテストに回答していただきたい。

## 人生の満足度測定テスト

次の五つの設問について、七段階の同意尺度から自分に最もあてはまるものを選び、その数字を書きこんでみよう。

**［同意尺度］**

7点▼強く同意する
6点▼同意する
5点▼やや同意する

4点▼同意でも不同意でもない
3点▼あまり同意できない
2点▼同意できない
1点▼まったく同意できない

**［設問］**

●私の人生はだいたい理想に近い――【　点】
●私の人生の状態は上々である――【　点】
●自分の人生に完全に満足している――【　点】
●これまでのところ、人生に望む大切なものを手に入れた――【　点】
●人生をやり直せるとしても、まったく同じことをするだろう――【　点】

**［結果］あなたの合計得点**――【　点】

30～35点▼非常に満足している
25～29点▼たいへん満足している
20～24点▼やや満足している
15～19点▼やや不満足

10～14点▼不満足
5～9点▼たいへん不満足

さまざまな文化に属する数万人がこのテストを受けた結果、次のような標準値が得られた。年配のアメリカ人では、男性は平均28点、女性は平均26点。北米の大学生は平均23～25点。東欧および中国の学生は平均16～19点。刑務所に服役中の男性は平均12点。病院に入院中の患者も平均12点だった。また精神科の通院患者は平均14～18点。そして虐待を受けた女性と高齢者の介護人は意外なことに平均21点だった。

過去に対する感情には、安堵感、平穏、誇り、満足感といったものから、救いのないつらさや復讐心をともなう怒りまである。こうした感情は、過去をどうとらえるかによって大きく違ってくる。

思考と感情の関係は心理学では最も古い命題であり、二〇世紀初めの七〇年間を支配したフロイト派の理論では、人が何を考えるかは感情が決めるとされていた。

この説を裏づける研究結果は大量にある。たとえば、うつ状態にあるとき、人は幸せな思い出より悲しい思い出のほうに傾きがちだ。同じように、雲一つなく晴れた暑く乾いた夏の午後に、凍てつく氷雨を思い描くのは非常にむずかしい。また、注射をしてアドレナリンが増えると恐れや不安が広がり、他愛のない出来事でも危険で取りかえしのつかないものに思えてくる。さらに、吐き気があると、最後に食べたものを嫌うようになる。吐き気の原因がフランス料理のソースではなく、感冒性胃腸炎だとわかっていても、だ。

約三〇年前に認知心理学が登場し、少なくとも学問の世界では、それまでのフロイト派や行動主義の心理学に取ってかわった。新しい認知心理学は、個人の思考が科学の客観的対象となり数値として定量化できる点や、また最も重要なこととして、思考は単なる感情や行動の反映ではない点を指摘した。

認知療法の第一人者であるアーロン・T・ベックの説では、感情はつねに認識することから生じるものであり、その逆はないとした。つまり、危険だと考えるから不安になり、失われると考えるから悲しみが生まれ、侵害されたと考えるから怒りが生まれるのだと。あなたがこうした気分の一つでも体験したなら、とにかくその気分をよく観察してみることだ。きっと、そのような気分にいたった思考の過程を見いだせるだろう。

この説を裏づける研究成果も数多く発表されている。たとえば、うつ状態の人たちは、過去や未来、あるいは自分の能力を、悪いほうへ悪いほうへと考えてしまう。したがって、物事を悲観的に考えないようにする方法が習得できれば、再発ゼロの抗うつ剤と同じような効果が得られる。また、パニック障害の人は、動悸や呼吸困難のような身体感覚を心臓発作や脳梗塞の前兆だと破滅的にとらえてしまうが、本人にそれが心臓疾患ではなく不安からくる症状だと説明してやると、けろりと治ってしまう。

いずれにしても、感情と思考の関係についての考察は、各説が入りまじっている。フロイト派は感情がつねに思考を支配するとし、認知派は思考がつねに感情を支配するとして対立し、歩み寄ることはなかった。また、感情と思考はどちらも支配的なのだという説もある。どのような条件のときに感情が思考を支配し、またどのようなときにその逆が起こるのか。これは、二一世紀の心理学の課題といえるだろう。

だが私のアプローチは、具体的な側面から取り組むことであり、ここでこうした課題の全面的な解決を試みるつもりはない。

私たちの感情生活は、時には即時的で、反射的なものだ。たとえば、官能的な快楽やエクスタシーは今この瞬間の感情であり、ほとんど何も考える必要も、解釈する必要もない。泥だらけになったときに浴びる熱いシャワーはただひたすら気持ちいいだけであって、その快適さを味わうために「泥がはがれ落ちている」などと考える必要はない。

一方、過去に対する感情は、どれもが思考と解釈に支配されている。

●リディアとマークが離婚した。マークの名を聞くたびにリディアは夫の裏切りを思いだし、離婚から二〇年たった今でもまだ激しい怒りがわきあがる。

●ヨルダンに住むパレスチナ難民のアブドゥルは、イスラエルのことを思いだすたびに、かつては自分が所有し、今ではユダヤ人に占領されたオリーブ農園が頭に浮かび、けっして薄れることのない苦々しさと憎しみがわきおこる。

●アデルは長寿をまっとうした自分の人生をふりかえると、晴れやかで誇らしく、穏やかな気持ちになる。アラバマに貧しい黒人女性として生まれた逆境を克服し、恵まれない環境の中で最大限にチャンスをとらえ、能力を発揮してきたと感じている。

どのエピソードでも、解釈、記憶、思考が介入して、感情を揺り動かしている。しかし、ここに記されている一見何の変哲もない各人の正直な気持ちの中に、過去をどう感じているかを理解する鍵が隠されている。この鍵を探ることは、多くの人たちを過去に閉じこめる独断的な考えを解消することにもつながるのだ。

## 過去に閉じこもる必要はない

「過去が未来を決めるという説を信じますか？」と聞かれたら、あなたは、過去で未来が決まってたまるかと思われるだろう。過去が未来を決めると信じていては、積極的に自分の道を切り拓くことはできないし、努力をやめてしまい怠惰な気持ちに流れがちだ。しかし皮肉なことに、この説の背後にあるイデオロギーを生み出したのは、一九世紀の三人の偉大な天才、ダーウィン、マルクス、そしてフロイトなのである。

チャールズ・ダーウィンは、私たちは過去から延々と続く長い勝利の歴史の産物であると説いた。私たちの祖先は、生存と生殖という二種類の戦いの勝者だった。だから今、私たちがここに存在しているのは、生存を続け、自分を再生産できるようにみごとにコントロールされた適応能力のおかげだという。

私たちの行動は祖先につらなる過去によってすでに決定されているという理論を、意識的に取り入れ展開していったのが、マルクスやフロイトといった決定論者たちだった。

カール・マルクスは、階級闘争が「歴史的必然性」を生み、それが最終的に資本主義を崩壊させ、共産主義の支配を導くとした。大きな経済の力によって未来を決定するのは過去をつむぐ縦糸と横糸であり、どんな偉大な個人もこのような力に対抗することはできないし、人は経済を反映するにすぎないという。

ジグムント・フロイトとその後継者たちは、人生のすべての思考とかかわる出来事は、冗談や夢のようなとるに足らないことでも、過去からの力によって厳密に決定されるとした。つまり、子ども時代とは単なる形成期ではなく、成人後の性格をも決定する時期であるというわけだ。そのため人間は、まだ自分では問題を解決することができない子どもの段階で「固定」されてしまい、残りの人生を、性的問題や暴力といった激しい葛藤の解決で無駄に過ごすこととなる。薬物療法や行動セラピー、認知療法が生まれる前は、精神分析医や心理学者たちは、膨大な時間の大半を患者の子ども時代の記憶を克明にたどることに費やしていた。こういった治療法は、トークセラピーではいまだによく用いられている。

一九九〇年代に人気を博したセルフヘルプ運動も、このような決定論を前提とした考え方を引き継ぐものだ。「インナー・チャイルド（内なる子ども）」運動では、大人になってからおちいるトラブルは、子ども時代のトラウマから生まれるもので、この「被害者状態」を治すには幼児期のトラウマと取り組む以外に方法はないと考えた。

これは子ども時代の出来事を偏重しすぎているのではないか、過去にとらわれすぎているのではないかと私は思う。子ども時代の出来事をこと細かに再現することはできないのだから、それが大人になってからの性格に及ぼす影響となると、決定的な根拠など何もないといえる。子ども時代の出来事がその後の発達に大きな影響をもつという考え方にとらわれすぎたため、多くの研究者は、根拠となるデータを探し集めることだけに五〇年もの年月を費やしてきたようだ。

研究者たちは、両親の死や離婚、肉体的疾患、殴打、遺棄、性的虐待といった子ども時代の悪い出来事が、成人後に明らかに悪影響を及ぼしている症例の収集に専念し、さらに、成人したときの精神の健康状態と子ども時代に経験した喪失についての調査を大規模におこなった。

その結果、思ったほど多くはなかったが、この説を裏づける症例がいくつか集められた。たとえば、子どもが一一歳になる前に母親が死亡すると、その子は成人してから若干うつ状態になることがわかった。しかし、その子が深刻なうつ症状というわけではないし、ややうつ状態である子どものケースは調査の半数だけで、しかも女児に限定された。さらに、父親の死については特定できなかった。また、最初に生まれた子は弟妹よりIQが高いというデータもあるが、IQの差は平均して一点だけだ。両親が離婚していると、小児期や思春期に若干の性格破綻の傾向も認められている。しかし、成長するにしたがって問題はなくなり、成人後はその痕跡を見つけるのすらむずかしい。

たしかに、子ども時代の大きなトラウマは成人後の性格に何らかの影響を及ぼすかもしれないが、それはほとんど追跡できない程度のものだ。つまり、子ども時代の悪い出来事は、成人してからのトラブルとは関係がない。成人のうつ状態、不安、うまくいかない結婚、麻薬、性的トラブル、失業、自分の子どもへの攻撃、アルコール依存症、怒りなどは子ども時代に起きたことに原因があるとする研究に、正当性は認められない。

いずれにしても、これらの研究の大半は、そのアプローチの方法に不備がある。つまり、子ども時代に着目しすぎるあまり、遺伝子の存在を忘れていたのだ。親が犯罪者の場合、犯罪をうながす遺伝子を子どもも受け継いだかもしれないし、子どもの犯罪や親の子どもへの虐待傾向も、もしかしたら後天的なものではなく、先天的な性質に原因があるのかもしれない。一九九〇年以前の研究者たちは、先入観にとらわれ、そういった可能性をまったく考えていなかった。

現在では遺伝子についての研究が進み、別々に育った双生児や養子を対象にした調査によって、成人後の性格には遺伝子の影響が大きく、子ども時代の出来事はほぼ無視してもかまわないことが解明されている。別々に育った一卵性双生児は、いっしょに育った二卵性双生児と比べて、権威主義性、宗教性、職業への満足度、保守性、怒り、うつ病、知性、アルコール依存性、健康状態、神経症気質など、さまざまな点で似かよっていた。また養子は成人すると、養父母よりも生みの親のほうにずっと似てくる。子ども時代の出来事はいずれにおいても、重大な影響力をもたなかった。

ということは、フロイトとその後継者たちが主張する、子ども時代の出来事が成人後の人生を左右するという説は根拠がないということになるのではないだろうか。私がこれを強調するのは、この本の読者の中にも、過去の嫌な出来事に自分は閉じこめられていると信じ、そのため極度に過去を嫌い、極度に未来に対して臆病になっている人がいるのではないかと思うからだ。幼いころの出来事は、成人後の人生にほとんど、あるいはまったく影響しないという事実を知ることだけで、人は十分に解放されるはずである。そして、こうした考え方を捨てることが、この章の最も重要なテーマなのだ。もし自分の過去の不幸にとらわれて前へ進めない人がいるなら、そんな考えはさっさと捨ててもかまわないことを知るべきである。

独断的な考え方であると立証されたにもかかわらず、いまだに広く信じられていて、人びとを苦い過去に閉じこめる理論がもう一つある。「感情の流体力学」である。これはフロイトに端を発し、いつのまにか大衆文化だけでなく大学にまで入りこんでしまったものだ。「感情の流体力学」とは「精神力学《サイコダイナミックス》」のことで、古くはフロイトとその後継者全員の理論を総称する用語だった。この理論において感情は、風船のような不浸透膜に閉ざされたシステム内の力とされている。感情表現が許されない環境にあると、その力は別の出口を求め、たいていは好ましくない症状としてあらわれるというものだ。

しかしこの説は、アーロン・ベックが提唱した認知療法によって劇的にくつがえされた。認知療法とは、今では最も広く普及し、最も効果的とされるうつ病のトークセラピーだが、これはベックが「感情の流体力学」に対して抱いた幻滅から生まれた。一九七〇年から七二年にかけて、ベックと私はともに研修医として働いていた。当時ベックは、この認知療法を模索していたが、そのきっかけとなったのは一九五〇年代後半のある経験だった。そのころフロイト学の訓練を終えたベックは、うつ病患者のグループ治療に当たることになった。精神力学では、うつ病患者に過去について語らせ、そこで受けた傷や喪失感を浄化作用《カタルシス》として表現させることで治療していた。

患者に過去の誤りを修復させ、それについてくわしく語らせるのはそれほどむずかしいことではなかった。問題は、こうして表現しているうちに、しばしば患者自身が、からまった糸がほどけていくかのように錯乱してしまうことだった。そうなるとどうやってそれをもとに戻したらいいのか、ベックにはわからなかった。こういう患者はときには自殺を試み、中には本当に死んでしまう患者もいた。それに対して認知療法は、現在と未来に対する考え方を変えさせることによって、人びとを不幸な過去から解放する技法である。これは抗うつ剤と同じように患者をうつ病から解放し、再発がないぶん抗うつ剤より優れている。ベックは偉大な解放者だったのだ。

激しい論争を招いた「感情の流体力学」の一つの概念に、「怒り」がある。アメリカは穏やかな東洋文化と違って感情をあらわにする社会であり、怒りを表に出すのは正直で正当な、むしろ健全な態度だと考えられてきた。だから私たちは、怒鳴ったり、抗議したり、訴訟を起こしたりする。ダーティハリーも「かかってこい。痛い目にあわせてやろうじゃないか」と挑発する。また、怒りを表に出すことが好意的に見られてきたのは、それが精神理論によって解釈されてきたからでもある。つまり、もし怒りを表現しなかったら、別の形で症状があらわれるかもしれない心臓病と同じで、さらに悲惨な結果を招くかもしれないと考えられていたのだ。

しかし、この理論は誤りであることがわかってきた。むしろその正反対だった。怒りをあらわすことが、新たな心臓病や新たな怒りを生むのである。

ある研究が、むきだしの敵意の表現こそが、A型心臓麻痺の真犯人であることを立証している。研究者は、二五五人の医学生を対象に、敵意を測定する性格テストをおこない、二五年後に医者となった彼らを調べた。すると怒りの最も激しい人は、最も怒りの少ない人のおよそ五倍の心臓疾患があることがわかった。別の研究でも、心臓発作を最も起こしやすい人は声が怒鳴るように大きく、待たされるといらいらし、怒りを外に向けるタイプだった。男子学生を対象にした実験では、怒りを抑えると血圧が下がり、感情をぶちまけると上がった。女性の場合も、怒りをあらわすと低かった血圧が上昇し、怒りを抑えて親切に応えると血圧が下がった。

ここで、感情についてのもう一つの考え方をあげておこう。私はやはり、感情とは非常に浸透性の高い膜、言い換えれば適応力に富んだ膜に包まれたものであると考える。肯定的あるいは否定的な出来事が起こると、気分は一時的にその方向へとシフトすることが立証されている。しかし、たいていそれは、ほんのわずかな時間続くだけで、気分はもとの定められた範囲内に戻る。

このことは、感情は放っておけばやがて治まるものであることを示している。つまり、放っておけばそのうち消えていくにもかかわらず、人は表出した感情をやり過ごすことができずに、逆にいつまでもとらわれてしまう。そのため思いが増幅し、過去の誤りとむなしく格闘するという悪循環におちいってしまうというわけだ。

過去に対するつらい感情を、充足や満足の領域に導く方法は二つある。それは、過去の良い出来事を味わい享受する力を増幅させる「感謝」の心と、過去を書きかえ悪い思い出を良い思い出に転化させる「容認」の心だ。

感謝について述べる前に、次のテストをやってみよう。これを開発したマイケル・マカロフとロバート・イーモンズは、感謝と容認の調査に関してはアメリカ有数の権威である。採点が終わったら、結果を手近に置きながら、この章を読みすすめていただきたい。この章の展開の過程で、結果との参照が必要となるからだ。

## 感謝度測定テスト

次の六つの設問について、七段階の同意尺度から自分に最もあてはまるものを選び、その点数を書きこんでみよう。

**〔同意尺度〕**

7点▼強く同意する
6点▼同意する
5点▼やや同意する
4点▼同意でも不同意でもない
3点▼あまり同意できない
2点▼同意できない
1点▼まったく同意できない

**〔設問〕**

①自分の人生をふりかえってみると感謝すべきことがたくさんある――――【7点】

②感謝しているすべての事柄を書きだすと非常に長いリストになる――【6点】

③世界中を眺めてみたところで、感謝すべきことはたいしてない――【1点】

④さまざまなタイプの人たちに感謝している――【7点】

⑤年をとるにしたがい、自分の今までの人生に登場したさまざまな人びとや出来事、状況に深く感謝できるようになった――【7点】

⑥何かに（誰かに）感謝できるようになるには非常に時間がかかるはずだ――【2点】

**［採点方法］**

(a)設問①②④⑤の得点を合計する。

(b)設問③と⑥の得点を逆にする（7点の場合は1点、6点なら2点、5点なら3点）。

(c)先の(b)で逆にした設問③と⑥の合計点と、(a)で算出した合計点を加算する。得点分布は6点から42点のあいだになるはずである。

**［結果］あなたの合計得点**――【40点】

このアンケートに答えた一二二四人の成人男女を基準とすると、あなたの得点は次のとおりだ。

また、女性の得点は男性よりもいくぶん高く、高齢者が若年者を少し上回る傾向にある。

6～35点▼まったく感謝していない
36～38点▼あまり感謝していない
39～41点▼やや感謝している
42点　　▼非常に感謝している

私はペンシルベニア大学で、心理学序説、学習心理学、動機心理学、臨床心理学、異常心理学などを、三〇年以上教えてきた。教えるのはいつも楽しいが、ここ四年ほど講義をしてきたポジティブ心理学ほど教えがいのあるものはなかった。その理由の一つは、ポジティブ心理学は現実世界とかかわりあっているため、時には一人の人間の人生を変えることすらあるからだ。

一つの例を紹介しよう。私は「自分の楽しみのためにすることと、人のためにすることの違い」という課題について一年ほど考えつづけてきたが、これを授業のテーマとして学生に課すことにした。すると、非常に自由な発想をする学生の一人であるマリサ・ラッシャーが、「感謝する会」をおこなったらどうだろうかと提案した。そこで学生たちは、自分にとっていちばん大切な存在なのに、今まできちんと感謝の気持ちを伝えたことのない人をゲストとして招待することになった。当日は、その人への感謝状を読みあげ、感謝についての討論をおこなう。そしてゲストには、この会の趣旨を当日まで説明しなかった。

こうして一カ月後の金曜日の夜、七人のゲストを招いて会が催された。会ではチーズとワインもふるまわれた。ゲストは、母親が三人、親友が二人、ルームメイトが一人、妹が一人という構成だった。パティという学生が、自分の母親にこう伝えた。

人をどのように価値づけたらいいのでしょうか。きらきら輝く金塊を二四金と呼ぶのと同じように、人の価値も測れるものでしょうか。もし人の内面の価値が誰にでも見てわかるものなら、私がここでこんな話をする必要はありません。人の価値は見た目ではわかりません。ですから私は、最も純粋な魂、すなわち私の母についてお話ししようと思います。今この瞬間、母が片方の眉をつりあげて、私のことを見ています。いえ、違うの、ママ。ママは純粋な心の持ち主ってことでここにいるんじゃないの。でもママは、私が出会った人のなかで、いちばん真摯で純粋な気持ちを抱いている人よ。

私はあっけにとられました。会ったこともない人が電話で、大事にしていたペットが死んだ話をするのを聞いたとき、ママはそれがまるで自分のことであるかのように泣き出すのね。悲しみに沈んでいる人にまず慰めを与えるんだわ。子どものころはこれが不思議でなりませんでした。でも今ならわかります。ママは慰めを必要としている人に真心から手をさしのべているだけなのね。

私の知るかぎり、いちばんすばらしい人のことを話すのは、喜び以外の何ものでもありません。私の目の前にいるこの人のような黄金の心に自分がなれるなんて、夢のまた夢です。生まれてこのかた一度たりとも人に返礼を求めず、ひたすらその人とともに時間を過ごせるよう望むだけの生き方、これこそ人間の最高の姿ではないでしょうか。

パティが朗読し、母親が泣き出すと、部屋にいた誰もが涙を隠せなかった。一人の学生があとでこう言った。「与える人、受けとる人、それを見ている人、全員が泣いた。自分が泣き出したとき、なんで泣いているのかわからなかった」。授業中にみなが泣き出すというのは尋常なことではない。すべての人の琴線に触れるような何かが起こったのだ。

ギドーはミゲルの友情に感謝する陽気な歌を書き、ギターの伴奏をつけてこう唄った。

ぼくらは男だ。センチメンタルな歌は唄わない
だけどぼくが君を好きだってわかってほしい
君に友が必要なら、ぼくをあてにしていいよ
「ギドー」って呼んでくれ。ぼくはすぐに駆けつけよう

サラは妹のレイチェルにこう話した。

この国では、偉大な力の持ち主を求めようとするとき、若者を軽視しがちです。今夜こ

こに私がなぜ自分より若い人を連れてきたかというと、みなさんにとって、人を尊敬するとはどういうことかを考え直すきっかけになればと思ったからです。

いろいろな点で、私は自分の妹レイチェルのような人間になりたいと思っています。レイチェルは社交的でおしゃべりで、私はいつもうらやましく思っていました。若いにもかかわらず、レイチェルは出会ったすべての人と会話するのをためらいません。幼児のころからこんなふうで、母は少し困っていました。公園に遊びに行くのは危険でした。見知らぬ人を恐がらず、しゃべりながらその人について行ってしまうこともあったからです。私が高校の最上級生になると、レイチェルは私がほとんど知らないような、私の学年のにぎやかな女の子のグループと友だちになってしまいました。私はショックを受けると同時に、嫉妬しました。だってその子たちは私の同級生なのですから。「どうしてそんなことができるの」と訊くと、妹は肩をすくめてこう答えました。「あの子たちとはある日、校門の外で話しはじめたのよ」。それは妹が小学五年生のときだったのです。

その学期の終わりの受講アンケートでは、参加者からもスピーカーからも「一〇月二七日金曜日は、私の人生で最高の夜だった」とのコメントが寄せられた。「感謝する会」はまさに授業のクライマックスとなっていた。教師として人間として、これは注目に値する。私たちの文化では、自分にとっていちばん大切な人に感謝を告げる習慣や手段がない。言葉に出してみようかと思っても、気おくれしてしまう。

そこでここに感謝を臆せずに相手に伝える方法を二つ提案する。一つ目の方法は、感謝度や満足度の得点が低かった人だけに限定されるものではなく、この本の読者のみなさんすべてのために用意した。


今までの人生の中で、自分のプラスになる大きな変化をもたらした人で、しかも、感謝の念をまったく表明していない人を選ぶ（ただし恋愛の相手や、将来の利益になりそうな人と混同しないこと）。次に感謝状を書く。何週間かかっても、どこで書いてもかまわない。そして感謝を表明する人を自宅に招く、または相手の家を訪問する。つまり手紙や電話ではなく、直接会うことが大切だ。相手には訪問の目的は伏せておき、ただ「会いたい」とだけ言う。ワインやチーズはなくてもかまわないが、包装した感謝状を贈り物として用意する。ここまで準備が整ったら、感謝状を表情豊かにゆっくりと、相手の目を見ながら読みあげる。そして相手の反応を待つ。最後に、相手を自分がこれほど大切に思うきっかけとなった具体的な出来事について、いっしょにふりかえる。

この「感謝をする会」があまりにも大きな効果があったため、その力について私はあえて検証する必要がなかった。しかし、それからまもなくして、同様の結果をまとめた詳細な研究論文が私のもとへ届いた。ロバート・イーモンズとマイケル・マカロフが、無作為に抽出した人たちを対象として、感謝する出来事やトラブル、何げない日常の出来事などについて二週間にわたり毎日日記をつけてもらい、喜び、幸せ、人生の充足などの感謝の項目をまとめたのだ。

さて、「感謝度測定テスト」や「人生の満足度測定テスト」の結果が下位に位置した読者に、ここで感謝を臆せず相手に伝える二つ目の方法を紹介しよう。これには二週間、できれば歯を磨いて床につく直前の毎晩五分を割いておこなってほしい。

毎晩一ページ分のノートを用意する。最初の晩は、この章の「人生の満足度測定テスト」と第4章の「日常の幸せ度測定テスト」をもう一度おこなって採点する。そして翌日からは、毎晩、過去二四時間をふりかえり、感謝する事柄を五つ、箇条書きで記す。たとえば「朝、目覚めたこと」「友だちの寛容さ」「すばらしい両親」「すばらしい健康」「ローリング・ストーンズ」など。そして二週間たった最後の晩に、ふたたび「人生の満足度測定テスト」と「日常の幸せ度測定テスト」をおこなったら、採点結果を最初の晩のものと比べる。もし効果があったら、これを毎晩の習慣にしてみよう。

## 過去を許そう、そして忘れよう

過去の「満足」や「誇り」「つらさ」「恥」をどう感じるかは、ひとえにあなたが過去をどう記憶するかにかかっている。記憶のほかに情報源はない。感謝すると生きる満足感が増すのは、過去の良い思い出が増幅されるからだ。母親に感謝の意を伝えた学生はこう記した。「あの夜のことは生涯忘れないだろうと母は言います。あの会のおかげで私は、母が自分にとってどれほど大切な人か、ようやく口にすることができました。胸のつかえを降ろすことを、とても良い方法でできたのです！　あのあと数日間は、母も私も気分が高揚していました。私はいつもあの夜のことを思い出しています」

この学生は「気分が高揚した」と記している。これは、感謝を述べてからの数日間、母親から受けたあらゆる良い思い出が、何度も学生の意識をよぎったからだ。こうした記憶は、きわめてポジティブなものであり幸福感をもたらす。

ネガティブな記憶については、ちょうどこの逆が当てはまる。別れた夫のことを思うと裏切りと嘘しか考えられない妻、自分の生まれた土地の記憶を思い出すたびに侵略と憎しみばかり感じるパレスチナ人。どちらも苦々しい感情の記憶である。過去について頻繁に抱く激しいネガティブな記憶は、満足や充足をさまたげる原因となり、これでは平穏で平和な毎日を過ごすことはできない。

このことは個人にかぎらず、国家についても同様である。一国の指導者たちが、その国が味わってきた長い辛酸の歴史をつねに国民に思い起こさせると、復讐心に燃えた暴力的な世論ができあがる。スロボダン・ミロシェビッチが、六世紀にわたってこうむってきた被害をセルビア人に吹きこんだために、バルカン半島は一〇年にもおよぶ戦争と集団虐殺に巻きこまれた。キプロスのマカリオス大司教は権力の座に就くと、トルコに対する憎しみを煽った。このためギリシアとトルコの和解はほとんど不可能になり、トルコ軍の破壊的な侵略を招いた。現代アメリカの扇動政治家《デマゴーグ》たちも、あらゆる機会をとらえては人種というカードをふりかざし、過去の奴隷制や逆差別への怒りを呼び起こしては、信奉者の心に復讐心を育ててゆく。こうした政治家たちは、短期的には人気を集めるが、彼らが作りだした暴力と憎しみの火種は、結局は、自分たちが助けようとした集団そのものをひどく傷つけることになってしまう。

これとは反対にネルソン・マンデラは、際限のない報復合戦の根を断とうとした。マンデラは南アフリカの指導者になると、苦い過去にひたることを拒否し、分断された国家を和解の方向に導いていった。ナイジェリアのヤクブ・ゴウォンは、一九六〇年代末にビアフラの反乱を鎮圧したあと、イボ族を処罰しないよう懸命に努力し、集団虐殺を防ぐことができた。マハトマ・ガンジーの弟子であるジャワハルラル・ネルーは、インドが一九四七年に分裂したとき、インドに残ったイスラム教徒への報復がおこなわれないよう力をつくした。

人間の脳はか弱いながらも、ネガティブな感情を消し去り、ポジティブな感情を育て、築き、持続させようとして進化してきた。相手を憎むすさんだ感情を立て直す唯一の方法は、自分の過去を書き直すこと、つまり嫌な記憶を忘れ、抑制し、容認することで、考え方を変えることである。しかし、記憶を忘れ抑制する最善の方法は、いまだに解明されてはいない。自分の思いを抑制しようと無理をすると、かえってその反発から、封印したはずのイメージが過剰に増殖する。

たとえば、今から五分間、白熊のことを考えないようにしなさいと言われると、かえって白熊のことばかりイメージしてしまう。忘却も抑制も困難となると、残るアプローチは「容認」だけだ。容認は、記憶はそのままにして、問題になる部分だけを取りのぞく、あるいは変質させるという戦略である。

しかし、どうやったら過去を容認できるのかを検討する前に、まず、なぜ多くの人びとが過去の苦い思いにこれほどまでにとらわれるのかを考える必要がある。人はなぜ、過去を容認するというアプローチを、すんなりと受けいれられないのだろう。

残念ながら、人びとがつらい思いに執着するのには明確な理由があるのだ。容認すること、あるいは忘れること、抑制することで自分の過去を書き直すためには、その前に、その出来事について自分が許せる理由と許せない理由をリストアップしてみる必要がある。ここに人が過去の嫌な思いを許そうとしない、いくつかの理由を示そう。

- 許すなんて不公平だ。それでは加害者をつかまえて罰するという動機が葬られる。しかも、他の犠牲者を救えるかもしれないという正当な怒りが弱まってしまう。
- 容認は加害者への愛かもしれないが、それでは犠牲者への愛が失われる。
- 相手を許してしまうと復讐ができない。復讐は、正当で自然な行為だ。

しかし一方では、許すことでつらい思いが中和されて、過去の記憶がプラス思考の色合いを帯びたものに変わることもある。こうなれば、もっと大きな人生の充足を得ることができる。許さないという行為で加害者を直接傷つけることはできないが、許すという行為で自分自身を解放することはできるのだ。身体的な健康、とくに心臓血管系の健康状態は、相手を許せる人のほうが許せない人より良好のようである。そして、その後に和解が成立するような場合、もし加害者を容認できれば、加害者との関係は飛躍的に改善できる。

遺恨を水に流すべきかどうかを決めるとき、このような賛否両論のどちらに重きを置くかについて、私は口をはさむつもりはない。それは一人ひとりの価値観を反映するものだからだ。私の目的は、許せないでいることと人生の満足度との因果関係を指摘することだけなのだ。

権利侵害をどの程度許せるかは、その人の性格にもかかわってくる。ここで紹介するのは、マイケル・マカロフの研究グループが、人生で受けた重大な権利侵害に対して、人がどれだけ許せるかをあらわした測定結果である。最近あなたがひどく傷つけられた具体的な相手を想定し、空欄を埋めてみよう。

## 罪の動機測定テスト

かつてあなたを傷つけた人のことを思いおこし、次の質問に対して、今現在、あなたがどう思っているかを述べていただきたい。あなたが抱いている感情に最も当てはまる同意尺度を選択し、それぞれの点数を記入してみよう。

**〔同意尺度〕**

1点▼まったく同意できない
2点▼同意できない
3点▼どちらともいえない
4点▼同意できる
5点▼たいへん同意できる

**〔質問事項〕**

①相手に代償を支払わせる――――【　　点】
②できるかぎり距離を置こうとしている――――【　　点】
③相手に何か悪いことが起こればいいと思う――――【　　点】
④相手が存在しない、あるいは近くにいないかのごとく暮らしている――――【　　点】
⑤相手は信用できない――――【　　点】
⑥相手が報復を受けるといい――――【　　点】

⑦相手に親切にふるまうのはむずかしい――【　点】
⑧相手を避けている――【　点】
⑨公平な決着をつけたいと思う――【　点】
⑩相手との関係を断つ――【　点】
⑪相手が傷つき、不幸になればいい――【　点】
⑫相手にしないようにする――【　点】

**［採点方法］**

●復讐回避の動機――【　点】

七つの復讐回避項目（②④⑤⑦⑧⑩⑫）の得点を合計する。合計得点の平均値は一二・六点で、一七点以上であれば回避をしやすい傾向が高い上位三分の一に位置し、二三点以上であれば上位一〇％に位置する。

●復讐の動機――【　点】

五つの復讐項目（①③⑥⑨⑪）の得点を合計する。合計得点の平均値は七・七点で、一一点以上であれば復讐する傾向の高い上位三分の一に位置し、一三点以上であれば上位一〇％に位置する。

## どうしたら許せるのか

「おふくろが殺された。じゅうたんにも壁にも血痕が飛び散り、あたりは血まみれだ」
一九九六年の元日の朝、心理学者のエベレット・ワーシントンは、弟のマイクからの電話で、この恐ろしい知らせを受けた。彼は「容認」の概念を定義した本の著者でもある。ノックスビルに到着すると、年老いた母親がバールと野球のバットで殴り殺されていた。母親はワインの瓶で強姦され、家は荒らされていた。

ワーシントン博士が犯人を許そうとしていかに苦悩したか、これを知ることは誰にとっても励みとなるはずだ。私はこの話を、許そうと思ってもどうしても許せない読者にささげたいと思う。

ワーシントンは五つのステップからなる過程を提唱し、それを「REACH」と名づけた。

Rは傷を「思いだす（recall）」ことだ。これはできるだけ客観的におこなう。相手を悪人と思ってはいけない。また自己を哀れむことにとらわれてもいけない。出来事を思いだすときは、深くゆっくりと静かに呼吸すること。ワーシントンは想定できるシナリオを頭の中で描いてみた。

二人の若者が真っ暗な家に侵入しようとしているとき、どんな気持ちだったか想像してみた。暗い街路に立って、二人は緊張しきっていたに違いない。

「この家だ」と一人が言ったかもしれない。「誰もいない。家の中は真っ暗だ」

「車もないぞ」ともう一人が言う。

「きっと大晦日のパーティーに出かけてるんだ」

母は運転ができないから車をもっていないなんて、二人が知るよしもない。

「しまった」と男は思ったに違いない。「見られてしまった。こんなはずじゃなかった。この婆さん、いったいどこからあらわれたんだ？　これはまずい。顔を見られたかもしれない。俺は刑務所行きだ。婆さんのおかげで人生がだいなしだ」


Eは「感情移入（empathize）」である。加害者の立場から、なぜこの人物が自分を傷つけるのか理解してみよう。これはたやすいことではないが、罪人が説明を求められたらこう発言するであろうという話を作ってみる。次のことがこの作業に役立つかもしれない。

●自分の生存が脅かされていると感じたとき、人は罪のない者を傷つけようとする。
●他人を攻撃する人は、恐怖を感じ、何かを心配し、自分自身が傷ついた状態にある。
●その人の潜在的な性格ではなく、置かれた状況が人を傷つけるようにいたらしめることがある。
●人は他人を傷つけていると気づかないことが多い。ただやみくもに攻撃してしまう。

Aは「利他的（altruistic）」な容認という贈り物をすることである。これもまたむずかしい。まず自分がルール違反をし、罪悪感を抱き、そして許されたときのことを考えてみる。そのとき、あなたは許してほしいと思い、許されて相手に感謝したはずだ。容認という贈り物をすることは、たいてい気分の良いものである。こんな格言があるではないか。

もし幸せになりたいなら、
一時間なら、昼寝をしなさい。
一日なら、釣りに行きなさい。
一カ月間なら、結婚しなさい。
一年間なら、遺産を相続しなさい。
一生涯なら、人を許し助けなさい。

しかし、この贈り物は自分の利益のためにするのではない。むしろ加害者に良かれと思えばこそ与えるものだ。傷や復讐を乗り越えられるのだと自分に言い聞かせる。だが、嫌々ながら与えていても、あなたはけっして解放されない。

Cは容認を「公に表明する（commit）」ことだ。ワーシントンの治療グループでは、患者たちが「容認の証明書」を書く。つまり加害者に容認の手紙を書くのだ。そして、それを日記に書いたり、詩や歌にしたり、信頼できる友人に告げたりする。こういう行為は容認の契約であり、次のステップへ進むためのものである。

Hは容認を「持続する（hold）」ことだが、これもたいへんむずかしいステップである。なぜなら、出来事の記憶は必ずよみがえるからだ。容認は消し去ることではなく、記憶と結びついたイメージを変えることだ。記憶することと許さないことの違いに気づくことが重要である。復讐心を抱いて記憶にとどめてはならない。また記憶にひたってもいけない。自分は許したのだと肝に銘じ、自分がインプットした内容を読みなおすことだ。

こういった方法のすべてが、安っぽく、説教じみていると思えるかもしれない。しかし、「REACH」やそれに類似したアプローチ方法の有効性を証明した研究が少なくとも八つ発表されているため、科学的に根拠があるものといえるだろう。その中でも最も大規模で優れた研究は、カール・ソレンセンを中心とするスタンフォード大学によるものだ。

この研究では、二五九人の成人を無作為に抽出し、九時間の「容認のワークショップ」を実施した対象グループと、ワークショップを実施していないグループとに分類した。その結果、ワークショップを実施したグループでは、怒りやストレスは減り、楽観性が増し、健康的になり、容認の度合いは大きくなった。

## あなたの人生を採点する

自分の人生をどう評価するかということは、いつの時点でもなかなかむずかしい問題だが、これまでの人生を正確に評価することは、未来についての決断を下すうえでは非常に重要なことだ。悲しみや幸せといった瞬間的な感情は、人生全体の質についての判断をかなり不確かなものにする。失恋したばかりだと満足度は大きく引き下げられ、昇給したばかりだとわけもなく引き上げられる。

私は次のような方法を実践している。

その年の元日が過ぎるとまもなく、三〇分ほど静かな時間を作り「回顧録」を書いてみる。なるべく急ぎの仕事や感情の高揚がない時間を選んで、自分のコンピュータで作業をする。そこには毎年比較するために、過去一〇年間書きためた回顧録のファイルがあるからだ。そして、自分にとって重大な価値をもつカテゴリーごとに、「どん底」から「完璧」までを一から一〇までの尺度にして満足度を書きいれ、それぞれの総評を短くまとめておく。カテゴリーは人によって違うかもしれないが、私は、「愛」「職業」「経済状態」「遊び」「友人」「健康」「創造性」「全体的評価」に分けている。

これにもう一つ「軌跡」という項目を加える。そして毎年の変化と、一〇年単位の軌跡をくわしく調べてみる。

読者のみなさんにこのプロセスをぜひおすすめする。この作業をすることで、自分を客観的に観測して、自分に素直に向き合い、自分が何をするべきかを見いだすことができる。ロバートソン・デイビーズの言葉を引用しよう。

「年一度、自分の人生の評価をしてみよう。落ち目になっていると気づいたら人生を変えることだ。解決法はたいてい自分の手中にある」

この章のテーマは、自分に定められた最高の幸せの状態を持続させるために役立つ、自発的コントロールの要因（V）についてである。そのため、過去に対してもつポジティブな感情（満足、充足、誇り、平穏さ）の要因について検証してきた。

過去に対してより多くの幸せを永続的に感じるためには、三つの方法がある。一つ目は知的な方法、つまり過去が未来を決定してしまうという固定観念を捨てることだった。二つ目の方法は感謝、三つ目の方法は忘却と容認だ。二つ目と三つ目は感情的なもので、どちらも自発的に過去の記憶を変えるという試みである。つまり、過去の良い出来事に感謝すれば、ポジティブな記憶は強まる。過去の悪い出来事を許すことができれば、苦しみが取りのぞかれ、満足感を増すことができる。

次の章では、未来に対するポジティブな感情を検証していこう。

第6章

# 未来を楽観し希望をもつ方法

未来に対するポジティブな感情には、信念、信頼、自信、希望、楽観がある。楽観と希望については良く理解されており、多くの実証的研究の対象となってきた。何よりも良いことは、これが後天的に培うことができる点である。楽観と希望は、悪いことが起きても落ちこまないための抵抗力をつけ、仕事の業績を上げ、健康の増進にも役立つ。

ではまず、あなたの楽観度テストから始めてみよう。

## 自分の楽観度をテストしてみよう

とくに時間制限はないが、約一〇分程度でおこなってみよう。答えはどれが正しくてどれが間違っているかということではない。これから述べる状況を読み、自分をその状況に当てはめて想像してみよう。経験したことのない状況もあるだろうし、どの回答にも当てはまらないこともあるだろうが、AとBのどちらか自分により近いほうを選んで○をする。中にはきまりの悪い回答があるかもしれないが、「こう答えるべきなのだろう」とか、「他人に悪くとられはしないか」などとは気にせず、「自分だったらたぶんこう答えるだろう」と思うほうを選んでいただきたい。一つの設問には必ず一つだけ回答すること。

また、設問にある「PmB」や「PvG」などの文字や「1」「0」といった数字は、あとで説明するので今は気にしなくて結構だ。

①あなたと配偶者（恋人）は喧嘩のあとで仲直りをした。［PmG］

A：私のほうが折れたからだ。――［0］

B：私はいつも寛大である。――［1］

②配偶者（恋人）の誕生日を忘れた。［PmB］

A：私は誕生日を覚えるのが苦手だ。――［1］

B：ほかのことに気をとられていたからだ。――［0］

③ひそかにあなたにあこがれている人から花をもらった。［PvG］
A：私は相手にとって魅力的な人物だ。――［0］
B：私は誰にでも好かれる。――［1］

④地域の公職に立候補して当選した。［PvG］
A：選挙運動に全力投球したからだ。――［0］
B：私は何事にも全力投球する。――［1］

⑤大切な約束を忘れてしまった。［PvB］
A：ときどき物忘れをすることがある。――［1］
B：ときどき予定表をチェックし忘れる。――［0］

⑥夕食会を主催して成功した。［PmG］
A：あの晩、私はとくにうまくホストを務められた。――［0］
B：私はホスト役がうまい。――［1］

⑦図書の返却が遅れたので、遅延金を一〇ドル払わなければならない。［PmB］

A：本に夢中になると返却期限を忘れることがよくある。――［1］
B：レポートを書くのに夢中で、本を返すのを忘れてしまった。――［0］

⑧株で大もうけをした。［PmG］
A：私の仲買人が新しい株に賭けようと思ったからだ。――［0］
B：私の仲買人の腕がいいからだ。――［1］

⑨スポーツ大会で優勝した。［PmG］
A：負ける気がしなかった。――［0］
B：一生懸命練習したからだ。――［1］

⑩大事な試験に不合格だった。［PvB］
A：他の受験者ほど頭が良くなかったからだ。――［1］
B：あまり準備をしていなかったからだ。――［0］

⑪ごちそうを用意したのに、友だちはほとんど手をつけなかった。［PvB］
A：私は料理が下手だからだ。――［1］

B：急いで支度をしたからだ。――［0］ ○

⑫長いこと練習してきたスポーツ競技に負けた。［PvB］
A：私は運動能力が劣っている。――［1］ ○
B：私はあの競技が苦手だ。――［0］

⑬友だちに腹を立ててしまった。［PmB］
A：彼／彼女がいつも私をしつこく苦しめるからだ。――［1］ ○
B：彼／彼女は機嫌が悪かったのだろう。――［0］

⑭確定申告書を期限内に提出しなかったため罰金を課された。［PmB］
A：私はいつでも申告を後回しにしてしまう。――［1］ ○
B：今年は申告をなまけていた。――［0］

⑮ある人にデートを申し込んだら断られた。［PvB］
A：あの日はついてなかった。――［1］
B：デートに誘ったとき、うまく話せなかったからだ。――［0］ ○

⑯パーティーで頻繁にダンスに誘われた。［PmG］
A：パーティーではいつも社交的だ。――［1］
B：私はあの晩、絶好調だった。――［0］

⑰就職の面接ですばらしい成果をあげた。［PmG］
A：面接のとき自信に満ちていたからだ。――［0］
B：私はいつも面接をうまくこなす。――［1］

⑱ボスから与えられた時間は短かったが、なんとかプロジェクトをやり遂げた。［PvG］
A：私は仕事がよくできる。――［0］
B：私は有能な人間だ。――［1］

⑲ここのところ落ちこんでいる。［PmB］
A：リラックスする時間が全然ないからだ。――［1］
B：今週はすごく忙しかったからだ。――［0］

⑳窒息死しかかった人を助けた。［PvG］
A：私には窒息しかけている人を助ける技術がある。――［0］
B：私は危機的状況にどう対処したらいいのかを知っている。――［1］

㉑恋愛関係にある相手から、しばらく冷却期間を置こうと言われた。［PvB］
A：私が自己中心的すぎたからだ。――［1］
B：相手と過ごす時間を十分に割かなかったからだ。――［0］

㉒友だちから傷つけられるようなことを言われた。［PmB］
A：友だちはいつも思いやりがなく、つい口をすべらせる。――［1］
B：友だちは機嫌が悪く、その矛先が私に向けられたのだ。――［0］

㉓雇用主から助言を求められた。［PvG］
A：聞かれたことが私の専門分野だったからだ。――［0］
B：私が良い助言をするからだ。――［1］

㉔苦しいときに助けてあげたことを友人から感謝された。［PvG］

A：私は困っている友人を助けるのがうれしい。――[0]
B：私はいつも人助けをする。――[1]

㉕医者に健康状態が良好だと言われた。[PvG]
A：頻繁に運動するよう努力しているからだ。――[0]
B：健康に非常に気をつけているからだ。――[1]

㉖配偶者（恋人）がロマンチックな週末旅行に連れていってくれた。[PmG]
A：彼／彼女は何日間か日常生活から離れたかったからだ。――[0]
B：彼／彼女は新しい場所を散策するのが好きだ。――[1]

㉗重要なプロジェクトを統率するよう要請された。[PmG]
A：私は同様のプロジェクトをやり遂げたばかりだ。――[0]
B：私は優れた監督者である。――[1]

㉘スキーでひどく転倒した。[PmB]
A：スキーはむずかしい。――[1]

B：ゲレンデが凍っていたからだ。――［0］

㉙会社の権威ある賞を受けた。［PvG］
A：私が重大な問題を解決したからだ。――［0］
B：私がいちばん優秀な社員だからだ。――［1］

㉚保有株がずっと低迷している。［PvB］
A：購入当時、私はその会社の事業環境をよく知らなかった。――［1］
B：株式の選び方を失敗した。――［0］

㉛休暇中に体重が増えて、もとに戻らなかった。［PmB］
A：ダイエットは、結局は効果がない。――［1］
B：私がやったダイエットには効果がなかった。――［0］

㉜買い物をした店でクレジットカードが使えなかった。［PvB］
A：口座にもっと残高があったと勘違いすることがあるからだ。――［1］
B：クレジットカードの請求の支払いを忘れることがあるからだ。――［0］

**［採点表］**

PmB＝Permanent Bad（永続的に悪い出来事）――――【4点】

PmG＝Permanent Good（永続的に良い出来事）――――【4点】

PvB＝Pervasiveness Bad（普遍的に悪い出来事）――――【5点】

PvG＝Pervasiveness Good（普遍的な良い出来事）――――【8点】

HoB＝Hope Bad（悪い希望）［PmB ＋ PvB］――――【9点】

HoG＝Hope Good（良い希望）［PmG ＋ PvG］――――【10点】

HoG - HoB＝――――【1点】

このテストには、永続性と普遍性という二つの重要なポイントがある。それをもとに解説を進めよう。

**［永続性について］**

簡単にあきらめてしまう人は、自分に起きた災いが「永続的」だと考える。悪いことはずっと続くもので、いつまでも自分の人生に影響を及ぼすだろうと考える。一方、簡単にはあきらめない人は、災いは「一時的」なものだと考える。

永続的（悲観的）
「もうお手上げだ」
「ダイエットは効果がない」
「いつも責められる」
「ボスはろくでなしだ」
「ちっとも口をきいてくれない」

一時的（楽観的）
「疲れている」
「外食はダイエット効果をそこなう」
「部屋をちらかすと責められる」
「ボスは機嫌が悪い」
「最近口をきいてくれない」

悪い出来事を、「いつでも」とか「けっして」といった言葉で考え、物事に固執するなら、あなたの説明スタイルは永続的で悲観的だ。「ときどき」とか「近ごろ」といった限定的な言葉で考え、悪い出来事を一時的なものとやりすごすなら、あなたの説明スタイルは楽観的である。

ではテストの結果に戻ろう。PmB（Permanent Bad＝永続的に悪い出来事）のマークがついている八項目②⑦⑬⑭⑲㉒㉘㉛を見てみよう。これはあなたが悪い出来事が永続的だと考えているかどうかをチェックするテストだ。つまり、「0」の印がついた回答が楽観的な回答、「1」が悲観的な回答である。たとえば、「②なぜ配偶者の誕生日を忘れたか」について、「他のことが気になったから」ではなく、「誕生日を忘れやすいから」を選んだなら、それはあなたが永続的で悲観的に物事をとらえるからということになる。

各設問の下段に記された数字の得点の合計を、［採点表］の「PmB」に記入してみよう。合計が「0」「1」なら、あなたは非常に楽観的だということになる。合計が「2」「3」ならやや楽観的、「4」なら普通、「5」「6」だったらやや悲観的、そして「7」「8」なら非常に悲観的ということになる。

失敗したとき、人は誰でも一時的にではあれ無力感にかられる。まるでみぞおちにパンチを食らったような感じだ。これは痛い。でも痛みはやがて去るし、その場で痛みがなくなる人たちもいる。得点「0」「1」はこういう人たちだ。一方、痛みが延々と続き、恨みとなって凝固する。これが得点「7」「8」の人たちだ。こういう人たちはごく小さな挫折であっても、そのあと何日も、ときには何カ月も無力なままだ。大きな敗北を喫したら最後、二度と立ち直れない。

良い出来事についての楽観的な説明スタイルは、悪い出来事に対する楽観的な説明スタイルとは正反対である。良い出来事には永続的な原因があると考える人は、それが一時的な原因だとする人よりも楽観的である。

| 一時的（悲観主義） | 永続的（楽観主義） |
| --- | --- |
| 「今日は運がいい」 | 「私はいつも運がいい」 |

「とても努力した」

「私には才能がある」

「ライバルが疲れたのだ」

「ライバルに能力がないのだ」

楽観的な人は、良い出来事が起きた原因を「能力」や「特性」といった永続的な言葉で説明し、悲観的な人は、「気分」や「努力」といった一時的な言葉で説明する。

さてあなたは、「株式でもうけた」などのように、いくつかの設問が良い出来事に関するものだったことに気づかれたことだろう。半分はそういう設問になっている。PmG（Permanent Good＝永続的に良い出来事）のマークがついている設問の得点を合計してみよう。設問①⑥⑧⑨⑯⑰㉖㉗がこれにあたる。末尾に「1」と書かれた回答が永続的で楽観的な回答である。

各設問の下段に記された数字の得点の合計を、［採点表］の「PmG」に記入してみよう。合計が「7」「8」なら非常に楽観的、「6」ならやや楽観的、「4」「5」なら普通、「3」ならやや悲観的、「0」「1」「2」なら非常に悲観的である。

良い出来事は永続的な原因で起きると考える人は、成功すると次の機会にはもっと頑張ろうとする。良い出来事は一時的な原因で起きると考える人は、成功してもまぐれだと思ってあきらめてしまう。成功から得られる利益を最大に利用し、物事が進みはじめるとどんどん調子が出てくる人は楽観主義者である。

## ［特定的なものと普遍的なもの］

永続性は時間にかかわる事柄で、普遍性は空間にかかわる事柄である。

こんな例を想定してみよう。ある企業で経理部門の半数が解雇された。会計士のノラとケビンはうつ状態になった。二人とも数カ月間は就職活動もできず、確定申告といった経理の仕事を連想させることはいっさいやらなかった。しかしノラは、主婦として、妻としての務めはおこたらず、社会生活は普通にこなし、健康状態も優良で、週三回はスポーツ・クラブに通っていた。しかし、ケビンは衰弱しきっていた。妻や赤ん坊にはいっさい興味を示さず、毎晩くよくよと考えこんでいた。人に会うのが耐えられないのでパーティーにも行かなくなり、冗談にも笑わなくなった。冬のあいだ中、風邪をひきっぱなしで、ジョギングもやめてしまった。

仕事や恋愛といった人生の重要な局面で破綻をきたしても、トラブルを封印して生きていける人たちもいれば、すべてをあきらめ破滅してしまう人たちもいる。人生の糸が一本切れただけで、すべてがほころびてしまうのだ。

つまり、自分の失敗を普遍的にとらえる人は、ある一局面でほころびが生じるとすべてをあきらめてしまう。一方、特定的にとらえる人は、ある一局面では無力になっても、他の分野に勇敢に立ち向かっていく。

ここで悪い出来事の普遍的なとらえ方と特定的なとらえ方の例をあげてみよう。

普遍的（悲観的）
「教師はみな不公平だ」
「私は冷淡だ」
「書物は役に立たない」

特定的（楽観的）
「セリグマン教授は不公平だ」
「私は彼に対して冷淡だ」
「この書物は役に立たない」

ノラとケビンはどちらも、悪い出来事についての永続性のテストでは得点が高かった。この点では二人とも悲観主義者だ。たしかに解雇されたとき、二人とも長期間うつ状態だった。しかし普遍性のテストでは、二人は正反対の結果を出した。悪い出来事が起きたとき、ケビンはそれを普遍的なものだと考えた。だから解雇をきっかけに、自分は何をやってもうまくいかないのだと思いこんだ。一方、ノラは、悪い出来事が起きたのには何か特定された原因があるのだと思い、解雇されたとき、自分が経理分野で能力がないのだと考えた。

悪い出来事が起きた理由を、永続的なものではなく一時的なものと説明し、さらに普遍的に広がるものではなく特定的な一部にかぎられたものだと説明すれば、復活への弾力性が生まれる。

あなたはケビンのように破滅するタイプだろうか？　PvB（Pervasiveness Bad＝普遍的に悪い出来事）のマークがついている設問⑤⑩⑪⑫⑮㉑㉚㉜の得点を合計し、［採点表］の「PvB」に記入してみよう。点数「0」「1」なら非常に楽観的、「2」「3」ならやや楽観的、「4」は普通、「5」「6」ならやや悲観的、「7」「8」なら非常に悲観的となる。

今度は逆をやってみよう。良い出来事に対する楽観的な説明スタイルは、悪い出来事の場合と逆である。楽観主義者は、良い出来事は自分のすることすべてに良い影響が生じると考えるのに対し、悲観主義者は良い出来事は何か特定の原因で生じたと考える。ノラは臨時ではあるが会社へ戻るよう通知を受けたとき、「やはり私なしではやっていけないとようやくわかったわけね」と思ったが、ケビンは「ずいぶん人手不足なんだな」と思った。

もう少し例をあげてみよう。

特定的（悲観的）
「私は数学が得意だ」
「私の仲買人は石油株を熟知している」
「私は彼女にとって魅力的だ」

普遍的（楽観的）
「私は頭が良い」
「私の仲買人はウォール街を熟知している」
「私は魅力的だ」

良い出来事をどのくらい普遍的だと説明できるか、楽観度を採点してみよう。PvG（Pervasiveness Good＝普遍的な良い出来事）とマークしてある設問は③④⑱⑳㉓㉔㉕㉙である。各設問の下段に記された数字の得点の合計を、［採点表］の「PvG」に記入してみよう。得点が「8」「7」なら非常に楽観的、「6」ならやや楽観的、「5」「4」なら普通、「3」ならやや悲観的、「1」「0」なら非常に悲観的となる。

## 希望を作りだすもの

テレビの伝道師、政治家、広告業者たちの領域とされてきた希望の概念は、「後天的楽観主義」という概念の登場により学問分野にもちこまれ、そのしくみを科学者が検討するようになった。

希望をもてるかどうかは、前述の二つの説明スタイルに深くかかわっている。良い出来事は永続的で普遍的な原因から生じ、悪いことは一時的で特定された原因から生じる、と楽観的に考えれば希望がわいてくる。しかし、悪いことは永続的で普遍的な原因から生じ、良い出来事は一時的で特定的な原因から生じる、と悲観的に考えると絶望におちいる。

同じ悪い出来事でも、絶望的に説明するのと希望的に説明するのとではずいぶん違いがある。実例をあげてみよう。

| 絶望的説明 | 希望的説明 |
| --- | --- |
| 「私は愚かだ」 | 「二日酔いだ」 |
| 「男は暴君だ」 | 「夫は不機嫌だった」 |
| 「このしこりがガンである可能性は五〇％だ」 | 「このしこりがなんでもない可能性は五〇％だ」 |

では、良い出来事について説明の違いを見てみよう。

希望的説明
「私は才能がある」
「誰もが私の妻を魅力的だと思う」
「アメリカはすべての敵を根絶するだろう」

絶望的説明
「私は幸運だ」
「お客さんは私の妻を魅力的だと思った」
「アメリカはテロリストを根絶するだろう」

このテストの中で最も重要なのは希望度を測る得点、HoB（Hope Bad＝悪い希望）とHoG（Hope Good＝良い希望）だろう。PvBにPmBを足してHoBの得点を、PvGにPmGを足してHoGの得点を出してみよう。

ここまで計算できたら、最後にHoGの得点からHoBの得点を引いてみよう。「10〜16」なら非常に希望的、「6〜9」ならやや希望的、「1〜5」なら普通、「マイナス5〜0」ならやや絶望的、「マイナス5以下」なら非常に絶望的である。

良い出来事については永続的で普遍的な説明を、悪い出来事については一時的で特定的な説明をする人は、トラブルからすぐに立ち直り、いったん成功すればどんどん調子が出てくる。反対に、成功してもそれに一時的で特定的な説明をつけ、困った状況は永続的で普遍的なものと説明する人は、プレッシャーにもろく、調子も出にくい。

## 楽観度を高めて希望をもてる自分を作る

楽観度を高めるには、すでに十分に検証された良い方法がある。これはまず自分の悲観的な考え方を認識したうえで、それに反論するというものだ。

この反論の技法はすでに誰もが会得している。たとえばこれは、自分以外の人間から自分の怠慢をなじられたときなどに使われる。

仕事上のライバルに「あなたには人事部長になる資格はない。思いやりがなく、利己主義で、あなたの下で働くのは我慢できない」となじられたとしよう。あなたはすぐにあらゆる理由を駆使して相手の間違いを指摘するだろう。「スタッフからの去年の評価が高かったのは俺だぞ」とか「マーケティング部門で問題だった三人の社員を立ち直らせたのは誰だと思っている」などと、相手の意見に反論するはずだ。ところが、同じ非難を自分自身に向けるとなると、たいてい、それには反論できない。悲観的に物事をとらえる自分自身に反論するときに最も重要なのは、まず自分を責める自分に気づくこと、気づいたら自分を責めているのは自分以外の人間、たとえば、あなたを不幸にすることを人生の目標とするライバルだと考えてみることだ。

では具体的にどうやったらいいのか、ここで簡単に示しておこう。自分を責め悲観的になっている自分に気づいたら、「ABCDEモデル」を使ってこれに反論する。Aは「困った状況

(Adversity)」、Bは困った状況に落ちた自分が機械的に抱く「思いこみ（Belief）」、Cはその思いこみにともなって起こる「結末（Consequence）」、Dは思いこみに対する「反論（Disputation）」、Eは十分に反論したあとの「元気づけ（Energization）」である。もし困った状況におちいっても、自分の思いこみに有効な反論ができれば、落胆したり活動を停止したり、元気を失くしたりしないですむようになる。

A：困った状況——子どもが生まれてから初めて夫と二人だけで外食したのだが、ウェーターの発音に始まり、赤ん坊の頭の形が私似か夫似かにいたるまで、およそすべてのことで口論になった。

B：思いこみ——私たち、どうしちゃったのかしら。二人だけのロマンチックな夕食だというのに、くだらないことで喧嘩して、せっかくの夜を台無しにしている。そういえば最初の子どもが生まれたあと破綻する夫婦が多いという記事を読んだわ。私たちもそうなりそう。でも、そうなったら女手一つで息子のノアをどうやって育てていったらいいのかしら？

C：結果——私はすごく悲しくて、がっかりして、パニックすら感じた。食事もほとんど喉を通らず、皿のわきへよけてしまった。夫がなんとか気分を変えようとしているのがよくわかったけれど、私は夫の顔を見ることすらできなかった。

D：反論——私の考えは少し現実離れしているのかもしれない。七週間ものあいだ、三時間続けて睡眠をとった日なんかほとんどなかった。そのすぐあとに、ロマンチックな夕食などできるわけがないし、お乳が張って母乳が染み出てくるのが気になってしかたない。なんてロマンチックだこと！　それに一回の食事がうまくいかなかったからって、すぐに離婚なんて変だわ。これよりもっとひどい時期もあったけど、二人で乗り切って、そのたびに絆は強くなった。あんなくだらない記事を読まないようにすればいいんだわ。ノアの頭の形が誰に似ているかなんてことで、もう離婚調停の日程のことを考えているなんて信じられない。私に必要なのは、少しリラックスして、ロマンスのスタートとしてはまずまずだと考えることだわ。この次はきっと素敵な夕食になるでしょう。

E：元気づけ――気分が直りはじめ、夫に注意が向くようになった。夫に乳房が張って困っていることまで話し、ウェーターがどんな反応をするか大笑いした。私たちはこの前の夕食はウォーミングアップだったと考えることにし、来週もう一度やってみることにした。いったん話してしまうとすっかり楽しくなり、二人の絆がさらに強まった気がした。

あなたの落ちこみの原因は、思いこみにすぎないと気づくことが重要だ。ライバルがあなたに嫉妬して「あなたはひどい母親よ。自分勝手で、思いやりがなくて、無知だわ」と怒りにまかせてわめいたら、あなたはどう反応するだろう。たぶん無視するだろう。そしてもし腹が立てば、それに反論するだろう。自分にこう言い聞かせるかもしれない。「子どもたちは私を愛してくれる。私は子どもたちに信じられないほどたくさんの時間を費やして、算数やフットボール、時には処世術だって教えている。あの人は自分の子どもの出来が悪いからと、私に嫉妬しているんだわ」

他人から根拠なしに非難されたとき、その叱責から距離を置くのは、さほどむずかしいことではない。ところが毎日のように自分で自身を非難するとなるとそうはいかない。こうした反省的な考え方はたいてい屈折したもので、子どものころの葛藤や厳しい両親、欠点ばかりを指摘する少年野球コーチ、姉の嫉妬など、過去の不愉快な経験から生まれた悪しき思考習慣にすぎないのだ。しかし今は、叱責を発しているのが自分自身なので、それを絶対の真理のように受けとめてしまう。

だがそれは単なる思いこみにすぎない。自分は仕事に向かないのではないか、人から愛されないのではないか、出来が悪いのではないのかと恐れるが、それが真実とはかぎらない。悲観的な考え方から少し距離を置いてみなければならない。自分の思いこみが正確かどうか調べることこそが、反論の最も重要なポイントである。

その第一歩は自分の思いこみに対して反論すべきだと気づくことであり、その次は結果を実行に移すことである。

## 自分自身に反論する

反論を説得力のあるものにする四つの大切なテクニックがある。ではその一つひとつについて述べてみよう。

**［テクニック①――証拠］**

ネガティブな思いこみに反論するのにいちばん説得力のある方法は、それが事実として間違っていると示すことである。困った状況に対する悲観的反応はたいていが過剰反応なので、示された事実はネガティブな自分に味方するものが多い。だから自分で刑事の役割になって、「この思いこみの〝証拠〟は何か」と疑問を投げかけてみる。

もし成績が悪くて「クラスでビリだ」と思いこんでいたら、「証拠」を確かめてみる。隣の席の子のほうが成績が悪かったのでは？　ダイエットに失敗したと思ったら、チキンウィングやライトビールのカロリーを計算してみる。もしかしたら、友だちと外食するために抜いた夕食のカロリーをちょっとオーバーする程度かもしれない。

ここで気をつけてほしいのは、このアプローチは、ポジティブ思考法でいうところの「パワー」とは異なるということだ。よくポジティブ思考法では、「私は毎日、あらゆる面でどんどん進歩している」という楽観的なメッセージを、根拠もなく、時には反証があっても信じこもうとする。このようなメッセージを本当に信じることができるなら、たしかにもっと力を得られるだろう。だが、懐疑的な思考を身につけた学歴のある人たちには、そんな無茶はできない。

反論の最も効果的な技法は、自分のゆがんだ破滅的な考え方を指摘する証拠を見つけることだ。たいていの場合、現実があなたに味方してくれるだろう。

**［テクニック②――別の選択］**

ある出来事にたった一つしか原因がないなどということはありえない。たいていの出来事には多くの原因がある。

仮に試験の結果が悪かったとすると、それには次のような要因が考えられる。試験の難易度、自分の勉強量、頭の良さ、教授が公正か否か、他の学生のでき具合、自分の疲労度。悲観主義者はこれらすべての原因のうち最悪のものにしがみつく傾向がある。ここでもやはり、反論することで現実があなたに味方してくれることが多い。原因は複数あるのに、その中でもいちばん厄介な破滅的なものにしがみついている必要はない。自分に問うてみよう。この問題を解決するのにもっと気楽な方法はないだろうか、と。

自分の思いこみに反論するため、あらゆる可能な原因を検討してみよう。いちばん破滅的なものを考えるのではなく、変えられるもの（勉強時間が少なかった）、具体的なもの（この試験は特別むずかしかった）、自分のせいでないもの（教授の採点が公正でなかった）に焦点を当ててみよう。「別の選択」を気楽に考えだせるようにして、この破滅的な習慣を帳消しにすべきである。

**［テクニック③——発想の転換］**

とはいえ、世の中、事実は必ずしもあなたに味方してくれない。現実はあなたに厳しく、あなたが抱いた自分についてのネガティブな思いこみは、真実かもしれない。こういう場合に使うテクニックが「発想の転換」である。

思いこみが真実だとしても、「それに何の意味があるだろう？」と自分に問うてみよう。たしかに夕食はロマンチックではなかった。でも、だからどうなのだ。一度の失敗すなわち離婚、ではない。さらに自分に問うてみる。これが最悪のシナリオだというのか。成績表にBが三つあるからといって、誰も雇用してくれないのだろうか。チキンウィング二つにフライドポテト二皿を食べたからといって、永遠に太っているだろうか。

ここでもう一度、「証拠」を探してみよう。先ほどの夫婦喧嘩の例では、妻は最悪にいたる前に、自分たち夫婦がこれよりもっとひどいケースを乗りきったことを思いだしていた。

**［テクニック④——検証］**

思いこみを抱いた結果が、その真偽より問題になることがある。もしダイエットを破ったとき、

「私は食いしん坊だ」と思いこんだら、それは完全にダイエットをやめることにつながる。世間が公平でないと思いこみ、ひどく動揺する人がいる。そういう気持ちはわかるが、その思いこみ自体がもっと悪い結果を生むことがある。世間は公平でなければならないなどという思いこみにとらわれていて、何の意味があるだろう。

将来変わりうる状況すべてを詳細にわたり「検証」することだ。ある思いこみが真実であったとしても、状況は変えられるのではないか。では、変えるにはどうしたらいいだろうか、と考える必要がある。先ほどの妻を例にとると、彼女は離婚についての破滅的な雑誌記事を読むのをやめようと決めていた。

## あなた自身の反論を記録する

では実際に反論してみよう。人生で直面する不運な出来事を五件あげ、そこで抱く自分の思いこみを注意深く検討し、その結果を観察していただきたい。そして、その思いこみについて反論してみる。ネガティブな思いこみにうまく対処できるようになったら、自分に生じるエネルギーを観察する。これらすべての過程を、実際に記録してみよう。

五件の出来事は日常のささいなことでかまわない。手紙がなかなか来ない。電話の返事が来ない。ガソリンスタンドでタイヤに空気を入れている店員がフロントガラスを拭いてくれない。いずれの場合でも、前述の反論を説得力のあるものにする四つのテクニックを使ってほしい。
実際に始める前に、次の二例を検討してみよう。最初は悪い出来事の例、二番目は良い出来事の例である。

A：困った状況——トラウマからの心理的回復について自分がおこなったセミナーの評価を受けとったところ、その中の一つにこう書いてあった。「このセミナーにはひどくがっかりした。ただ一つ印象的だったのは、教授が救いようもなく退屈だったことだ。死体だってリッチモンド教授よりは活気がある。何はさておき、この授業だけは受講するな！」

B：思いこみ——厚かましいガキだ。今どきの学生は授業がドルビー音響システムでおこなわれるべきだと考えていて、教師がけたたましいマルチメディアでも使わないかぎり、退屈だと言われる。少しは考えたり勉強したりできるようにと、行き届いた教材を与えても、ろくすっぽ扱い方も知らない。こういうガキどもの図々しい態度には辟易する。あれを書いたのが誰だか特定できなくてよかった。

C：結論——私はカンカンに怒った。妻を呼んでこの評価を読んで聞かせ、一〇分ほどわめきたてた。その日は遅くなってもまだ怒っていた。学生がいかに傲慢でわがままか、心の中で反芻しつづけた。

D：反論——とにかく無礼きわまる。セミナーが気に入らないのなら話はわかるが、こんなに意地悪な書き方をする必要があるだろうか。もちろんたった一つの評価にすぎないと考えるべきだ。大半の学生は、セミナーがまあまあだと思っているようだ。でもいつものような高い評価は得られなかったし、かなりの学生が、スライドを使ってくれたらもっとわかりやすかったのにと指摘していた。学生たちはとくにレーザーショーを期待しているわけではなく、もう少しテクノロジーの助けを借りて、教材を面白く、わかりやすいものにしてほしかったのだ。もしかすると私は、少々怠けていたかもしれない。今まではもっと学生の興味をそそるような方法を考え、努力をしていたはずだ。私は以前ほど授業に興味がもてなくなっている。それが出てしまったのだ。むしろあの評価を警鐘ととらえ、教材を興味深いものにするための時間をもっととるべきかもしれない。

E：元気づけ――怒りはだいぶ治まった。学生の一人があんなふうに書いたことはまだ不愉快だったが、それも距離を置いて見られるようになった。自分が少し怠けていたことを認めたくはないが、授業にエネルギーを注ぐ気分になれた。それ以上に、教材を見直すことができ、授業をもっと活気あるものにするのが楽しみになってきた。

前述したとおり、良い出来事に対する悲観的な考え方は、悪い出来事に対する考え方の正反対である。悲観的な人は良い出来事を、一時的で特定的で自分とはかかわりのないことだととらえ、好機に乗っても、勝利を十二分に利用しようとはしない。次の事例は、成功に対する一時的、特定的、外部的な考え方にどう反論し、それを永続的、普遍的、内面的な考え方に変えていくかを示すものである。

A：困った状況――上司から、私の提案した新しいアイデアが気に入ったから、自分といっしょに重役会議に出席し、経営陣にそれを説明するよう言われた。

B：思いこみ――えっ、それは困る。そんな会議に出てくれなんて、恥をかくだけだ。私は会議で上司に提案できただけで十分だったのだ。それにあのアイデアも自分のものではない。仲間同士でいろいろしゃべっていただけだ。あのときはうまくしゃべれたが、お偉方から聞かれることにしっかり答えられるほど練り上げた理解があるわけではない。

C：結論――私はひどく落ちこみ、集中できなかった。会議での提案プランを立てなければならないのに、まったく筋道が立てられず、ほかの仕事にかまけてしまう。

D：反論――ちょっと待て。これは良いことじゃないか。悪いことのはずがない。このアイデアは仲間といっしょに練ったものだが、それが自分のアイデアではないというのは言い過ぎではないか。事実、このあいだの会議で難局を切りぬけ、新しいアプローチを考えだしたのは自分だ。居並ぶ重役たちの前で提案するのは、誰にとっても緊張することだが、やればなんとかできる。このアイデアは私がずっと温めてきたんだし、文書化して部内に回覧したこともある。上司が私を選んだのは、私ならできると思ってのことだ。どうでもいい人間を重役の前に出したら、上司自身が評判を落とすことになるのだ。彼が私を信頼したのだから、自分も自分を信頼すべきだ。

E：元気づけ――私は集中できるようになり、心が落ち着いた。同僚二人に頼んで、プレゼンの練習をした。会議が楽しみになり、準備すればするほど自信がついてきた。プラン全体がもっと首尾一貫するような新しい説明の仕方すら考えだすことができた。

さあ、来週はこれを日課にしてみよう。困った状況をあれこれ詮索するのではなく、状況に身をまかせ、それを注意深く自分の内面の対話に組みこむようにする。ネガティブな考えが生じたら、それに反論してみる。徹底的に検討し、ＡＢＣＤＥを書きとめてみよう。

第5章では過去に対する幸福とは何かを解説し、過去から幸せを取りだす方法について述べた。そしてこの章では、未来に対する幸福とは何かについて述べ、それを増進するためのテクニックをくわしく紹介した。次の章では、現在に対する幸福について述べていこう。

第7章

# 今この瞬間の幸せ――快楽と充足感を区別する

今この瞬間の幸せは、過去や未来に対する幸せとはきわめて異なる状態から成り立っており、それ自身が、快楽と充足感という、まったく異なった二つの事柄を内包している。「快楽」とは感覚そのものと強烈な感情からなる喜びのことで、それには絶頂感やスリル、オーガズム、歓喜、横溢《おういつ》感、心地よさなどがあり、哲学者はこれらを「生《なま》の感情」と呼んでいる。これらは一過性のものであり、ほとんど思考をともなわない。

一方の「充足感」は、「生の感情」を必ずしもともなわないことが多い。人はそれに没頭し、浸りきり、われを忘れる。楽しい会話、ロッククライミング、夢中になれる本、ダンス、ダンクシュートの成功、このような活動の中で人は、時間がたつのを忘れ、自分の技能と挑戦の対象とがうまくマッチし、自分の力量を感じることができる。充足感は快楽よりも持続するが、思考力や解釈力を駆使する必要があるので、たやすく身につくものではなく、自分の力や価値の裏づけがあって初めて獲得できる。

## 快楽（The Pleasures）

こんな夏の朝が
もっとたくさんありますように
なんという快楽、なんという喜び
初めて見る港に入り
フェニキアの貿易港に停泊し
素敵なものを買いあさる
真珠、珊瑚、琥珀
そして黒檀
ありとあらゆる官能的な香水
欲しいだけの香水をすべて

『イタカ島にて』C・P・カバフィ

**［身体的な快楽］**

身体に受ける喜びは直接的で、感覚を通じて訪れ、一瞬で消える。これに解釈はいらない。進化の過程で、人間の感覚器官はポジティブな感情と直接結びついた。つまり、触覚、味覚、嗅覚、身体の運動、視覚、聴覚などは、快楽を直接に生みだす。たとえば、生殖器官をやさしくなでてあげると、赤ん坊はにっこり笑う。母乳やバニラアイスの味でも、生後六カ月の赤ん坊は同じ反応をする。泥だらけの体を熱いシャワーで洗いおとすのは、最高に気持ちがいい。この感覚は身体を清潔にするという知識を越えている。オーガズムの快感に説明はいらないし、快便を至福の解放と感じる人もいる。

視覚と聴覚も、それほど直接的ではないが、ポジティブな感情と結びついている。よく晴れた春の日や、フェイドアウトするビートルズの『ヘイ・ジュード』のエンディング、赤ん坊と小羊を描いた絵画、燃えさかる暖炉のそばで過ごす雪の夜、これらはみな身体の快楽である。

もう少し高度で洗練されたものとなると、複雑な感覚が官能的快楽をもたらすようになる。私の場合だと、最高のハイブリッド・ローズティー、バッハの『マニフィカト』の出だし、ドイツのワイン「トロッケンベーレンアウスレーゼ」のひと口、ミュージカル『ジョージの恋人』の第一幕最後のシーン、ゲランの香水「シャリマール」の香り、完璧な韻律、二歳になる私の子が小さな手で人指し指を握りしめるときなどがそれにあたる。

こうしたものは、間違いなく喜びをもたらしてくれるが、身体的な快楽に包まれた生活を営むことができるかといえば、それはたやすいことではない。なぜなら、それは束の間のものでしかないからだ。外からの刺激がなくなると、この快楽は急速に消え失せるし、この手の快楽にはすぐ慣れてしまい、初めて体験したときのような感動を得るには、より大きな刺激が必要になる。震えるほどすばらしいのは、フレンチ・バニラアイスの最初のひと口、シャリマールの最初のひと嗅ぎ、燃えさかる暖炉から感じる最初の数秒の暖かさだけだ。こうした快楽との接触を極力抑制しないかぎりは、それはすぐに失われてしまう。

## ［高度の快楽］

高度の快楽は身体の快楽とよく似ている。両方とも、ポジティブな「生の感情」は瞬間的で、すぐに崩れて慣れてしまう。しかし高度の快楽は、外部とのかかわり合いから形成されるため、身体の快楽よりずっと複雑で印象に残り、数も種類も多い。

高度の快楽の定義にはいろいろなものがあり、私が紹介するものは、そのほんの一例にすぎない。私は、ポジティブな感情をあらわす一つの単語を、「喜び」から始めて、頭の中でその類語を探していくという方法を用いた。これをくりかえし、類語を思いつかなくなるまで続ける。驚いたことに、この方法で見つけた身体の快楽、高度の快楽につながるポジティブな感情の言葉は一〇〇語に満たなかった。そこから身体的な快楽をあらわす単語（たとえばオーガズムや暖かさ）を取りのぞき、残った高度の快楽をあらわす単語を三つのグループに分け、それらを強度によって分類した。

強度の快楽には、歓喜、至福、絶頂感、スリル、高揚感、多幸感、痛快感、震え、得意感、興奮などがある。中度の快楽には、躍動感、きらめき、活力、楽しさ、陽気さ、うれしさ、元気、熱意、興味、おかしさなどがある。低度の快楽には、安心、調和、飽食、くつろぎなどがある。

私の目的は、人生におけるこうした状態をいかに高めるかを検討することだが、そのためにどういう方法を使うかはあなた次第だ。いずれにせよ、快楽を高めるという目的が達成できればよいのである。

［快楽を高める］

最初に申し上げておきたいのだが、人生の快楽に専門家のアドバイスは必要ない。何に心惹かれ、どうやってそれを得るかは、どんな哲学者よりも自分がいちばんよく知っている。しかし、ポジティブな感情の科学的な解明から得られる三つの概念を把握すれば、人生における瞬間的な幸福の量を増やすことができる。三つの概念とは、「慣れ」「味わい」「注意深さ」である。これらの心理的な概念がもつ力を解放することで、ポジティブな感情を増やすことができる。

### ●「慣れ」のリスクを避けるには

快楽には、いわゆる賞味期限つきの幸せがもつ独特の画一的な特質がある。快楽は束の間で、たいていは唐突に終わる。学生に何か楽しいことをやりなさいと課題を与えると、彼らは楽しい時間が終わってしまえば、何もかもが終わることに気がつく。外からの刺激がなくなれば、ポジティブな感情も、現在の経験の波にのみこまれて、ほとんど跡形なく消え失せてしまう。ただし例外もあり、たとえば私にとっては、翌日になっても意識の中によみがえる稀有な映画や、テイスティングをしたときにたっぷり二分は味わいが持続するバーガンディのワインなどがそれに当たるが、こういった感覚はきわめてまれだ。

同じ快楽を続けて何度も味わうことはできない。バッセのフレンチ・バニラアイスを二度目に味わうときの快楽は、最初のひと口からすると半減しているし、四回目にいたってはもはやただのカロリーでしかない。「慣れ」あるいは「適応」と呼ばれるこの過程は、神経学的に避けがたい人生の現実である。神経細胞《ニューロン》は新しい出来事だけに反応して連結され、新しい情報がない場合には反応しない。細胞レベルにおいて不応期と呼ばれるものが存在し、おおむね数秒間は神経細胞《ニューロン》が反応しないのだ。脳全体のレベルでは、人は新しい出来事に反応し、そうでないことには反応しない。出来事が頻繁に起これば起こるほど、それは無意識という背景に紛れこんでしまう。

快楽はたちまち消え去るだけではなく、反対にネガティブな余韻を残すものもある。約四〇年ほど前、ラットの脳内に発見されたという「快楽中枢」のことを聞いたことがあるだろうか。ラットの脳の大脳皮質下にごく細い電極を埋めこみ、ラットが棒を押すたびに少量の電流を流したところ、ラットは食事や性行為、はては生きることそのものよりも、この電流の刺激を好むようになったというものだ。

ここで得られた重大な発見は、中毒についてだった。つまり電気刺激は強い渇望感を作りだし、ふたたび電気刺激を与えないかぎりそれは満たされない。そして、強い渇望感が新たな渇望感を作りだすのだ。この渇望感は、ラットが電気刺激をきっぱりと絶ち、棒を押すのをやめれば、数分で解消する。しかし渇望感があまりに強いため、ラットは棒を押しつづけ、壊れるまでやめない。この段階でラットが棒を押しつづけるのは、それが快楽に結びつくからではなく、渇望の悪循環におちいっているからである。渇望の始まりそれ自体がネガティブであるため、もし渇望を埋めあわせるものが与えられれば、ラットは悪循環を避けようとするだろう。

背中をかけば痒《かゆ》みは止まる。しかし同時に注目すべきなのは、かくのをやめるともっと痒くなることだ。痒みはいよいよ耐えがたくなり、またかくと痒みは治まる。しかし、それによってもっと痒くなり、こうして事態は循環する。歯を食いしばって我慢すれば痒みはだんだん消えていくが、どうしてもかきたいという気持ちが意志の力に勝ってしまうのが普通だ。

飲酒による二日酔いに対しては、迎え酒を飲むか、時間をかけて症状が弱まるのを待つしかない。迎え酒をすれば不快な後遺症はなくなるが、ふたたび二日酔いがくりかえされる。さらに深刻なのが麻薬中毒だ。

ここに人生の快楽を高めるうえでの大事な教訓がある。つまり、快楽を薄めることの大切さだ。

第一の目安は、この章の最初で紹介したカバフィの詩に込められている。快楽をもたらす出来事を、できるだけ多くあなたの人生に取りこんでみよう。ただし肝心なのは、そのまま享受するのではなく、薄めて、イベントとイベントのあいだにいつもよりも長い間隔を空けてみることだ。ほかの快楽からも十分な間隔を置いてみよう。体験したいという気持ちはゼロに近いのに、それでもやらずにいられないという状態なら、それは快楽ではなく中毒だと思ったほうがいい。アイスクリームをひと口食べたら、三〇秒は待ってみよう。二口目が欲しくなくなったら、残りを流しに捨てよう。それでもまだ欲しかったら二口目を食べ、もう一度待とう。いつでもやめられるようにしておこう。

快楽への慣れを水際で食いとめるのに、自分にいちばん適した間隔を見つけだしてみよう。たとえば、ブルース・スプリングスティーンの音楽が好きなら、いつもより頻繁に聴くことと、間隔を空けて聴くことの両方を試してみよう。そうすれば、あなたが音楽をいつでも新鮮に聴くことができる間隔が見つかるはずだ。

間隔を置くのと同時に、驚きも快楽への慣れを防ぐ方法の一つである。自分を驚かしてみよう。さらに効果的なのは、同居人や他の人たちと、互いに快楽の「贈り物」をして、相手を驚かせることだ。かといって、花屋に頼んでバラの花束を届けてもらう必要はない。思いがけないコーヒーの一杯で十分だ。毎日五分だけでいい、ちょっとした楽しい驚きを配偶者や子どもたちや同僚たちに与えてあげるのだ。帰宅を待って好きな曲をかけてあげる。領収書の整理をしている同僚の肩をもんであげる。同僚のデスクに花を飾ってあげる。好意的なひと言を記したメモをわたす。こういう行為には相互伝染性がある。

## ●「味わい」という概念

現代生活の恐るべきスピード、極端なほどの未来志向、こうしたことにむしばまれ、私たちの「現在」は極端に貧しくなっている。電話からインターネットまで、近年のテクノロジーの発達のほとんどすべてが、大量高速処理にかかわるものだ。時間の節約で得られる効果と将来設計に求める価値とが結びついたわけだ。この「価値」があまりに急に押しよせてきたため、ごく普通の社交上の会話でも、ゆっくり相手の言うことも聞かず、即座に受け答えをするようになってぃる。時間の節約と将来計画によって、「現在」の領域は極端に狭まった。

ロヨラ大学のフレッド・B・ブライアントとジョゼフ・ベロフは、「味わい」と「注意深さ」という二つの概念を定義して新しい心理学の分野を立ちあげ、仏教の尊ぶべき伝統を反映しながら、失われた現在という領域に新しい解釈を試みている。

味わいとは、快楽を意識することであり、快楽という体験に十分注意を払い関心を向けることである。

二人の著者は数千人の大学生に対するテストの結果をもとに、味わいの五つのテクニックをくわしく述べている。

①他人と分かちあう――経験を共有する相手を見つけ、この瞬間をいかに大切に思うかを相手に話す。これは快楽を培っていくうえで、最高の判断材料となる。

②記憶する――イベントにまつわる心温まる写真を撮ったり、記念品をもち帰り、あとから他人とそれについて思いかえす。

③自分を祝福する――プライドをもつことを恐れてはいけない。自分が他の人たちをいかに感動させたかを言い聞かせ、こうなることをどれほど待ち望んだか思いだす。

④知覚をとぎすます――特定のことだけに集中し、外部からの刺激を排除する。

⑤没入する――自分を滅し、なるべく思考しないようにし、感覚だけをとぎすます。やらなければならないことがあっても他のことは考えないようにし、これから何が起こるかを期待し、物事がどう進展するかに没頭する。

感覚を味わうことには、浴びる（賛辞や祝賀を受ける）、神に感謝する（祝福への感謝を表現する）、驚く（瞬間の妙味に自己を滅する）、大いに楽しむ（感覚にひたる）の四つの概念が含まれ、これらを前述の五つのテクニックが支えている。

では具体的に、次の文章を使って味わいの五つのテクニックを試してみよう。この本を斜め読みしてこられたあなたも、次の文章だけは一語ずつゆっくりと注意深く味わってみよう。

しかし私は降りていく
この風通しの良い場所から、この束の間の白い平和から
この身を刺すような歓喜から

そして私をとりまく時間が閉じる
そして私の魂は日々の営みのリズムに感動する

平穏を知った今
人生はそれほど私を圧迫しないだろう
そして私はいつも時間からの解放を感じるだろう

私はもう一度立ちあがる
白い風の吹く永遠の存在の中に

## ●「注意深さ」という概念

注意深さは、人間の思慮のない行為を観察することから始まる。人は経験の広いすそ野に気づ

こうとしない。あまり考えもせず、機械的に行動しがちだ。

ハーバード大学教授のエレン・レンジャーは、コピー機の前に行列して順番を待つ事務員の列に人を割りこませる実験をした。「あなたの前に並んでいいですか？」と言われると誰もが拒否したが、「急いでコピーしなければならないものがあるので……」とつけ加えると割りこませてくれた。

レンジャーは、人がもっと注意深く心をくだき、現在という時点を新たに見直す一連のテクニックを開発した。このテクニックに共通するのは、ありきたりの状況を新鮮なものにするために視点を移すという原則だ。

現在に対して注意深く関心を傾けるには、先を気にかけながら急ぎ足で経験していくときよりも、ゆったりした心の状態にあるときのほうがいい。東洋の瞑想法にはさまざまな形があるが、そのほとんどがあわただしい西洋の心をスローダウンさせてくれるもので、不安をも捨て去るよう説いている。これは、現在に対する注意深い心映えを育てる。

三年間の研鑽《けんさん》を積んだ新参の修行僧が、師匠の住まいを訪れた。

修行僧は、これから受ける試験に備えて覚えた仏教哲学の難題をまくしたてた。

「一つだけだが、大事な質問がある」と師匠が抑揚をつけて言う。

「はい、用意はできています」と修行僧は答える。

「入口に咲く花は傘の左側にあったか、右側にあったか？」
恥じ入った修行僧は、もう三年の研鑽を積むべく立ち去った。

「超越瞑想（TM）」は、アメリカ人にとって最も簡単にできるテクニックだ。みずからTMを二〇年やってきて、生活もスローダウンし、不安も減った人間として、私は注意深さを身につける効果的なテクニックとしてこれをおすすめする。ただしTMなどの瞑想法を即効性のある方法と思ってはならない。この効果を得るには毎日二回（一回につき最低二〇分）、何週間も続けなければならない。

「味わい」と「注意深さ」についての科学的検証の多くは仏教に端を発しているのだが、これはけっして偶然ではない。仏教の偉大な伝統は、人格の円熟から生まれる穏やかな心の状態に到達することに重きを置いている。

## 「良い一日を送ろう」

ここでは快楽と喜びを増幅させるいくつかの方法について述べてきた。快楽の「慣れ」は、意識して間を置くことや、友人や恋人とお互いが驚きをもたらすような配慮をすることで避けることができる。「味わい」と「注意深さ」は、快楽を誰かと分かちあい、心を打つ写真を撮り、自分をほめ、視野をとぎすまし、対象に没入することで得られる。恩恵に浴し、神に感謝し、驚きに目を見はり、大いに楽しむ。「快適な人生」を見いだすには、かなりの幸運と同時に、こうした技術を使うことが必要だ。

さて、これらを機能させるために、私はあなたに良い一日を送るようおすすめする。今月は一日を割いて、自分のいちばん好きな快楽にふけってみるとよいだろう。自分を甘やかしてみよう。時間ごとに何をするかを計画し、書きとめてみよう。前述した五つのテクニックをできるだけたくさん使ってみよう。人生の雑事にわずらわされず、ぜひ計画を実行していただきたい。

## 充足感と快楽は別のもの

私たちは通常、充足感と快楽という二つの言葉を意識して使い分けたりはしないが、じつはこれは非常にまずいことだ。なぜなら、人生でいちばんすばらしい異なる二つのものを混同し、同じ方法でこの二つを得られると勘違いしてしまっているからだ。

私たちはあまり深く考えもせず、キャビアが好き、背中をさすってもらうのが好き、トタン屋根に落ちる雨の音が好き（これらはみな快楽）と言う一方で、バレーボールが好き、ディラン・トマスを読むのが好き、ホームレスを援助するのが好き（これらはみな充足感）と口にする。この「好き」という表現は、行動に混乱をもたらす。この言葉の第一の意味は、他の多くの選択肢を捨てて、それをすることを選んだということだ。同じ言葉を使ってしまうと、私たちは「好き」

という行為が同じ源に発していると思いがちになり、うっかりこんなふうに言ってしまう。「キャビアは快楽を与えてくれる」「ディラン・トマスは快楽を与えてくれる」。これではあたかも、この二つの背後に同じポジティブな感情が存在しているかのようだ。

このようなことを私が強調するのは、快楽の背後には必ずポジティブな感情が存在するからだ。すばらしい食事、背中をさすられること、香水、熱いシャワーなどはみな、この章の冒頭で述べたような快楽の「生の感情」の源泉である。一方、たとえばホームレスにコーヒーを差し入れしたり、小説を読んだり、ブリッジをしたり、ロッククライミングをしているときのポジティブな感情は、充足感である。これらは非常にとらえにくい。

快楽と充足感の違いは、快適な人生と充実した人生との違いでもある。第3章で紹介した、ブリッジのチャンピオンでCEOでもある私の友人レンは、ポジティブな情動が非常に低かった。レンがもちあわせているのは充足感であって、これこそ私が「レンは充実した人生を送っている」と言うときの鍵となるものだ。どんな運動やアドバイスや魔法も、彼ににぎやかで楽しい生活を送らせたり、深い快楽の感情を与えたりはできないが、レンはブリッジのチャンピオンであり、オプション取引を仕事とし、熱心なスポーツファンであり、彼の生活は十分に満たされている。快楽と充足感を区別して理解すれば、元来はポジティブな感情が低いところにある地球上の半数の人たちも、けっして不幸せではないということが見えてくる。この人たちの幸せは、彼らが備えもつふんだんな充足感がもたらしたものなのだ。

私たち現代人は、快楽と充足感の違いを見失ってはいるが、古代アテネ人はこの二つをはっきりと区別していた。これは、古代人のほうが私たちより物事をよく知っていたという証の一つである。

アリストテレスにとって、身体の快楽から区別された幸福とは、ダンスにおける優雅さと同じだった。優雅さとはダンスにともなうものであり、ダンスが終わったときに得られるものではない。優雅さとはダンスそのものなのだ。私の言う充足感とは、正しい行動そのもののことである。これは身体の快楽から派生するものではなく、化学的に合成できるものでも、近道して得られるものでもない。これは唯一、高貴な目的と一致する行動から得られる。ここでアリストテレスを引用すると学者ぶっていると思われるかもしれないが、彼の言葉は人生の真実の瞬間を言いあらわしている。快楽は増幅することができるが、充足感はそうはいかない。快楽は感覚や感情に関するものだが、充足感は個人の強みや美徳を生かすことで得られる。

「この人は有名な人なんだよ」。逆さになった文字を見ながら、私はマンディにささやいた。ここはハワイ島のコナにあるお気に入りのリゾートで、朝食の行列の先頭に並びながら、私はゲストの来訪リストを読んでいたのだ。そこで見つけた「チクセントミハイ」という名前は、心理学者のあいだではよく知られていたが、そのとき私はその発音すらわからなかった。彼はクレアモント大学のピーター・ドラッカー・スクール・オブ・ビジネスで社会科学を教える有名な教授であり、人がある行為に完全に没頭しているときに感じる充足感の状態を研究し、これを「フロー(flow)」と名づけている。二〇年前、まだ若かったころに会ったことがあるが、どんな人だったかはよく覚えていない。

私はおぼろげに思いだした赤毛の筋ばった男の姿を求めて、室内に目をさまよわせた。

朝食がすむと、マンディと子どもたちと私は、ごつごつした溶岩の岩場をぬけて黒砂の浜辺に向かった。空には黒い雲が低く走り、波が高くて気軽に海水浴ができるような状態ではない。「パパ、誰かが叫んでる」。ラーラが海を指さしながら切迫した声で言った。たしかに波の下に白髪の男が、フジツボのとげだらけの溶岩壁にたたきつけられては、渦巻く波に引き戻されている。胸と顔が血だらけで、左足のヒレが脱げかかっていた。私は浜辺を駆け降りると、波をかき分け歩み寄った。厚いゴム底の靴のおかげで、男のところへ行くのは簡単だったが、彼は体重九〇キロの私よりかなり大柄で、引っ張ってくるのは容易ではなかった。

ようやく岸に引き揚げ、激しい息づかいの中から聞こえてきたのは、教養のあるヨーロッパ人の発音だった。

「ミハイかい?」

ようやく咳が治まると、サンタクロースのような彼の顔がぱっとほころんだ。彼は私をぎゅっと抱きしめた。それから二日間、私たちのおしゃべりは中断することがなかった。

マイク・チクセントミハイは、第二次大戦中のイタリアで成人した。父親はハンガリーの貴族で、ローマ大使として派遣されていた。マイクの子ども時代は戦争によって終わりを告げた。ハンガリーが一九四八年にスターリンに占領されると、父親は大使館を離れ、亡命外国人となった。生活のためにローマでレストランを開業し、先祖伝来の家具はベオグラードとザグレブの美術館行きとなった。マイクの知っている大人たちの中には、どうすることもできず失意に沈む人たちも多かった。

「職もなく、金もなく、脱け殻のようだった」とマイクは回想する。だが同じような困難に直面した人びとの中にも、高潔さや陽気さを失わず、瓦礫の中に目標を見いだす人がいた。こういう人たちはとくに技術もなく、尊敬されていたわけでもなく、戦前はその大半がごく普通の人に見えた。

マイクの好奇心はそそられた。抜け殻になる人とならない人、その説明を求めて一九五〇年代にイタリアで哲学と歴史、宗教を学んだ。ユングの著作に魅了されたが、当時、心理学は学問として認められてはいなかったので、彼はアメリカに移住して勉強を続けた。彫刻や絵画を手がけ、雑誌『ニューヨーカー』に文章を書き、博士号を取ったのち、終戦直後のローマの混乱の中で目撃した人間の究極状態における能力の発揮について、科学的に究明するというライフワークにとりかかった。

マイクは太平洋のかなたを凝視しながら私にこう言った。「あれが何だったのか、何が起こりうるのか知りたかったんだ」

心理学に対するマイクの重要な貢献は、「フロー」という概念である。人間にとって時間はいつ止まるのか。自分がやりたいことをやっている最中に、それがけっして終わることがないように祈るのはどういうときなのか。絵画か、セックスか、バレーボールか、人前で話すときか、ロッククライミングか、他人のトラブルを真剣に聞いてあげるときか。マイクはこの話題について、自分の八〇歳の兄の事例をあげて説明してくれた。

最近ブダペストに住む腹違いの兄マーティーを訪問した。もう引退して、鉱石収集を趣味にする兄はこう言った。数日前、水晶を手に入れ、朝食が終わってすぐ自分の顕微鏡で観察を始めた。しばらくして、鉱石の内部構造が見えにくくなっているのに気づき、太陽に雲がかかったのかと思った。目を開けてみると、もう日が沈もうとしていた。

兄の時間が止まったのだ。マイクはこういう状態を「喜び」と呼ぶ（私がこの呼び名を避けるのは、この言葉が充足感の感情要素を強調しすぎるからである）。そしてこれを、快楽と対比してみせた。

能力を十二分に発揮できるテニスの試合は楽しい。これは、物事に新しい光を当ててくれるような読書や、自分にあるとは思ってもいなかったアイデアが導きだされるような会話に匹敵する。困難な事業を終えるときや、仕事の出来が良かったとき、これは楽しい。こういう経験は、やっている最中は格別楽しいものではないが、あとになってふりかえってみると、楽しい思い出となり、またやりたいと思うのだ。

マイクは世界各地からさまざまな体験を背負った人びとを、あらゆる年齢層にわたって何千人もインタビューし、その人たちに充足感が高いと感じた経験を語ってもらった。これはマイクの鉱物学者の兄が語ったような心の充足感といえる。あるいは次のような京都の暴走族の少年が何百台ものバイクで走ったときの話のように、社会的なものもある。

最初は全員が一致しているわけじゃないんだ。でもうまく走りだすと、全員が相手のことを感じるんだよ。なんて言ったらいいのかな。全員が一つになると、何かがわかるんだ。突然気づくんだ。「俺たちは一つだ」って。自分たちが一つの肉体になったと気づいたとき、それはすごいもんだぜ。スピードでハイになったときは、本当にものすごいんだ。

この状態は肉体的行為から生まれる。あるバレリーナがこんなことを話していた。

そこに入りこむと、身体が浮きあがり、楽しくて楽しくて、自分がふわふわ動きまわっているの。ある種の肉体的な興奮状態。すごく汗が出て、すべてがうまくいくと熱病のような、エクスタシーのような状態になる。あちこち動きまわって、その動きの中で自分を表現しようとする。それがこれなのよ。ある種のボディ・ランゲージみたいな伝達メディアね。うまくいっているときは、音楽に乗って、そこにいる人びとと通じあいながら自分を本当にうまく表現できるわ。

暴走族とバレリーナ、行為そのものはずいぶん違っているが、両者ともに充足感の心理的要素については驚くほど似た発言をしている。ここにその要素を示そう。

●その任務は困難であり技能が必要である
●集中できる
●はっきりしたゴールがある
●すぐにフィードバックが得られる
●たやすく深くかかわれる
●コントロールする感覚がある
●自己意識が消滅する
●時間が停止する

このリストには、ポジティブな感情が欠けていることに気づかれただろうか。快楽、陽気、絶頂感のようなポジティブな感情はときどき見られるが、ほとんど登場しない。「フロー」の核心は、まさにポジティブな感情の欠落、あらゆる意識の欠落にあるのだ。意識と感情は軌道を修正するために存在するのであって、休みなく完璧に物事をおこなっているときには必要ないのである。

充足感の要素の検証は、経済学にたとえるとわかりやすい。資本は消費から回収される資金であり、未来のさらなる収益を期待して投資される。この資本構築という考え方は、経済以外のものにも応用できる。つまり社会資本とは、他人（友人、恋人、その他の接触先）とかかわることで蓄積される資産である。また文化資本とは、私たちが遺産として相続し、個人生活を豊かにするために使う情報および資産（たとえば美術館や書籍）のことである。もし心理的資本があるのなら、それはどのように得られるのだろうか。

快楽を得られるのは、それはおそらく消費によってだけだろう。香水の香り、ラズベリーの味、頭皮マッサージで得られる快感などはみな瞬間的な喜びで、未来のために何ものをも構築しない。これは何も蓄積されないので、投資ではない。これとは反対に「フロー」に没頭しているとき、私たちはおそらく投資をしているのであり、未来のために心理的資本を構築しているのだろう。フローとはおそらく、心理的成長のある状態のことなのだ。没入、意識の消滅、時間の停止、これらは私たちが未来のために心理的資産を蓄積しているという、進化論的な知らせなのかもしれない。この類推でいくと、快楽とは生物学的飽食の達成であり、充足感とは心理的成長の達成である。

チクセントミハイたちはフローの頻度を測定するために経験サンプリング法を使っている。被験者は、一日のうちの不特定の時間にポケットベルを鳴らされる。そのとき被験者は、今、何をしているのか、何を考えているか、何を感じているか、どのくらい没頭しているかを書きとめる。彼のチームは、さまざまな人生を歩む何千人もの人から一〇〇万以上のデータを集めた。

その結果、フローを頻繁に経験する人もいるが、多くの人はまったくこういう状態にならないか、あるいは、なってもごくまれだった。

マイクは、ティーンエージャーを対象に、「フロー度の高い」二五〇人と「フロー度の低い」二五〇人を調査した。「フロー度の低い」ティーンエージャーはいわゆるモール・キッズで、商店街にたむろし、テレビをよく見る。「フロー度の高い」ティーンエージャーは趣味をもち、スポーツをし、長時間の自宅学習をする。その結果、心理的健康度のすべての尺度において、ただ一つを除き高成績を示した。この一つの例外が重要である。つまり高度グループの少年たちは、低度グループの少年たちが自分よりも楽しい思いをしていると考えており、自分も商店街で楽しいことをしたりテレビを見たいと希望したのだ。

このように、高度グループの少年たちがおこなっている活動は楽しいものとはみなされていないが、これはあとになって見返りの得られるものだ。このグループの少年たちは、大学に進学し、社会的な絆を深め、その後の人生ではさらに成功する。これはマイクの理論、すなわちフローとは心理的資本を築く状態であり、将来それを引き出して使えるものだという理論に合致している。

こうした恩恵や充足感を生み出すフローのすべてを考慮に入れると、しばしば私たちが充足感ではなく、快楽や、時にはもっと悪い不快を選ぶのは、いかにも不思議なことではないだろうか。夜、良書を読むかテレビの連続ドラマを見るかの選択になると、私たちはテレビを選ぶことが多い。じつは、アンケート調査では、連続ドラマを見ているときの一般的な気分は軽いうつ状態であるとの報告が数多くあるのだが……。充足感よりも安易な快楽を習慣的に選んでしまうというのは、どうもやっかいなことらしい。

過去四〇年間、世界の裕福な諸国ではどこでも、驚くほどうつ病が増加している。うつ病は現在、一九六〇年当時の一〇倍で、しかも若年層がこれにかかっている。四〇年前、最初のうつ病の兆候が見られた平均年齢は二九・五歳だった。ところが現在は一四・五歳である。

客観的な幸福度（権力追求、教育量、音楽能力、栄養状態）の指針は上向きなのに、主観的幸福度は下向きだ。この伝染病をどう説明したらいいのだろう。

この原因となるものより、ならないもののほうがはっきりしている。つまり、この伝染病は生物学的なものではない。うつ病が一〇倍に増えるほどの遺伝子やホルモンの変化は、わずか四〇年ではありえないからだ。

またこれは、生態環境的なものでもない。私の家から六〇キロ離れた場所で一八世紀的環境に暮らすアーミッシュの人たちのうつ病発症率は、フィラデルフィアの一〇分の一にすぎないが、彼らの飲み水も呼吸する空気も私たちと変わらないし、私たちの食べ物の多くはこの地域から来ている。

またこれは、生活条件が悪いからでもない。うつ病が多発するのは裕福な国々だけだからだ。私は、自己評価が正当に認められない風土、被害者の権利を過剰に信奉する風土、自由奔放な個人主義が助長される風土が、この伝染病をはびこらせるのではないかと思っているが、これにはもう一つの要因が立ちはだかっている。それは、人びとが幸福への近道をあまりにも求めすぎるということだ。裕福な国では、数多くの快楽への近道が作り出されている。テレビ、麻薬、買い物、愛のないセックス、スポーツ観戦、チョコレートなど、枚挙にいとまがないほどだ。

この本を執筆しながら、私は今、バターとブルーベリージャムをたっぷり塗ったベーグルを食べている。自分でベーグルを焼いたのでもなく、バターを作ったのでもなく、ブルーベリーを摘んだのでもない。私の朝食は、何の技術も努力もいらない近道だらけだ。自分の全生活が、自力を頼りにすることなく、挑戦もしない、こうした安易な快楽で成り立っているとしたら、いったいどうなるだろう。間違いなくうつ状態への道をたどる。充足感の追求を通じて充実した生活を選ぶ代わりに、近道をとる生活をしたなら、自分の強みや美徳は衰えてしまうだろう。

うつ病の主要な症状の一つは自己没入である。うつ状態の人は自分がどう感じるかということばかりを過剰なほど考える。この憂うつな気分が人生の現実ではないのに、これだけが突出してしまうのだ。自分の中に悲しさを見つけだすと、うつ病の人はそればかりをあれこれ考えて、それを未来や自分のすべての活動に投影させて、ますます悲しくなる。「自分の気持ちと仲良くなりなさい」と、自己啓発の香具師《やし》たちが叫ぶ。若者たちはこのメッセージを鵜のみにし、唯一の関心事は自分の気持ちだというナルシスト世代が生み出されたのだ。

この「自分の気持ちと仲良しに」という考えとは反対に、充足感を定義する基準は、感情の欠如、自意識の消滅、全面的なかかわりである。充足感は自己への没入を排斥する。充足感から生まれる「フロー」が多くなるほど、人は憂うつから遠ざかる。これこそ若者のうつ伝染病への強力な解毒剤である。

つまり、快楽の追求を少しトーンダウンさせて、もっと充足感を得られるように努力することだ。快楽はたやすく手に入るが、充足感はなかなか得られない。しかし、充足感がもつ力を認識して育てあげていくことができれば、それはうつ病に対抗し、その攻撃を和らげる強力な助っ人となるのだ。

たしかに、多くの充足感を得ようとする試みは楽ではない。充足感は「フロー」を生み出すが、それには技術と努力が必要だ。また、困難と直面するがゆえに失敗の可能性もある。

たとえば、テニスを三セットやること、機知に富んだ会話をすること、リチャード・ルッソの小説を読むこと、少なくともそういったことを始める。これは大仕事だ。快楽はそうではない。

連続ドラマを見る、自慰をする、香水を嗅ぐ。これらは少しも大仕事ではない。バターを塗ったベーグルを食べたり、月曜の夜にテレビでフットボールを見たり、これには何の努力もいらないし、技術もほとんど必要がない。それに失敗の恐れもない。マイクはハワイで私にこう言った。

快楽は、強力なやる気の源泉となる。しかし、快楽は変化を生まない。快楽は、今必要なものを満足させて心地よさとくつろぎを得たいという気持ちに私たちをさせる、保守的な力なんだ。

一方、充足感は、必ずしも快適ではない。時にはひどいストレスがかかることもある。登山家は凍死寸前になり、疲労困憊し、クレバスの奈落に墜落する危険にさらされるが、それでも山以外の場所にいたいとは思わないだろう。トルコブルーの海辺の椰子の木陰でカクテルを飲むのは悪くない。だがそれは、凍てつく尾根で感じる喜びとは比べものにならないんだ。

充足感を増幅するという問題は、「充実した人生とは何か」という崇高な問い以外の何ものでもない。私の教師の一人であるジュリアン・ジェインズは、珍しいアマゾンのトカゲを自分の研究室でペットとして飼っていた。トカゲを手に入れてから数週間のあいだ、ジュリアンはトカゲに餌を食べさせることができなかった。ありとあらゆることを試みたが、トカゲは彼の目の前でず、だんだん麻痺状態におちいっていった。

ある日のこと、ジュリアンはハムサンドを与えた。トカゲは興味を示さない。ジュリアンは日課どおり、『ニューヨーク・タイムズ』を読みはじめた。一面を読み終えて、ジュリアンはなんの気なしに新聞をハムサンドの上に放りだした。トカゲはこの形状をちらと見ると、床をはって新聞にとびかかり、ずたずたに引きちぎると、ハムサンドをむさぼった。

トカゲは獲物に忍び寄り、襲いかかって、引き裂いてから食べるというふうに進化した。狩猟こそがトカゲのもつ価値なのだろう。トカゲの人生においては、この能力の行使があまりにも重大なため、これをおこなうまでは食欲がわかないのだ。快楽への近道は、トカゲには通用しなかった。人類はアマゾンのトカゲよりも数段複雑にできているが、その複雑さは数億年の自然淘汰を経て形成された感情脳のうえに成り立つものだ。私たちの快楽と食欲は進化によって結びつき、そこからいろいろな活動が生まれた。人間の行動は、トカゲの行動よりずっとこみいっていて柔軟性があるが、これを無視するととんでもない代償を払うことになる。近道を通って充足感にいたることができるとか、自分の力や価値を発揮せずにすむというのは、愚かな考えだ。そんな考え方をすると、飢え死にするのはトカゲだけではない。たくさんの人びとが莫大な富に囲まれて衰弱していく。レタスをやったり、マンゴーをやったりしてもだめで、スーパーマーケットから買ってきた豚の挽肉も試してみた。ハエを叩きつぶして与えてみた。生きた昆虫や中華料理も試してみた。いろいろな果物をまぜたフルーツジュースも作った。しかし、トカゲは何も受けつけふさぎこみ、魂の死を迎えるだろう。

近道を通ろうとする人たちは「どうしたら私は幸福になれるだろう」と訊くが、この質問は間違っている。なぜなら、快楽と充足感の区別をしないでいたら、必ず近道に頼ることになり、好きなだけ快楽を追い求める人生を送ることになるからだ。

私は快楽に反対しているわけではない。事実、この章全体が、人生の快楽をいかに強めるかというアドバイスで占められている。ただ、ここで私が述べたことは、自分を自発的にコントロールし、人それぞれが備えもつ幸せの量を理解したうえで、ポジティブな感情を高めるための戦略なのだ。

感謝の気持ち、許容、そして決定論という暴君からの離脱は、過去に対するポジティブな感情を強める。また、希望と楽観を身につけることは、未来に対するポジティブな感情を強める。さらに、習慣化の打破、味わうこと、注意深くすることは、現在の快楽を強める。

しかし、もし人生のすべてがポジティブな感情の追求だけにささげられるとしたら、本物の幸せやその意味はどこにも見つからないだろう。二五〇〇年前にアリストテレスが提示したごとく、「どうしたら幸福になれるか」ではなく、「充実した人生とは何か」と問うべきなのだ。

充足感を快楽から区別するという私の研究の核をなす目的は、この崇高な問いを新たに検証し、それに対する新鮮で科学的な根拠にもとづいた答えを出すことである。そしてその答えは、あなたならではの強みを見いだし、活用することと不可分なのだ。

この答えの正当性を述べるため、このあとの章では、「人生でさらに多くの充足感を得るにはどうしたらよいか」という問題を考える。このことは、より多くのポジティブな感情を得ることよりもずっとむずかしい。慎重なチクセントミハイは、この本のような自己啓発書を書こうとしなかった。フローについての彼の著書は、どのような人がフローをもち、どのような人がもたないかを述べているだけで、では、人がもっとフローを得るにはどうしたらいいかということにはひと言も触れられていない。その寡黙の理由は、一つには彼がヨーロッパの言論風土の人であって、おせっかいなアメリカ的風土とは一線を画しているせいである。だから彼は、フローについて雄弁に語ったのちに一歩退いて、さらなるフローを生み出すことを読者たちにゆだねたのだ。

彼とは対照的に、私はアメリカ的風土の産物だ。それに私は、いかにして充足感を手に入れるか、いかに強化するかについての助言を与えるのに、十分な知識の蓄積があると確信している。私のアドバイスは手っとりばやく簡単なものとはいいがたいが、その答えは、このあとに続く章で見つけていただけるはずだ。

Part 2

# あなたにとっての強みと美徳

STRENGTH AND VIRTUE

第8章

# 幸せをもたらす美徳とは何か

われわれは敵同士ではなく味方なのだ。われわれは敵同士になるべきではない。感情が高ぶっても、われわれの親愛の絆を断ってはならない。すべての戦場や愛国者の墓からこの広大な国のあらゆる生ける者の心と家庭へとつながる、神秘的な思い出の弦がふたたび奏でられるとき、それは統一の音を高らかに鳴らすことだろう。その音はまこと、われわれの本来の姿なる良き天使の手により鳴り響くことだろう。

エイブラハム・リンカーン（第一期大統領就任演説／一八六一年三月四日）

アメリカ史上最大の激戦となった南北戦争が膠着状態におちいったとき、エイブラハム・リンカーンは、「われわれ本来の姿なる良き天使」と訴え、これが人びとを瀬戸際から引き戻す力となった。リンカーンの第一期大統領就任式での演説は、歴代大統領の中で最高のものと評されるが、その締めくくりの言葉が、十分な構想の下でなされたものであることは間違いがない。締めくくりの言葉については、一九世紀中ごろのアメリカの権威ある学識者たちがいくつかの根本的な仮説を立てている。

●そこには人間の「本質」がある。
●行動は性格に由来する。
●性格には二つの形がある。それは悪い性格と善良または徳の高い性格で、両者は同じく根元的なものである。

これらの仮説は、二〇世紀の心理学では、まったくといっていいほど無視された。そのため、この仮説の盛衰をたどることは、良い性格の概念をポジティブ心理学の核として改めて検証する私にとって、研究の重要な後ろ盾となった。

良い性格は、一九世紀の多くの社会的慣行に取って代わるイデオロギー的な原動力の一部であった。モラルの低下や欠如で多くの人が心を病んでいた当時、悪い性格を美徳と置き代える道徳療法は、この分野のセラピーでは主流だった。節度を保つ運動、女性の参政権、子どもの労働法、急進的な死刑廃止論は、この療法の重要な副産物といえる。リンカーン自身、この動乱の時代の申し子であることから、南北戦争を道徳療法の最高の結果と言っても過言ではないだろう。

その後、性格の理論や人間を本質的に「良き天使」とする考えはどうなっただろうか。

南北戦争による大変革後の一〇年で、アメリカは労働不安という別のトラウマを抱えた。ストライキと暴動が国中に広まり、労働者と経営者側とのあいだに暴力的な対決が横行し、それはシカゴのヘイマーケット・スクエアで頂点に達した。国家はなぜ、ストライキを起こしたり爆弾を投げたりする人びとを生んだのだろう。人はどのようにして、そのような無法行為をするようになったのだろうか。

そういった悪行の解釈に見られる顕著な特徴は、すべてが性格に原因があるとする点だった。モラルの欠落、過失、不道徳、虚偽、愚行、貪欲、残虐、衝動、自覚の欠如など、人間の本質は最悪な天使であるという解釈であり、悪い性格が悪行を起こし、その行動の責任は悪行を起こした人にあるというものである。良き天使から最悪な天使へという著しい解釈の変化は、政治や人間の生活条件に関する科学の分野にも変化をもたらした。無法行為や暴力がすべて下層階級の人びとによるものであることに注目が集まったのだ。

当時、彼らの労働や生活の環境は劣悪だった。ひどく暑い場所や寒い場所で、一日に一六時間、週のうち六日間も労働したところで、ほんのわずかの給料しか得られない。家族全員が一つの部屋で寝食をともにし、教育も受けられず、英語の読み書きもできず、人びとは空腹で疲れきっていた。悪い性格やモラルの退化がくい止められなかったのは、こうした社会的な階級、厳しい労働条件、貧困、栄養不良、劣悪な住宅事情、学校教育の欠如といった要因によるものだった。これらはすべて環境が関係するものであり、人が自分でコントロールできるものではないのだが、このような背景のもとに劣悪な環境に悪行の原因があるという説が主流となっていった。

神学者、哲学者、そして社会評論家は、無知な群衆たちには悪行の責任はないという意見を唱えはじめた。そして彼らは、説教師、教授、学識者たちの使命は、人びとに自分の行動の責任を自分でとる方法を説くことではなく、指導する立場の者たちが人びとの責任をとる方法を説くことだと提唱した。

二〇世紀に入ると、アメリカの著名な大学に、環境を研究のテーマとする社会科学が誕生した。社会科学の目標は、個人の不正な行為の原因が個々の性格ではなく、個人ではコントロールできない大きく有害な環境であることを明らかにすることだった。こうして社会科学は「ポジティブな環境決定論」に制圧されていった。社会科学者たちは、都会の不潔さから起きた犯罪には都市を清潔にするよう説き、無知から起きた犯罪には学校教育を受けさせるよう説いた。

ビクトリア時代（一八三八―一九〇二）以降の多くの人びとは、マルクス、フロイト、そしてダーウィンの唱える性格心理学反対論を、こぞって支持した。マルクスは歴史家や社会学者に対して、労働不安を取り巻くストライキや不道徳は、労働からの疎外と階級闘争が原因で起きるものなので、個々の労働者を非難するべきではないと述べた。フロイトは精神科医や心理学者に対して、情緒障害は無意識の葛藤という自分ではコントロールできない力によって起きるものなので、自他に対する破壊行動に走る患者を責めるべきではないと述べた。さらにダーウィンは、拝金主義や全面競争は自然淘汰という不可避な力によるものなので、非難するべきではないと述べている。

社会科学は、ビクトリア時代のキリスト教的道徳観を非難する一方、平等主義の原則を肯定した。その結果、悪い環境が悪行を生み出すという認識から、悪い環境は、時には善良な性格さえ圧倒するという認識へと変化していった。良い性格の人たちも有害な環境には勝てないというわけだ。そして、いつしか悪い環境はいつでも良い性格に勝るという説が定着した。性格を左右するのは環境だけであって、性格それ自体の善し悪しとはかかわりがないため、性格を考えることは不要とされ、その結果、心理学のテーマはより健全な「養育」環境を築きあげることだけに絞られた。

人格論の父と呼ばれるゴードン・オルポートは、最初は「性格と美徳を促進させる」ことを目標とするソーシャルワーカーだった。彼はみずからの理論の用語として、ビクトリア時代の教訓的な響きを感じさせるものではなく、もっと現代的・科学的で、価値とのかかわりのないものを求めていた。彼にとって、「人格」という言葉は、完全に中立的で科学的な響きをもつものだった。オルポートと彼の賛同者たちは、科学にとって大切なのは、どうあるべきかを規定することではなく、それが何なのかを描写することだという立場をとった。人格は物事を描写する用語で、性格は規定する用語である。オルポートの「人格」は、科学的心理学に性格と美徳の要素をひそかにもちこみ、より軽い人格の概念を装ったものだった。

フロイト派や動物行動学者、そしてオルポートといった二〇世紀の心理学者たちは、自分たちの理論から性格という概念をいっさい排除しようとしてきたが、この試みは功を奏さなかった。イデオロギー的にアメリカの平等主義とは調和しないという理由だけで、性格の概念が敬遠されることはなかった。良い性格と悪い性格の考え方は、法律や政治、子どもの育て方、話し方、人びとの行為に対する考え方などに深く定着している。性格の概念を採用しなかったすべての科学は、性格の研究が人間行動を説明するうえで有効な手立てであることをけっして認めようとはしなかった。しかし私は、性格を人間行動の科学的研究の中心的概念として、復活させる時期が来たと信じている。

そこで私は、まず性格が不要な概念とされた理由を示し、次に強みと美徳の分類を確立しようと思う。まず、性格が不要とされた主な理由は次の三つである。

①現象としての性格はすべて経験によって決定される。
②科学を規定的に説明するべきではない。必要なのはただ描写することである。
③性格は価値に偏りすぎていて、ビクトリア時代のプロテスタント主義と結びついている。

一番目の理由は、環境決定論の崩壊で消滅した。人間の行動が経験だけに起因するという命題は、過去八〇年間、スキナーをはじめとする行動主義の中核をなすものだったが、この論をくつがえしたのがノーム・チョムスキーである。彼は人間の行動一般、とくに言語は、過去の言語習慣を強化した結果ではないと主張した。だからこそ、今まで一度も言ったり聞いたりしたことのない文章、たとえば「赤ん坊のお尻にラベンダー色のカモノハシが乗っている」というような文章も理解できるというわけだ。さらに、学習理論主義者の主張が、この論の衰退に拍車をかけた。彼らは、動物も人間も、すでに自然淘汰の過程で恐怖症と味覚嫌悪といったことについてはインプットされているので簡単に理解でき、また「花の絵と電気ショックの組み合わせ」は、インプットされていないので理解できないということを発見した。そして、経験がすべてを決定するということの論は、人格が遺伝するという理論により完全に消滅させられた。以上のことから、性格が何に起因しようとそれは環境だけによるものではなく、むしろ環境によるとは考えにくいと結論づけられる。

二番目の理由のポイントは、科学は道徳的に中立である必要があるので、性格のように評価をともなう用語は適切でないということだ。私は「科学は描写に終始しなければならず規定すべきではない」ということには全面的に同意する。人は楽観的であるべきだとか、善であるべきだなどと教えることがポジティブ心理学の役割ではない。むしろ、楽観主義がうつ状態を減らし、良い結果を生み、おそらく現実主義の損失も少ないといった特色の結果を描写することが役割だ。その情報をどうあつかうかは、自分自身の価値と目標しだいである。

三番目の理由は、性格の概念は時代遅れなものであり、一九世紀の窮屈なプロテスタント主義や二一世紀に向けての寛容と多様性をもたないビクトリア時代の遺物ということだ。そのような偏狭な考えは、強みと美徳の研究の深刻な弊害である。そうならないよう私たちは、あらゆる文化の中で評価され、いたるところに存在する強みと美徳を検証する必要がある。では、本題に移ろう。

## 文化を超えた六つの美徳

機能性と合理性を追求する時代にあっては、美徳は、時間や場所に特有の単なる社会的な慣習のことと仮定するのが一般的とされてきた。そのため二一世紀のアメリカでは、自尊心や外見の良さ、自己主張、自主性、独自性、富、それに競争心が非常に望ましいものとされた。そして聖トマス・アキナスや孔子、仏陀、アリストテレスは美徳の形質とは見なされず、むしろ邪悪と非難される場合もあった。つまり、貞節や沈黙、荘厳、仇討《あだ》ちといった美徳は、すべて好ましくないものになった。

それだけに、すべての宗教や哲学的な伝統の中に共通した六つの美徳があることを発見したとき、人びとは驚いた。

「ただ椅子に座って、棚の埃を払いながら、学術的なプロジェクトに資金を調達することには疲れたよ」。シンシナティのマヌエル&ローダ・メイヤーソン基金の代表を務めるニール・メイヤーソンはこう言った。私のポジティブ心理学の記事を読んで、一九九九年の一一月に電話をくれたときのことである。彼はいっしょにプロジェクトを立ち上げようと提案してきたのだ。そこで私たちは、どんなプロジェクトにすべきかを相談し、若者を対象にした最もポジティブな治療プログラムを主催し、それを広めることから始めることにした。週末を利用し、誰に資金を提供するべきかを決めるため、八人の指導者たちに、候補と目される優秀な論文や治療プログラムを紹介した。

意外だったのは、評論家たちの意見がみな同じだったことだ。アメリカ教育省の生涯教育プログラムの代表であるジョー・コナティーはこう言った。「提出された治療プログラムは、どれも賞賛に値する。でも、ぼくらには最初にやるべきことがあるはずだ。何を改善したいのかをもっと正確に把握しないと治療できない。まずは性格を判断する分類基準が必要なんだ。ニール、君の基金を善良な性格の分類学に提供してくれないだろうか」

この考えにはすばらしい先例があった。三〇年前、NIMH（国立精神保健研究所）は精神疾患の診療行為に資金を提供したとき、これと同様の問題を抱えた。アメリカとイギリスの研究者のあいだで食い違いが見られたのである。イギリスで統合失調症や強迫神経症と診断された患者が、アメリカでは正反対の診断をされる例もあった。

一九七五年、私は約二〇人の熟練した精神科医と心理学者が一堂に会したロンドンでの症例協議会に参加した。そのとき、トイレに行くと水を流す前に必ず便器に覆いかぶさり、その中を入念に調べるという中年女性の症例が紹介された。彼女は、うっかり流してはいけないと、自分が絶対に大丈夫と思うまで、胎児を探しているというのだ。そのため何度も便器の中を確認することになる。私たちはその気の毒な女性の症例について、お互いの診断を述べあった。最初に発言することになった私は、彼女の混乱と認知困難に注目して統合失調症と診断したが、他の専門家たちは全員、彼女を強迫神経症と判断した。私は非常に悔しい思いをした。

診断が統一されないと不信感を招く。この場合、全員が同じ診断基準を用いないかぎり、精神疾患の理解と治療に何の進歩も見られないことは明らかである。そのためNIMHは、DSM-III(『米国精神医学協会の診断と統計の手引き』改訂第三版)の作成を決定した。これが信頼できる診断とその後の治療行為におけるバックボーンになった。この基準が効果的に活用され、今日の診断はじつに確固とした信頼できるものになっている。

統一した分類システムがなければ、ポジティブ心理学も同じ問題に直面するだろう。だからこそ前もってDSM-IIIがあるべきで、ニールと私は、ポジティブ心理学をバックボーンにした分類作成チームを作ることにした。私の次の仕事は、科学的指導の第一人者を見つけることだった。「クリス、話を全部聞きおえるまで断らないでくれ」。私は嘆願した。これ以上ない最高の人選だったが、彼が引き受けてくれる可能性はあまり高くなかった。クリスことクリストファー・ピーターソン博士は卓越した科学者で、人格についての有名な著書があり、希望と楽観主義に関する世界的権威の一人である。また、最も偉大で論証可能なプログラムとして知られるミシガン大学の臨床心理学プログラムの指導者でもある。

「ミシガン大学の教授職を三年間だけ離れてペンシルベニア大学に移り、心理学の統一基準を作成するチームのリーダーになってほしい。人間の強みを分類し判断する信頼すべきシステムを作ってもらいたいんだ」と私はくわしく説明した。

丁重な辞退の言葉を予想していたので、クリスの返事は意外だった。「不思議な偶然だ。昨日は私の五〇歳の誕生日で、残りの人生をどう過ごそうかと考えたところだったんだ。喜んでお引き受けするよ」

クリスがアレンジした私たちの最初の仕事の一つは、主要な宗教や哲学的な伝統に関する書籍を読み、それぞれの中で美徳とされていることをリストアップし、共通点を調べることだった。ここで私たちが気をつけたのは、分類が偏らないようにすることである。また、いわゆる人類学上の禁制といった先入観も避けるよう心がけた。文化を超えた偏在的な美徳でなければ、DSMの現代版としてアメリカの主流である美徳を分類する基準とはいえないからである。

キャサリン・ダルスガードの指導で、アリストテレス、プラトン、アキナス、聖アウグスチヌス、旧約聖書、タルムード、孔子、仏陀、老子、武士道、コーラン、ベンジャミン・フランクリン、ウパニシャッドなど、二〇〇冊に及ぶ哲学書や教典を読んだ。驚いたことに、三〇〇〇年もの時空を経ていながら、すべては次の六つの美徳に集約された。

●知恵と知識
●勇気
●愛情と人間性
●正義
●節度
●精神性と超越性

もちろん、細かい部分では違いがある。サムライにとっての勇気はプラトンの勇気とは違うし、孔子の説く人情はアキナスの「キリスト教的同胞愛」とは違う。さらに、それぞれの伝統に独自の美徳がある。だが前述の六つの美徳は、ほとんどすべての宗教と哲学的な伝統によって、良い性格の核となる概念としてとらえられていた。

しかし、知恵と知識、勇気、愛情と人間性、正義、節度、精神性と超越性を、強化し判断したいと考える心理学者にとっては抽象的で、このままでは役に立たない。そのため、それぞれの美徳がどのように構成されているのかをくわしく見ていくことが大切である。たとえば愛情という美徳は、思いやり、寛大さ、愛し愛される能力、自己犠牲、同情などによって獲得される。節度という美徳は、謙虚さ、寛容さ、鍛錬された自制心、慎重さ、警戒心などによって表現される。

次章では、これらの美徳を獲得することができる性格の強みについて述べる。

第9章

# 自分のとっておきの強みを見つけだす

この章では、あなたならではの強みを見つける方法を紹介し、さらに、その強みをどのようにはぐくみ、人生の大事な局面でどのように生かすべきかについて述べていく。

## 才能と強みは別のもの

誠実さや勇気、独創性、思いやりといった強みと、絶対音感や容姿の美しさ、スタートダッシュの速さといった才能とは別のものである。どちらもポジティブ心理学の主題であり、共通点もたくさんあるが、最も異なる点は、強みは道徳的な特質をもつが、才能は道徳とは無関係だということだ。また、その境界線はあいまいだが、一般に才能は、強みのようにあとから培うことはできない。たとえば、スタートの練習をすれば一〇〇メートル走のタイムは短縮できる。化粧をすればもっと美しく見えるし、クラシック音楽を浴びるほど聴けばもっと正確に音程がつかめる。しかし、こういったことは、もともとの才能をほんの少し向上させるにすぎないだろう。才能は、強みに比べると先天的なものであり、その人がもっているかいないかのどちらかだ。絶対音感や長距離ランナーの肺をもって生まれていなければ、残念ながらいくら努力しても限界がある。ある程度は向上したとしても、それ以上の向上は幻影にすぎない。

一方、強みは軟弱な土台にも築くことができる。十分な訓練と粘り強さ、そして適切な指導と熱意があれば、しっかりと根づき育っていく。あなたが向学心や思慮深さ、人間性、楽観主義といった強みを自分の意志で獲得したならば、それはあなたが本物を手に入れたということになる。

才能は自動的なものだが、強みは自発的なものである。才能にも自分で選べるものもあるが、それは、どの才能を磨くかとか、どこで才能を発揮するかといったことであり、最初の前提となる才能そのものをもつかどうかを自分で選ぶことはできない。

例をあげて説明してみよう。「ジルはとても賢い人だったが、せっかくの知性を無駄にした」という表現は理にかなっている。高いＩＱは彼女の才能であり、自分で選んだものではない。彼女は頭脳をどう開発し、いつどこで頭の良さを発揮するかという選択を誤り、才能を無駄にした。しかし、「ジルはとてもやさしい人だったが、せっかくのやさしさを無駄にした」という表現はあまり理にかなっていない。強みは無駄にできるものではないからだ。

強みには、「いつそれを使うか」とか「どうやってはぐくんでいくか」といった選択だけでなく、最初の段階でそれを獲得するかどうかの選択も含まれている。十分な時間、努力、そして決断があれば、強みは誰にでも獲得できる。ただし、自分の意志で才能を得ることはほとんど不可能だ。

性格の概念が二〇世紀に入って取りあげられなくなったことは前章で述べたが、意志の概念もほぼ同じ時期に、よく似た理由で取りあげられなくなった。しかし、ポジティブ心理学では、意志と個人の責任感は、良い性格と同じように中心をなす概念である。

レジ係に請求額が少なかったと正直に伝えるような行為が人を良い気分にさせるのは、正しいこと、つまり、ただ黙って釣り銭をポケットに入れてしまうよりむずかしい行動を選んだことに誇りを感じるからだ。この行為が努力をしないでもできることであったら、それほど気分が良くはならないだろう。「大型チェーン店のスーパーだからたいしたことではないのでは。うーん、でも結局はこの人が給料から五〇ドル引かれてしまうかもしれない」といった内なる葛藤があったとしたら、さらに気分が良いだろう。

格下の敵を相手に楽々とダンクシュートを決めるマイケル・ジョーダンを見たときと、インフルエンザにかかって四〇度近い熱がありながら三八点も入れた彼を見たときとでは、感じ方が違う。苦もなく妙技をやってのけるのを見ると賞賛や畏敬の念がわく。しかし、しょせんは真似ができることではないので、大きな障害を乗り越えるような刺激や気分の高揚は感じられない。つまり、意志を働かせ、それが立派なおこないとなって初めて、人は心からの感激を覚えるのだ。

ここで一つ、気をつけなければいけないことがある。道徳観を重んじた一九世紀の神学者に反論した環境決定論者の説で考えると、たとえ社会科学で立派な成果をあげたとしても、それは環境がなせる技であり、自分の手柄としては評価されないということだ。ここで少し環境と意志とのかかわりを考えてみよう。

私たちは、「正直に五〇ドル少なかったと言ったのは、私がきちんとした環境のもとで育った人間だから、それに、しっかりした仕事もあって現在は生活に困ってないからだ」などとは言わない。私たちは内心では、その行為は「みずからの意志と選択の正しさ」の賜物だと確信している。たとえば、生まれ育った劣悪な環境から犯した罪は許してやろうと思ったとしても、ジョーダンの妙技や富が彼の環境の賜物だと文句をつけようとは思わないだろう。人生の暗い側面は外的な事情が原因で生じることが多いのに対して、美徳には、自分の意志と選択が不可欠である。

ポジティブ心理学の治療が従来の心理学と異なるのは、まさにこの理由からなのだ。従来の心理学は、ダメージを修復し、症状をマイナス六からマイナス二に改善するためのものだった。問題を抱えた患者の症状を和らげる効果はあったが、その治療は威圧的で、患者の意志はたいてい押さえつけられた。「何の訓練も必要ない」というのは薬を正当化する理由の一つだが、薬による治療には、患者の意志はまったく反映されない。心理療法は、しばしば「矯正」や「操作」にたとえられる。閉所恐怖症の患者を三時間もクローゼットに閉じこめたり、自閉症の子どもがショックを受けずに抱擁されるよう鍛えたり、うつ病の患者に彼らの最悪な考え方を否定するようなな事例を並べたりといった方法は、セラピストが積極的で患者が辛抱強く受身なときには適度な効果がある。しかし精神分析のように、セラピストが消極的で患者が積極的である必要が求められる療法では、精神障害を取りのぞく効果は期待できない。

人生をプラス三からプラス八に高めたいと願う私たちにとって、意志ある行動は、外からの支柱を配置し直すことより大切だ。強みと美徳を築いて日常生活に生かすことは、まさに「選択する」ことだ。強みと美徳を培うということは、学習や訓練や調整ではなく、発見や創造なのである。

私の「治療プログラム」は簡単だ。このあとの強みについてのテストを受け、どれがあなたの強みであるかを確認したら、次に、どうやったらその強みを日々有効に使えるかを考えてもらうというものである。驚かれるかもしれないが、このプログラムを試したあとのあなたは、自分自身の創意工夫で幸せな人生を手に入れたいと望むはずだ。もちろん、この本を読みおわったあとであっても……。

## 六つの美徳と二四種類の強み

徳の高い人になるには、知恵と知識、勇気、愛と人間性、正義、節度、そして精神性と超越性の六つの美徳を、少なくともいくつかは自分の意志で実践する必要がある。あらゆる面で発揮できるこれら六つの美徳は、それぞれが個別のルートをもっている。たとえば、ある人は、良き市民性、公平さ、忠誠心、チームワーク、人間味のあるリーダーシップというルートを使って正義という美徳を発揮する。私はこうしたルートを形成する要因を「強み」と呼んでいる。抽象的な美徳の概念とは違って、それぞれの強みは測定することもできるし、学習して取得することもできる。最初に言っておきたいのは、強みは、どの文化でも、どこにでも存在するということだ。これから述べる強みの考察と関連テストによって、二四種類の強みの中から、あなたのとっておきの強みを知ることができる。

それでは、強みとは何かを確認するために、その判断基準について説明しよう。

まず一番目は、強みは「性格の特徴である」ということだ。さまざまに異なる状況で長期にわたって見られる心理的な特徴であり、一場面で一度きりの親切心は、強みとはいえない。

二番目は、強みは「それ自体が正当なものとして評価を受ける」ということだ。強みは良い結果をもたらすことが多い。たとえば、リーダーシップを十分に発揮すれば、通常は特権や昇進や昇給が得られる。しかし、このような明らかに利益となる結果を生み出さなくても、強みはそれ自体が評価されるものだ。充足感は、何か見返りを生じることで生まれるポジティブな感情ではない。アリストテレスが論じたように、外的な理由からなされた行為は徳の高いものではない。それらはただ、おだてられたり強制されたりしてやった行為にすぎない。

三番目は、強みは「生まれたばかりのわが子に向けられる両親の願いにも似ている」ということだ。ほとんどの親は自分の子に中間管理職になってほしいとか、生涯をかけるだけの価値がある仕事は避けてほしいとは言わないだろう。ある親は、わが子に億万長者と結婚してほしいと願うかもしれないが、娘はたぶん、金持ちとの結婚で自分が何を得られるのかを両親に尋ねるだろう。つまり強みとは、それ以上の正当化の必要のない、理想の状態をいう。

強みを発揮している人を見て、まわりの人が気分を損なうことはない。実際、徳の高いおこないを見ると気分が高揚し、精神が刺激されることが多い。嫉妬ではなく憧景の感情が、見る者の胸を満たすのだろう。強みを発揮すると、誇り、満足感、喜び、達成感、調和といった本物のポジティブな感情が生まれる。強みや美徳は他人とのかかわりにおいて互いに満足のいく結果を生むので、それにもとづいて行動すれば誰もが勝者になれるのだ。

文化はいつの世にも、制度や儀式、手本となる人物、寓話、格言、童話などを通じて人びとの強みをサポートしてきた。制度や儀式は、子どもや若者に安全な状況でわかりやすい指導をおこなうことで健全な精神を育成する、いわば試運転のようなものだ。高校の生徒会は、市民権やリーダーシップの育成が目的だし、教会の入門教室は、信仰の基礎を築くためのものだ。リトルリーグの各チームは、チームワークや義務、忠誠心を養うために試合をする。ただし、勝つことだけが目的の若いホッケーのコーチや六歳の子どもの美人コンテストのように逆効果となる制度もあるが、こういった失敗はすぐに明らかになり、非難の的となる。

手本となる人物や模範は、強みや価値を理屈ぬきに説明してくれる。人間味豊かな指導者であるマハトマ・ガンジーのように手本となる人物が本物の場合もあるが、一方で正直者のジョージ・ワシントンのように疑わしい場合もある。また、充足感をもたらすルーク・スカイウォーカーのように、明らかに架空の人物かもしれない。たとえば、メジャーリーグの連続試合出場記録を達成したカール・リプケンやルー・ゲーリックは、忍耐の模範である。ヘレン・ケラーは向学心の、トーマス・エジソンは創造力の、フローレンス・ナイチンゲールはやさしさの、マザー・テレサは愛する力の、パイレーツのウィリー・スターゲルは指導力の、黒人初の大リーガーであるジャッキー・ロビンソンは自己管理の、そしてアウン・サン・スー・チーは高潔の、それぞれ模範となる人物だ。

また、いくつかの強みを人生のごく早い時期に驚くほど巧みに発揮できる神童と呼ばれる人もいる。ペンシルベニア大学でおこなった私の最近のポジティブ心理学のセミナーは、学生全員の自己紹介から始まった。ありきたりの「私は三年生です。経済学と心理学を専攻しています」といったものではなく、特定の強みを示す、自分に関する話をすることがテーマだった。

活発な四年生のサラが語った。彼女は一〇歳のとき、仕事一辺倒で家庭をかえりみない父のせいで、両親のあいだに冷たい空気が流れていることに気づき、両親が離婚するのではないかと心配した。しかし彼女は、そのことを両親には話さず、図書館へ行き結婚療法の本を読んだ。このことだけでも十分に注目に値することなのだが、私たちが本当に驚いたのはこのあとだった。彼女は、家族との夕食の会話を、入念な治療プログラムに変えたのである。両親に、ともに問題を解決し、公正に話し合い、お互いの好きなところと嫌いなところをいいあうようすすめた。彼女は一〇歳という年齢でありながら、社会的知性という性格的な強みにおいては神童であった。もちろん、彼女の両親の結婚生活は今も続いている。

ここで重要な問題がある。それは、子どもたちが数多くのポジティブなお手本に囲まれて育ったとしても、悪いレッスンはいつ、なぜ学習されるのかということだ。子どもたちにお手本として、ラップスターのエミネムやドナルド・トランプ、プロレスラーなどを選ばせるものは、いったい何なのだろう。

さて、判断基準の最後は、「強みはユビキタス（いたるところに存在する）である」ということだ。強みは、世界中のほとんどすべての文化で評価されているが、私たちは強みをユニバーサルではなくユビキタスであると認識している。これはたとえば、思いやりという強みはアフリカの一部の部族では評価されてはいないといった具合で、まれに例外があるのも事実だからだ。こういった例外は、まれではあるが目立つということが重大である。つまり、現代のアメリカ人が認識している強みの多くが、私たちのリストには載っていないということが起こる。こういった強みには、容姿の良さ、富、競争力、自負心、名声、特異性などといったものがある。それらの強みはたしかに学ぶ価値はあるかもしれないが、私にとって最優先課題ではない。判断基準を作る私の目的は、アメリカ人だけでなく、日本人にもイタリア人にも当てはまるような、幸せな人生への公式作りなのだ。

## 自分のとっておきの強みを探そう

ここで紹介するのは、ＶＩＡ（強みを発見するテスト）のダイジェスト版である。あなたは以下に述べられる二四種類の強みについての解説を読み、それぞれの項目の質問に答えることで、どれがあなたにとってのいちばんの強みであるかを判断することができる。

［知恵と知識］

まず、知恵と知識のグループを紹介しよう。このグループに属する特性を、人間の発達段階に応じて、最も基礎的なもの（好奇心）から最も成熟したもの（将来展望）まで、六種類の強み項目に分類した。なお、項目ごとに必要に応じてコメントを添えてある。

**①好奇心と関心**

好奇心とは、今まで経験したり考えたことのない出来事に積極的に、そして柔軟性をもって対処する姿勢のことだ。好奇心の強い人は、物事をあいまいなままにはしておけない。好奇心の対象は、特定のものから幅広い視野が必要な世界規模のものまで多岐にわたる。好奇心は、目新しいものへの積極的なかかわりであり、受身での情報収集では、この強みを発揮できない。好奇心の反対は、すぐに退屈してしまうことだ。

次の二つの記述について、あなたにいちばん近いものを選び○をつけなさい。

(a) つねに世界に対する好奇心をもっている。

□とてもあてはまる――5点
□あてはまる――4点
☑どちらともいえない――3点
□あてはまらない――2点
□まったくあてはまらない――1点

(b) すぐに退屈してしまう。

□とてもあてはまる――1点
□あてはまる――2点
□どちらともいえない――3点
☑あてはまらない――4点
□まったくあてはまらない――5点

▼あなたの「好奇心」の得点：(a)＋(b)＝【7点】

## ②学習意欲

集団でも個人でも、あなたは新しいことを学ぶのが好きだ。授業や読書、博物館など、学ぶ機会が与えられる場所ならどこでも好きだ。

あなたには専門分野があるだろうか。あなたの専門知識は、一定の集団、あるいは広い世界で評価されているだろうか。やる気を起こさせるようなメリットが何もなくても、専門分野について学ぶのが好きだろうか。たとえば郵便局員は誰もが郵便番号を熟知しているが、これは強みとはいえない。この知識を強みといえるのは、自分自身のために覚えたときに限定される。

(a) 何か新しいことを学ぶとわくわくする。

- ☑とてもあてはまる――5点
- □あてはまる――4点
- □どちらともいえない――3点
- □あてはまらない――2点
- □まったくあてはまらない――1点

(b) わざわざ博物館や教育関連の施設などに出かけたりはしない。

□とてもあてはまる――1点
□あてはまる――2点
□どちらともいえない――3点
☑あてはまらない――4点
□まったくあてはまらない――5点

▼あなたの「学習意欲」の得点：ⓐ＋ⓑ＝【9点】

**③判断力・批判的思考・偏見のなさ**

物事をじっくりと考え、あらゆる側面から検証することは、人間性を築くうえで大切だ。つまり、結論を急がず、確かな証拠だけを信用して判断する。途中で考えを変えてもかまわない。

ここでいう判断とは、自分にも他人にも「善」となるもののために情報を客観的・理性的に選び出すことで、この意味では批判的な思考法と同義語である。それは現実志向を具体化したものであり、過剰な個人化や白黒をはっきりさせる考え方といった、多くのうつ病患者を生み出している論理的な誤りの対極にあるものだ。この強みの反対にあたる概念は、今まで信じてきたことに執着・偏愛することである。判断力は、あなたの健全な特性を形作る大切な強みで、願望と事実とを混同させない役割をもつ。

（a）話題に対して、きわめて理性的な考え方ができる。

□とてもあてはまる――5点
□あてはまる――4点
☑どちらともいえない――3点
□あてはまらない――2点
□まったくあてはまらない――1点

（b）即断する傾向にある。

□とてもあてはまる――1点
☑あてはまる――2点
□どちらともいえない――3点
□あてはまらない――4点
□まったくあてはまらない――5点

▼あなたの「判断力」の得点：（a）＋（b）＝【5点】

**④独創性・創意工夫**

あなたは自分が望むものに直面したとき、目標を達成するための斬新で適切な対応をとることに長《た》けているだろうか。これは、従来のやり方で何かをおこなうことが満足できない性格のことを意味する。いわゆる創造性はこの強みの一部だが、芸術作品での伝統的な試みに限定されたものではない。この強みは、実用的知性、常識、処世術とも呼ばれる。

(a) 新しいやり方を考えるのが好きだ。

□とてもあてはまる――5点
□あてはまる――4点
☑どちらともいえない――3点
□あてはまらない――2点
□まったくあてはまらない――1点

(b) 友人のほとんどは、自分より想像力に富んでいる。

□とてもあてはまる――1点
□あてはまる――2点
□どちらともいえない――3点
☑あてはまらない――4点
□まったくあてはまらない――5点

▼あなたの「独創性」の得点：(a)＋(b)＝【7点】

### ⑤社会的知性・個人的知性

社会的知性や個人的知性とは、自分や他者についての知識である。他者の動機や感情を察知していれば、その人たちにうまく反応することができる。社会的知性とは、人それぞれの気分や気質、やる気、意思を知り、それぞれの違いに応じて行動する能力である。この強みを単なる内省や心理指向と混同してはならない。この強みは、社会性を十分に身につけた行動としてあらわれるものである。

この強みがもつもう一つの特性は、適所を見いだす、つまり、自分の技量や興味を最大限に生かせる場所に身を置くということだ。あなたは、自分の仕事や恋人や趣味を、最高の能力で選んできただろうか。自分が本当に得意とすることで報酬を得ているだろうか。

(a) どんな社会的状況でも適応することができる。

□とてもあてはまる――5点
□あてはまる――4点
□どちらともいえない――3点
□あてはまらない――2点
□まったくあてはまらない――1点

(b) 他の人が何を感じているかを察知するのはあまり得意ではない。

□とてもあてはまる――1点
□あてはまる――2点
□どちらともいえない――3点
☑あてはまらない――4点
□まったくあてはまらない――5点

▼あなたの「社会的知性」の得点：ⓐ＋ⓑ＝【8点】

## ⑥将来の見通し

これは、知恵と知識のグループの最高部に位置する最も成熟した強みである。人びとは自分たちの問題を解決し将来を見通す力を求めて、あなたの経験を頼って集まる。あなたは、他の人たちにとっても、あなた自身にとっても、理にかなう洞察力をもっている。賢明な人たちは、何が人生でいちばん大切で、何がいちばん厄介かを見抜くことに秀でている。

ⓐ　つねに物事を見て全体像を理解することができる。

□とてもあてはまる――5点
□あてはまる――4点
☑どちらともいえない――3点

□あてはまらない——2点
□まったくあてはまらない——1点

(b) 他人が自分にアドバイスを求めることはめったにない。

□とてもあてはまる——1点
□あてはまる——2点
□どちらともいえない——3点
☑あてはまらない——4点
□まったくあてはまらない——5点

▼あなたの「将来の見通し」の得点：(a)+(b)=【7点】

**[勇気]**

勇気を形作っている強みは、到達できるかどうかはわからないが、挑戦する価値のある目標へ向かう、たゆまぬ意志と実行を反映したものだ。強大な困難に立ち向かったとき、実際に行使できなければ、勇気をもっていると言う資格はない。これは万人に賞賛される美徳であり、どの文化でもこの美徳を体現した英雄たちがいる。

このグループに属する特性を、武勇と忍耐力と誠実さの三種類の項目に分類した。

## ⑦武勇と勇敢さ

あなたは脅威や挑戦、苦痛や困難を恐れない。武勇は、肉体の健康が脅かされたときに、砲火の下での勇敢さを超えるものとなる。同じように、悪評や困難や危険といった知性や感情面への脅威に立ち向かう姿勢も武勇である。長年の調査から研究者は、武勇を道徳的なものと肉体的なものとに大別している。

武勇を分析するもう一つの方法は、恐怖心をともなうかどうかにもとづいたものだ。勇敢な人は、不安で心がいっぱいであるにもかかわらず、その場から逃げ出したいという肉体的反応に抵抗し、恐ろしさに立ち向かうことで、感情的にも行動的にも恐怖を切り離す。

もともとの恐怖心のなさ、あつかましさ、無分別は、武勇とは別のものだ。武勇の概念は、戦場での勇気や肉体的な勇気に始まり時を経て広がって、今や道徳的な勇気や心理的な勇気も含んだものとなっている。

道徳的な武勇は、不人気や悪運がもたらされるとわかっている立場を、あえてとるというものである。たとえば、一九五〇年代にアラバマのバスで、後部の黒人専用席ではなくあえて前列に座った黒人女性ローザ・パークスや、会社や政府の内部告発が、その例である。心理的な武勇には、厳しい試練やなかなか治らない病気に向き合い、威厳を失うことなくあえて明るい態度をとることなども含まれる。

（a）強い反対意見にも立ち向かうことがよくある。

□とてもあてはまる――5点
□あてはまる――4点
☑どちらともいえない――3点
□あてはまらない――2点
□まったくあてはまらない――1点

（b）苦痛や失望にくじけてしまうことがよくある。

□とてもあてはまる――1点
□あてはまる――2点
□どちらともいえない――3点
☑あてはまらない――4点
□まったくあてはまらない――5点

▼あなたの「武勇」の得点：（a）＋（b）＝【7点】

### ⑧勤勉・粘り強さ・継続的努力

あなたは、やりはじめたことはやりとげる。勤勉な人は困難なプロジェクトを請け負い、それをやりとげ、不平も言わずに機嫌よく仕事を終わらせる。やると言ったことは、時にそれ以上にやり、けっしてそれ以下ではない。

しかし、到達できないゴールへの異常なまでの追求は、粘り強さとは言わない。本当に勤勉な人は、柔軟性があり、現実的で、完璧主義者ではない。野心には良い意味と悪い意味の両方があるが、良い意味での野心はこの強みの範疇だ。

(a) やりはじめたことは必ずやり終える。

□とてもあてはまる――5点
□あてはまる――4点
□どちらともいえない――3点
☑あてはまらない――2点
□まったくあてはまらない――1点

(b) 仕事中に横道にそれる。

□とてもあてはまる――1点
☑あてはまる――2点
□どちらともいえない――3点
□あてはまらない――4点
□まったくあてはまらない――5点

▼あなたの「勤勉」の得点：（a）＋（b）＝【4点】

### ⑨誠実・純粋・正直

あなたは正直な人である。真実を話すだけでなく、純粋で本物の方法で人生を生きている。地に足がついていて、偽りがない。すなわち、あなたは真実の人である。

誠実さや純粋さとは、人に本当のことを話すというだけのことではない。あなたの意図や責任を、他の人に対しても自分に対しても、言葉であれ行動であれ、誠実な方法であらわしているのだ。

（a）約束は必ず守る。
□とてもあてはまる――5点
☑あてはまる――4点
□どちらともいえない――3点
□あてはまらない――2点
□まったくあてはまらない――1点
（b）友だちから「地に足がついている」と言われたことがない。
□とてもあてはまる――1点

□あてはまる――――――2点
□どちらともいえない――――3点
□あてはまらない――――4点
□まったくあてはまらない――――5点

▼あなたの「誠実」の得点：(a)＋(b)＝【8点】

［人間性と愛情］

この強みは友人や家族、知人などとの積極的な社会的かかわり合いに生かされる。

**⑩思いやりと寛大さ**

あなたは、他の人たちに親切で寛大であり、人のためにつくすことをけっしていとわない。たとえよく知らない人であっても、他人に対して良いおこないをするのが楽しい。

あなたはどの程度、他人に対して、少なくとも自分に対してと同等の興味をもつだろうか。他の人たちがもつ美徳を認識するということは、この強みがもつすべての特性の核となっている。思いやりにはさまざまな交流が含まれるが、そういったかかわりは、時には、あなた自身の当面の願いや必然性よりも優先されるかもしれない。あなたには責任を負う人たち（家族、友人、同僚から見知らぬ人まで）がいるだろうか。共感や同情は、この強みの有益な構成要素だ。心理学者のシェリー・テイラーは、逆境に対して男性は通常「戦うか逃げるか」で対応するが、女性は「救済や友だちづきあい」で対応すると定義している。

(a) この一カ月間に自発的に身近な人の手助けをした。

☑とてもあてはまる――5点
□あてはまる――4点
□どちらともいえない――3点
□あてはまらない――2点
□まったくあてはまらない――1点

(b) 他人の幸せに自分の幸せと同じくらい興奮することはめったにない。

□とてもあてはまる――1点
□あてはまる――2点
□どちらともいえない――3点
□あてはまらない――4点
☑まったくあてはまらない――5点

▼あなたの「思いやり」の得点：(a)＋(b)＝【10点】

### ⑪愛することと愛されること

あなたは人との親密な関係を大切にしているだろうか。あなたが深い愛情を長いあいだもっている人たちは、あなたのことを同じように思ってくれているだろうか。もしそうなら、あなたにとってこの強みは本物であり、西洋での恋愛概念をしのぐものだ。私は、愛情に関しては「多ければ良い」という考えを否定している。大切な人がまったくいないのも問題だが、複数になるとうまくいかないことも多いのだ。少なくともアメリカでは、とくに男性は、愛されるより愛することを好む。

(a) 私には、自分のこと以上に、私の感情や健康を気づかってくれる人たちがいる。
☑とてもあてはまる――5点
□あてはまる――4点
□どちらともいえない――3点
□あてはまらない――2点
□まったくあてはまらない――1点

(b) 他の人からの愛情をうまく受けいれられない。
□とてもあてはまる――1点
□あてはまる――2点

□どちらともいえない――――3点
☑あてはまらない――――4点
□まったくあてはまらない――――5点
▼あなたの「愛情」の得点：ⓐ＋ⓑ＝【9点】

［正義］

これらの強みは市民活動で発揮される。家族や地域、国家、さらには世界規模まで、一対一の人間関係を超えたより大きなグループと、あなたとのかかわりあいをあらわす。

⑫**協調性・義務感・チームワーク・忠誠心**

あなたは忠誠心のある熱心なチームメイトであり、つねにグループの一員として任務を遂行し、グループの成功のために一生懸命貢献することができる。

こうしたことがグループ内でのあなたに、どれくらいあてはまるだろうか。グループが目指すものが自分とは異なっていても、グループが重んじる価値や目標を尊重するだろうか。また、教師やコーチといった指導的な立場にある人たちを尊敬しているだろうか。グループの一員としてのアイデンティティーをもっているだろうか。

この強みは、もちろん一方的な服従を強いるものではないが、権威をうやまう気持ちや、子どもの成長を見守りたいという親たちの気持ちを反映した少々時代遅れの強み、すなわち権威に対する敬意もその要素に加える。

(a) グループの中にいるときが、いちばん良い仕事ができる。

□とてもあてはまる――5点
☑あてはまる――4点
□どちらともいえない――3点
□あてはまらない――2点
□まったくあてはまらない――1点

(b) 所属するグループの利益のために自己の利益を犠牲にすることには抵抗がある。

□とてもあてはまる――1点
□あてはまる――2点
□どちらともいえない――3点
□あてはまらない――4点
☑まったくあてはまらない――5点

▼あなたの「協調性」の得点：(a)＋(b)＝【9点】

## ⑬公平さと公正さ

あなたは、個人的な感情で、他の人について偏った判断をすることはない。すべての人にチャンスを与える。

あなたは、大きな道徳感にもとづいて毎日を送っているだろうか。たとえ個人的にはよく知らない人のことでも、その人の幸福な生活を自分のことと同じくらい真剣に考えているだろうか。同じような事例は例外なく平等に扱われるべきだと思っているだろうか。個人的な偏見をたやすくぬぐい去ることができるだろうか。

(a) その人がどんな人であろうと、すべての人びとを公平にあつかう。

□とてもあてはまる――5点
□あてはまる――4点
□どちらともいえない――3点
□あてはまらない――2点
□まったくあてはまらない――1点

(b) 好ましく思わない人の場合、その人を公平にあつかうことはむずかしい。

□とてもあてはまる――1点
□あてはまる――2点

□どちらともいえない――――――3点
□あてはまらない――――――4点
□まったくあてはまらない――――5点
▼あなたの「公平さ」の得点：(a)＋(b)＝【5点】

⑭リーダーシップ
あなたは活動がうまくいくよう管理し運営することが得意である。人間味豊かなリーダーは、何よりも有能なリーダーでなければならない。グループのメンバーと良好な関係を保ちながら円滑な運営ができるよう注意を払い、グループ内の人間関係に「誰にも悪意をもたず、すべての人に心を配り、断固として正しく」対処することで、リーダーはさらにその人間味を増す。

たとえば、人間味豊かな国家のリーダーは、敵を許し、彼らを自分たちの仲間と同じ広い道徳的な輪の中に招き入れる。ネルソン・マンデラとスロボダン・ミロシェビッチを比較すると、その違いがよくわかるだろう。リーダーは、歴史の重みにとらわれず、過ちへの責任を認識し、そして平和を愛する。軍隊の司令官、CEO、組合のトップ、警察署長、校長、ボーイスカウトを指導する親たち、さらには生徒会の会長といったさまざまな分野のリーダーたちが、すでに人間味豊かなリーダーシップの特徴を発揮している。

(a) 口うるさくすることなく、いつでも人びとに共同で何かをさせることができる。

□とてもあてはまる——5点
☑あてはまる——4点
□どちらともいえない——3点
□あてはまらない——2点
□まったくあてはまらない——1点

(b) グループ活動を企画するのはあまり得意ではない。

□とてもあてはまる——1点
□あてはまる——2点
□どちらともいえない——3点
☑あてはまらない——4点
□まったくあてはまらない——5点

▼あなたの「リーダーシップ」の得点：(a)＋(b)＝【8点】

**〔節度〕**

節度は美徳の核となるものの一つで、自分の欲求や望みを適切に、穏やかな形で表現することをいう。節度ある人は、やる気をはやらせることなく、十分にやりとげられる機会を待って仕事を遂行する。配慮の行き届いた行動をするので、結果として自分も他人も傷つけることはない。

## ⑮自制心

あなたは、欲望や要求、王手をかけたいという衝動を抑えることができる。何が正しいのかを知るだけではなく、その認識を行動にあらわすことができる。

何か悪いことが起こったとき、あなたは自分の感情をコントロールできるだろうか。自分に対するネガティブな感情を修正し、中和させることができるだろうか。つらい状況の中でも自分を奮いたたせ、陽気にふるまうことができるだろうか。

(a) 自分の感情をコントロールできる。

□とてもあてはまる――5点
□あてはまる――4点
☑どちらともいえない――3点
□あてはまらない――2点
□まったくあてはまらない――1点

(b) ダイエットは続いたためしがない。

□とてもあてはまる――1点

□あてはまる――――――――2点
□どちらともいえない――――3点
□あてはまらない―――――4点
□まったくあてはまらない――5点

▼あなたの「自制心」の得点：(a)＋(b)＝【7点】

## ⑯慎重さ・思慮深さ・注意深さ

あなたは注意深い人である。あとで後悔するようなことは言わないし、おこなわない。慎重さとは、行動に乗りだす前に、十分に機が熟すのを待つことだ。慎重な人は先見の明があり、落ち着いている。長期にわたる成功を見据え、目先の目標に飛びつきたい衝動を抑えることができる。とくに危険をともなうことへの注意深さは、親が子どもたちにもってほしいと願う強みである。

(a) 肉体的な危険をともなう活動は避ける。

□とてもあてはまる――――5点
□あてはまる――――――――4点
□どちらともいえない――――3点
□あてはまらない―――――2点

□まったくあてはまらない――1点

(b) 友人関係や人間関係で、ときどき不適切な選択をしてしまう。

□とてもあてはまる――1点
□あてはまる――2点
□どちらともいえない――3点
☑あてはまらない――4点
□まったくあてはまらない――5点

▼あなたの「慎重さ」の得点：(a)＋(b)＝【9点】

### ⑰謙虚さと慎み深さ

あなたはスポットライトを浴びるのを好まない。自分を際立たせるより、業績が評価されることを好む。あなたは自分のことを特別な存在とは思っていないが、まわりの人たちはあなたの慎み深さを認め、評価している。あなたは見栄を張らず、個人的な野心、または勝利や敗北を、それほど重視していない。物事のもっと大きな枠組みの中では、自分がなし遂げたことや苦労したことはたいしたことではないと思える。こういった信念が背景となった謙虚さは、うわべだけのものではなく、あなたという重要な存在をそのまま示している。

（a）人が自分のことをほめると話題を変える。
□とてもあてはまる――5点
☑あてはまる――4点
□どちらともいえない――3点
□あてはまらない――2点
□まったくあてはまらない――1点

（b）自分の業績についてよく人に語る。
□とてもあてはまる――1点
□あてはまる――2点
□どちらともいえない――3点
□あてはまらない――4点
☑まったくあてはまらない――5点

▼あなたの「謙虚さ」の得点：（a）＋（b）＝【9点】

**［精神性と超越性］**

強みの最後のグループは「超越性」である。この言葉は歴史的に見ても、今まであまり使われてこなかったものである。この言葉を私が採用したのは、特別な強みである精神性と、宗教色のない強みである熱意や感謝とが、混同されるのを避けるためである。超越性とは、あなたを超え、外へ向かい、もっと広い、そしてもっと永続性のある何か、つまり、あなた自身を他の人たちや未来、進化、神、さらには宇宙へと結びつけるものだ。

### ⑱審美眼

あなたは立ち止まってバラの香りを嗅ぐ。そして、美しいものや優れているものなどあらゆるものを見る眼をもつ――自然や芸術、数学、科学から日常にいたるまで。とくに強く感銘を受けると、畏敬の念や驚嘆すらわきおこる。スポーツでの妙技や人間がもつ道徳的な美しさや美徳を目の当たりにすることでも、こうした気分の高揚が起こる。

(a) ここ一カ月間に、音楽、美術、演劇、映画、スポーツ、科学、数学などのすばらしさに打たれたことがある。

□とてもあてはまる――5点
□あてはまる――4点
☑どちらともいえない――3点
□あてはまらない――2点
□まったくあてはまらない――1点

(b) この一年間、美しいものを創り出していない。

□とてもあてはまる――1点
☑あてはまる――2点
□どちらともいえない――3点
□あてはまらない――4点
□まったくあてはまらない――5点

▼あなたの「審美眼」の得点:(a)+(b)=【5点】

**⑲感謝の念**

あなたは、何か良いことが自分に起こったことを知っても、けっしてそれを当然のこととは思わない。いつも時間をかけて感謝の気持ちをあらわす。感謝の念とは、他の誰かの人柄や道徳的なおこないのすばらしさを正しく認識することだ。それを感情として説明するなら、生きることそのものへの驚嘆、感謝、評価の感覚といえるだろう。私たちは、人が自分たちに良くしてくれるとありがたく思うが、一般的な良いおこないや良い人びとに対してはもっと感謝することができる。感謝の念はまた、神や自然や動物たちといった人格をもたないものにも向けられるが、自分自身へ向けることはできない。

（a）どんなささいなことであっても、必ず「ありがとう」と言う。

☑とてもあてはまる――5点
□あてはまる――4点
□どちらともいえない――3点
□あてはまらない――2点
□まったくあてはまらない――1点

（b）自分が人より幸福であると思うことはめったにない。

□とてもあてはまる――1点
□あてはまる――2点
□どちらともいえない――3点
□あてはまらない――4点
☑まったくあてはまらない――5点

▼あなたの「感謝の念」の得点：（a）＋（b）＝【10点】

**⑳希望・楽観主義・未来に対する前向きな姿勢**

あなたは今後、最高の状態になることを期待して、それを達成するために計画を立てて働く。

希望や楽観主義、そして未来に対する前向きな姿勢は、将来に対するポジティブなスタンスをあらわす強みである。良い出来事が起こると期待し、一生懸命やれば結果的に、その望みは達成できると思っている。そして将来への計画を立てることで現在の元気な活力が持続し、目標を目指すことで人生を活気づける。

（a）物事をいつも良いほうに考える。

□とてもあてはまる――5点
□あてはまる――4点
□どちらともいえない――3点
□あてはまらない――2点
□まったくあてはまらない――1点

（b）やりたいことのために、じっくり計画を立てることなどめったにない。

□とてもあてはまる――1点
□あてはまる――2点
□どちらともいえない――3点
□あてはまらない――4点
□まったくあてはまらない――5点

▼あなたの「希望」の得点：（a）＋（b）＝【8点】

## ㉑精神性・目的意識・信念・信仰心

あなたは、世界レベルでのより高い目標や意義に対して、首尾一貫した強い信念をもっている。物事をより大きな枠組みの中でとらえ、そして自分がどの場所に適しているかを認識している。信念はあなたの行動を形作り、快適な生活の源となっている。宗教的であれ世俗的であれ、自分の存在をより大きな世界に位置づける人生の明確な哲学を、あなたはもっているだろうか。より大きな何かと結びついた美徳をもつことで、人生はあなたにとって意義あるものとなっているだろうか。

(a) 私の人生には強い目的がある。

☑とてもあてはまる――5点
□あてはまる――4点
□どちらともいえない――3点
□あてはまらない――2点
□まったくあてはまらない――1点

(b) 人生における使命はない。

□とてもあてはまる――1点

□あてはまる――――――――――――――――2点
□どちらともいえない――――――――――――3点
□あてはまらない―――――――――――――4点
□まったくあてはまらない―――――――――5点

▼あなたの「精神性」の得点：(a)＋(b)＝【10点】

## ㉒寛容さと慈悲深さ

あなたは、あなたに害をおよぼした人たちを許す。いつも人に二度目のチャンスを与えている。あなたの心は慈悲の方向にあり、復讐へは向かない。他の誰かに感情を害されたり傷つけられたりしたときに寛容な心をもつと、その人の心の中には有益な変化がもたらされる。人が誰かを許すとき、罪深い他者に対する動機や行動はポジティブなものとなり、ネガティブなものではなくなる。

(a) いつも過ぎたことは水に流す。

□とてもあてはまる――――――――――――5点
□あてはまる―――――――――――――――4点
□どちらともいえない―――――――――――3点

□あてはまらない――2点
□まったくあてはまらない――1点
(b) いつも相手と五分五分になろうとする。
□とてもあてはまる――1点
□あてはまる――2点
□どちらともいえない――3点
□あてはまらない――4点
☑まったくあてはまらない――5点
▼あなたの「寛容さ」の得点:(a)+(b)=【9点】

## ㉓ユーモアと陽気さ

あなたは笑うのが好きで、周囲にも笑いをもたらす。楽々と人生の明るい面を見つめることができる。

今までに紹介した二二種類の強みは、親切、精神性、勇敢さ、創意といった、ややまじめで分別くさいものだったが、最後の二つの強みは楽しいものだ。あなたは陽気な人だろうか。あなたは面白い人だろうか。

（a）いつも可能なかぎり仕事と遊びをおりまぜている。

□とてもあてはまる――5点
□あてはまる――4点
☑どちらともいえない――3点
□あてはまらない――2点
□まったくあてはまらない――1点

（b）面白いことはめったに言わない。

□とてもあてはまる――1点
□あてはまる――2点
□どちらともいえない――3点
☑あてはまらない――4点
□まったくあてはまらない――5点

▼あなたの「ユーモア」の得点：（a）＋（b）＝【7点】

**㉔熱意・情熱・意気込み**

あなたは元気にあふれる人である。あなたは、自分が取り組んでいる活動に、身も心も打ちこめるだろうか。朝、その日を楽しみに目覚めるだろうか。がむしゃらに活動にのめりこむ情熱はあるだろうか。あなたの気持ちは奮いたっているだろうか。

（a）やることすべてにのめりこむ。

□とてもあてはまる――5点
□あてはまる――4点
□どちらともいえない――3点
□あてはまらない――2点
□まったくあてはまらない――1点

（b）ふさぎこむことが多い。

□とてもあてはまる――1点
□あてはまる――2点
□どちらともいえない――3点
□あてはまらない――4点
□まったくあてはまらない――5点

▼あなたの「情熱」の得点：（a）＋（b）＝【7点】

**［最終結果］**

さて、すべての得点記入が終わったら、次のリストにそれぞれの得点を書きこみ、それらを高いほうから低いほうへと並べかえてみよう。

**知恵と知識**

①好奇心――【7点】
②学習意欲――【9点】
③判断力――【5点】
④独創性――【7点】
⑤社会的知性――【8点】
⑥将来の見通し――【7点】

**勇気**

⑦武勇――【7点】
⑧勤勉――【4点】
⑨誠実――【8点】

**人間性と愛情**

⑩思いやり――【10点】

⑪愛情【9点】

**正義**

⑫協調性【9点】
⑬公平さ【5点】
⑭リーダーシップ【8点】

**節度**

⑮自制心【7点】
⑯慎重さ【9点】
⑰謙虚さ【9点】

**精神性と超越性**

⑱審美眼【5点】
⑲感謝の念【10点】
⑳希望【8点】
㉑精神性【10点】
㉒寛容さ【9点】
㉓ユーモア【7点】
㉔熱意【7点】

得点が9点か10点になる項目が、あなたの強みである。それらの項目に○をつけてみよう。○印が五個以下というのがこのテストを受けた人の平均だ。また、得点の合計が6点以下の項目は、あなたの弱点である。

## とっておきの強み

あなたの上位五番目までの強みに注目しよう。大部分は自分にとって本物だと思える強みだろうが、一つか二つは自分では実感のわかないものがあるかもしれない。テストの結果、私の場合は、「学習意欲」「勤勉さ」「リーダーシップ」「独創性」「精神性」が強みだった。そのうち四つは納得できるのだが、リーダーシップだけは実感がわかない。必要となれば適切な導き方はできるが、それが自分の強みだとは思えない。私はリーダーシップを発揮しなければならないときは疲れはて、それが終わるのが待ち遠しいほどだ。

誰もがその人ならではの「とっておきの強み」をもっているはずだ。それを自分でもしっかり意識し、周囲にも公にすることで、毎日の仕事や恋愛、遊び、子育てに生かすことができる、あなたの性格の強みとなる。あなたの上位五番目までの強みのそれぞれが、次のどの基準にあてはまるかを見てみよう。

□これは自分にしかない本物の強みだ。
□この強みを発揮するとわくわくする。
□この強みを最初に試したとき、それがすぐさま身についていくのがわかった。
□この強みが活用できるようになる新しい方法を続けて習得したい。
□この強みを活用する方法をぜひとも見つけたい。
□この強みをどうしても生かす必要がある。
□この強みを活用していると、疲れを感じないで元気でいられる。
□この強みを生かして自分にしかできないことを作り出し、実行したいと思う。
□この強みを活用していると、喜び、強い興味、熱中、そして恍惚を感じる。

あなたの強みのうち、一つまたは一つ以上あてはまるものがあったなら、それがとっておきの強みだ。できるだけ数多くの場面で、その強みを活用していただきたい。これらの基準がまったくあてはまらない強みがあったなら、そういった強みは仕事や恋愛、遊び、子育ての場に生かすのには適当ではないかもしれない。

あふれんばかりの充足感と本物の幸せを得るため、あなたの生活に欠かせない分野で、あなたならではの強みを活用する――これが、私が導きだした、最良の人生のための公式である。

仕事、恋愛、遊び、子育て、それぞれの状況での強みの活用法と有意義な人生を送るための強みの利用法については、次章から述べていこう。

Part 3

# 幸せという
# ゴールを目指して

IN THE MANSIONS OF LIFE

第10章

# 仕事での満足感と個人的な満足感

豊かな国々では、仕事に対する考え方が大きく変わってきている。お金が驚くほどその力を失っているのだ。第4章で述べた生活の満足度調査でわかった事実、すなわち国民がセーフティーネットでの保証を受けているような豊かな国では、もし富が増えたとしても、心身ともに幸せが得られる状況にはあまりならないという現象が生じはじめている。アメリカでは、過去三〇年間で収入が一六%も上昇したにもかかわらず、「とても幸せだ」と感じている人は三六%から二九%に減少している。『ニューヨーク・タイムズ』は、「幸せは金では買えない」と断言した。では、昇給、昇進、残業手当といった賃金アップで幸せになれない従業員たちは、これからどうなっていくのだろうか。何が従業員の会社への忠誠心の源となり、何が彼らの生産性の質を高めるのだろう。

われわれの社会は、貨幣経済から満足を求める経済へと急速に変わりはじめている。仕事が不足すると個人的な満足感はあとまわしになり、仕事があふれていると個人的な満足感が重要になるが、ここ二〇年は、明らかに個人的な満足感を優先する傾向にある。

弁護士は、一九九〇年代には医師を抜いてアメリカで最も高収入を得る職業となった。しかし今では、ニューヨークの大手の法律事務所でさえ、スタッフをつなぎとめておくのは至難の業だ。地位の低い若い見習いの弁護士は、週八〇時間もの厳しい勤務を数年間も経験しないと高収入を得ることができないような生活に魅力など感じない。若いスタッフはもとより共同経営者《パートナー》でさえ、もっと幸せを得られる職場を求めて事務所を去っていく。人びとが求める新しい美徳、それが人生の満足感だ。

「この仕事からは、満足感は得られないのではないだろうか。私はどうしたらいいのだろう」と、何百万ものアメリカ人が仕事を始める前に自問自答する。「自分のとっておきの強みを生かせば、現在の仕事からもっと満足感を得ることができるようになる」——これが私の答えだ。

この章のテーマは、仕事の満足感を最大限に高める方法についてだが、そのためには前章で確認した自分のとっておきの強みを、できれば毎日使う必要がある。これはCEOだけではなく、秘書、弁護士、看護師といったどんな職業においても重要な意味をもつ。自分の強みや美徳を生かして日々業務を改善することは、仕事を楽しくするばかりでなく、退屈で将来性もなさそうに思えていた仕事を天職へと変える。天職は、金銭的な恩恵よりも精神面での充足感をもたらしてくれる。仕事の成果から得られる充足感は、きっと物質的な報酬以上のものとなるだろう。そして従業員にそのような幸せを提供できる企業は、金銭上の報酬だけを尊重する企業にとって代わるだろう。生活と自由が最低限守られている現在、政策は、セーフティーネットの拡充以上に、幸せの追求に真剣に取り組む必然性に直面している。

「えっ！　資本主義経済でお金が威力を失うだって？　ばかばかしい！」——あなたはそう思っているに違いない。

では、四〇年前には「ありえない」ことだった教育理念の根本的変革を例に説明してみよう。私が士官学校へ通っていたころや、それ以前の時代は、教育は屈辱にもとづいたものだった。罰としてかぶらなくてはならない低能帽、体罰用の棒、落第の評価Fなどは、教師という名の武器庫にある大きな銃のようなものだった。しかし、こういった制度も、大昔に死滅したマンモスやドードー鳥のように、あっという間に消滅し、今ではありえないこととなっている。このような変革は、生徒一人ひとりの力量の正当な評価、きめ細かな教育指導、暗記に頼らないテーマの探求、個人的な興味の尊重といった教育理念の導入から得られたものである。これらもまた、高い生産性を得るためのお金よりも優れた方策であり、まさにこの章で述べようとしていることにほかならない。

ボブ・ミラーとは過去二五年間にわたって、いつも火曜日の夜にポーカーをした。ボブはマラソンランナーであり、アメリカ史を教える教師だった。退職後はまる一年間もついやして世界中を走ってきた。足よりも先に、目がだめになるだろうと話していたほどの健脚ぶりだった。

そんなボブが、二週間前の寒い一〇月の朝、わが家を訪れて、子どもたちにテニスラケットのコレクションを譲ってくれたのには驚いた。八一歳になっても熱心なテニスプレーヤーだった彼がラケットを手放すことに、私は不安を覚え不吉な予感までした。

一〇月はボブの大好きな月だった。ゴアマウンテンでのウォーミングアップを欠かさず、アディロンダック山地を走りぬけ、毎週火曜日には夜の七時三〇分ちょうどに必ずフィラデルフィアに戻ってくる。そして翌朝の夜明け前に紅葉の山に向かって走りだす。しかし、今回は違った。ペンシルベニア州のランカスターでトラックにはねられてしまい、意識が戻らぬままコーツビルの病院に運ばれたのだ。そして三日間、昏睡状態が続いていた。

「ミラーさんの生命維持装置をはずすに当たっての同意をいただきたいのですが……」と私に向かって主治医が言った。「代理人によるとあなたがいちばん身近なご友人とのことですし、ミラーさんのご親戚の方とも連絡が取れないものですから」。主治医が言っていることの重大さが、じわじわと実感をおびてきた。そのとき、病院の白衣を着た体格の良い男性が患者用の便器を移動させ、そっと壁の絵を直しているのが目に入った。彼はその雪景色の絵をまっすぐに直し、あとずさりしてもう一度確認したが、それでも納得がいかないようだった。私は以前にも彼が同じことをしていたのに気がついた。重苦しい話題から逃れて、少し幸せな気分になった。

私が視線を病院係に移したことに気づいた主治医は、「では、よくご検討ください」と言い残し、部屋をあとにした。私は椅子に腰をおろし、病室係を眺めていた。彼は雪景色の絵をはずすと、その代わりにカレンダーを貼った。しかし、そのカレンダーは気に入らなかったようで、それをはずすと、大きな茶色の買い物袋に手を伸ばした。彼は、ウィンズロー・ホーマーの海を描いた大きな風景画を二枚取り出し、壁に貼りつけた。そして最後に、ボブの右側に回ってサンフランシスコのモノクロ写真を下に、ピース・ローズのカラー写真を上に貼った。

「失礼ですが、何をなさっておいでですか」。私はそっと尋ねた。

「私ですか？　この階の病室係ですよ」と彼は答えた。「毎週、写真や絵をもってきているのです。患者さんたちの健康には責任があります。ミラーさんは運ばれてきたときから目を覚まされてはいませんが、もし目を覚まされたら、すぐにきれいなものを見ていただきたいのです」

この病室係は、自分の仕事を、患者用便器の処理やトレイの掃除だけに限定せず、患者の健康を守ること、そして困難な状況にある患者のために美しいものを提供することと考えている。彼の仕事は地位の高いものではないが、彼自身がそれを天職へと高めているのだ。

残りの人生とのかかわりの中で、人は仕事をどうまとめあげていくのだろうか。学者たちは「仕事の方向性」を、任務、経歴、そして天職の三つと定義している。

あなたは給料をもらうために「任務」を遂行する。その目的はレジャーや家族の生活を支えることなので、給料が出ないのなら働く意味はない。

一方、「経歴」は、自分への十分な投資を必要とする。金銭だけでなく昇進することで、業績や達成感を確認する。法律事務所の見習い弁護士が共同経営者になること、講師が助教授になること、中間管理職が副社長に昇格することなどがその例である。その昇格が終わりを迎え「頂点」を極めてしまうと、疎外感を覚え、次なる充足感や生きる意味を探しはじめる。

「天職」とは、自分自身のために情熱を傾けて献身する仕事のことである。一人ひとりにとっての天職とは、より良いもの、何かスケールの大きなものに貢献することであり、宗教的な意味も含んでいる。金銭や昇進が目的ではなく、それを遂行すること自体が目的となるのだ。これまで天職としては、伝統的には牧師や最高判事、医師、科学者などといった、威信があり高尚とみなされた職業があげられていたが、実際にはどんな任務も天職になる可能性があるし、また、どんな天職も任務になる可能性がある。仕事を任務とだけ考え、高収入を得ることに熱心な医師の仕事は天職とはいえないし、世の中を清潔で健康的にしようと使命感をもって働いているゴミ収集業者の仕事は天職だといえる。

ニューヨーク大学のビジネス学教授エイミー・レッツネスキーと彼女の同僚たちは、調査研究を重ねて次のような重大な発見をしている。その調査は、同じ仕事内容を課せられている病院の清掃係二八人を被験者としておこなわれた。自分の仕事を天職と考えている清掃係は、仕事に意味を見いだしていた。患者をいやすことを重視し、効率よく仕事をこなし、医師や看護師が患者の治療にもっと時間を割けるようにと願い、患者のために仕事以外のこと、たとえば、コーツビルの病室係のように患者を励ますようなこともおこなっていた。

では、あなたが仕事をどのように位置づけているのか、テストをしてみよう。

## 仕事と生活に関する調査

次の三つの文章を読み、あなたはA、B、Cの三タイプのどの人物に近いか答えていただきたい。

Aさんは生活に必要な金銭を得ることをいちばんの目的として働いているが、本当は違う仕事がしたいと思っている。生活が保証されるのなら今の仕事は続けないだろう。Aさんにとって仕事とは、呼吸や睡眠と同じで生活に必要不可欠なものだ。勤務時間中は早く終わればいいと願っていて、週末や休暇が何よりも楽しみだ。生まれ変わったら今の仕事には就かないだろう。友人や子どもたちには自分と同じ仕事はすすめない。早く辞めたいと思っている。

Bさんは自分の仕事を楽しんでいるが、五年後も同じことをしようとは考えていない。もっと条件の良い高度な仕事に代わるつもりだ。将来の目標もいくつかある。今の仕事を、時間の無駄だと感じることもあるが、これを十分にこなさないと次に進めないこともわかっている。時間をかけて昇進を待つことはできない。Bさんにとっての昇進は、自分の仕事ぶりが認められたことを意味し、同僚に勝つという意味があるからだ。

Cさんにとって仕事は、人生のいちばん重要なものの一つである。重要な仕事を担っていることを非常にうれしく思っている。仕事は生きがいの一部なので、自己紹介をするときも最初に伝える。休暇であっても、仕事を家にもち帰ることもある。職場での友人が多く、組織やクラブにも所属している。仕事がとにかく好きで、世の中に貢献していると感じている。友人や子どもたちにも、自分の仕事をすすめるだろう。もし辞めなくてはならなくなったら、かなり失望するだろう。できるだけ仕事を続けたいと思っている。

①あなたは、どのくらいAさんに近いと思いますか。

□かなり近い————3点
□やや近い————2点
□少し近い————1点
□まったく近くない————0点

②あなたは、どのくらいBさんに近いと思いますか。

□かなり近い————3点
□やや近い————2点
□少し近い————1点
□まったく近くない————0点

③あなたは、どのくらいCさんに近いと思いますか。

□かなり近い————3点
□やや近い————2点
□少し近い————1点
□まったく近くない————0点

では、あなたの現在の仕事に対する満足度を、1から7までの尺度を使って評価してみよう。

□完全に不満——1点
□とても不満——2点
□やや不満——3点
□満足とも不満ともいえない——4点
□やや満足——5点
□とても満足——6点
□完全に満足——7点

**〔採点方法〕**

最初の文章は「任務」、二番目は「経歴」、最後は「天職」について記述したものである。それぞれの文章で自分に当てはまるものを選び、得点を出してみよう。

あなたが、三番目のCさんのように仕事を天職と感じていて（2点以上）、また仕事に満足している（満足度5点以上）のなら、今以上に力を発揮できる。もし数値が低かったら、他の人たちがどのようにして仕事に対する満足度を高めているかを知る必要がある。

病院の清掃係に見られた任務と天職の決定的な相違は、秘書や技術者、看護師、料理人、美容師といったいずれの職業にもいえることだ。肝心なのは、あなたに適した仕事を探すことではなく、今の仕事へのあなたの姿勢を見直し、あなたの仕事が自分に適していることに気づくことである。

■美容師

他人の髪をカットするという仕事は機械的な作業ではない。アメリカの大都市で働く多くの美容師たちは、過去二〇年間に、その親密な人間関係に注目してみずからの能力を高めてきた。美容師は、最初に自分の身の上話をすることにより、客との人間関係の境界線を広げる。そのうえで顧客に個人的な質問をするのだが、プライベートを明かすことを好まない客もいる。そういう客には無理強いはしない。客との関係に親密さを加えることで、仕事をより楽しいものへと改善してきた。

■看護師

近年アメリカで展開されている利益志向の看護システムにより、看護師は単調で機械的な仕事を強いられている。これは看護医療における最も苦々しい因習だ。しかし、患者の身のまわりのちょっとしたケアを追加することで、この問題を克服した看護師もいる。こういった看護師は患者を気づかい、どんなささいなことでも仕事仲間に伝える。患者の家族に患者の人となりを尋ね、患者の回復に積極的にかかわる。

## ■料理人

自分の仕事を、単に料理を用意することから料理を芸術へと高めることへと変貌させた料理人が増えている。こういったシェフは、料理をできるだけ美しく作る。作る行程では作業を合理化するが、盛りつけも含んだ料理全体のバランスに集中する。ともすると機械的になる料理という仕事を、芸術的なものへと高めるのだ。

これらは、退屈な仕事から機械的で単調な面を取りさり、より全体的で社会性の高いものへと変化させた成功例である。注目すべき点は、彼らは自分の仕事を見直し改善する課程で仕事を天職へと変えていることだ。

私たちの幸せな日常は、さまざまな人たちに支えられて成り立っている。難民救済のために働く人たち、教育ソフトを考案する人たち、反テロリスト、ナノテクノロジスト、熟練ウェイター。しかし、どの職業もあなたにはしっくりこないかもしれない。天職はあなたのとっておきの強みにかかわるものでなければならないからだ。反対に、切手収集やタンゴを踊るといった情熱にも、とっておきの強みが必要かもしれないが、これらは天職ではない。天職の定義は、ひたむきな責任のうえに、より良い貢献をすることである。

ソフィアは「酔っぱらいよ。たちの悪い客だわ」とおびえて、八歳の弟のドミニクにささやいた。「見て。ママに何かしているわ」

姉弟は両親が経営するレストランの狭苦しいキッチンで皿洗いをしていた。一九四七年、ウエストバージニア州ホイーリングで暮らす一家の生活は苦しかった。

レジで酔っぱらいの客が母親にくってかかっていた。ドミニクは夢中でキッチンから飛び出し、二人のあいだに割って入った。

「お客様、どうなさいましたか」

「ビールは冷えてないし、ポテトは冷めているし」

「本当に申し訳ありません。このとおり一家四人だけで頑張っているんですが、今夜はうまくいかなかったようです。またご来店いただけるのをお待ちしております。この次は納得していただける仕事をします。今日のお会計はけっこうです。またご来店いただいたときにはワインをサービスします」

「わかったよ。子どもが相手じゃしょうがない。じゃあな」とその客は出ていった。

その一件以来、ドミニクの両親は厄介な客を彼にまかせるようになったのだと、三〇年後に本人から聞いた。そして、彼自身もその仕事が気に入っていたことも。一九四七年にドミニクの両親は自分たちの子どもが並はずれた才能をもっていることを知った。ドミニクには社会的知性という強みがあり、それは超人的だった。他人の望みや欲求、感情を、人並みはずれた正確さで読みとり、魔法のように的確な言葉で対処した。状況が過熱ぎみになり、自称仲裁人ならかえって悪化させてしまいそうな状況でも、彼は冷静で適切だった。両親は息子の強みをはぐくみ、彼も日々その社会的知性を天職へと高めていった。

この社会的知性によって彼はボーイ長や外交官、大企業の人事部長などになれたかもしれない。しかしほかにも彼は、高い向学心とリーダーシップという二つの強みをもっていたので、それらを組み合わせて人生を切り拓いていった。六二歳になった彼は、私が知るかぎりアメリカで最も優れた社会学者だ。国内の社会学分野の主だった教授の一人であり、三〇代後半でアイビーリーグの大学の副学長を務め、のちに総長にもなったほどである。

彼の見えざる手は、欧米の社会科学における主要な動きをいち早く察知した。まるで、学会版のヘンリー・キッシンジャーである。彼のそばにいると、まるで自分が世界でいちばん重要な人物であるかのように思える。ドミニクのすごさは、そういったことを気に入られようとしてやっているのではなく、ごく自然にやってのける点だ。私は、仕事上の人間関係などで行き詰まったときには、いつも彼の力を借りた。成功に満ちた経歴を天職へと変えたドミニクの業績は、彼が自分の三つの強みを日々活用したことによって達成された。

もしあなたが仕事で自分の強みを生かす方法を見つけることができたなら、それが世の中に貢献する天職だとわかるだろう。厄介なだけだった任務も、充足感あるものへと変えることができる。そして何より重要なことは、天職を得てからの日々の労働がもたらす幸せからは、「フロー」

を実感できるということだ。

第7章に登場した心理学者のマイク・チクセントミハイは、三〇年にわたり、わかりにくい心の状態を誰にでもわかりやすく、誰にでも実践できるよう、科学を暗闇から薄明へ、そしてさらに明るい場所へと解明していった。マイクの提唱したフローとは、意識も感覚も忘れるほど何かに没頭している充足状態を示す。研究の中で彼は、労働者や中流家庭のティーンエージャーなどのフロー経験の多い人と、貧しい人や裕福な家庭のティーンエージャーなどのあまりフロー経験の多くない人がいることを発見し、フローが起こる状況を記録して仕事への満足度と関連づけてみた。フローは勤務時間中ずっと継続することはなく、一日に数分間、何度か訪れる。つまり、フローは、自分の能力を結集して取り組むべき難関に直面しているときに体験できるものである。もともとの才能だけではなく、本人の強みと美徳が加わって初めて獲得できるものだ。このことは、どんな仕事を選ぶべきか、そして選んだ仕事をどう天職に高めていくかという課題を解く鍵である。

しかし、われわれ人類が自分で職業を選択するようになったのは、長い人類の歴史から見れば、ごく最近のことだ。何千年ものあいだ子どもにとっては、仕事を得るまでの準備とは大人を見習うことだった。イヌイットの男の子は二歳でおもちゃの弓で遊びはじめ、四歳になるとライチョウを射とめることができた。六歳ではウサギを、思春期になるとアザラシやトナカイでさえ射とめた。女の子にも定められた大人への準備がある。他の女性たちに加わって、動物の皮の処理加工や裁縫、料理、赤ん坊の世話を覚えるのだ。

しかし一六世紀のヨーロッパではこのスタイルが崩壊しはじめ、おおぜいの若者が農地を離れ、富や憧れを求めて急成長する都市へと移った。それから三世紀もの間、一二歳の少女や一四歳の少年たちが、都会へ出てサービス業に従事していった。若者にとって都市の魅力とは、活動的で選択肢が多く、仕事を簡単に選ぶことができる点である。都市が多様化するにつれて、仕事の選択肢も無数に増えていった。親から子へと仕事が受け継がれていく農村型社会は幕を閉じ、人の動きが頻繁になって階級社会は崩壊した。

二一世紀のアメリカでは、人生とは選択そのものだ。車といえばT型フォード、冷蔵庫は白、ジーンズはインディゴブルーという時代ではなくなった。あなたも、朝食用のシリアル売り場で自分のお気に入りを見つけられず呆然としたような経験があることだろう。私は昔ながらのクエーカー・オーツの製品が欲しかったのだが、それを見つけることができなかった。

二世紀にわたり格好の政策でありつづけた選択の自由は、今では消費者向けの製品から仕事そのものの構築までを含めた一大産業を形成している。失業者も少なくアメリカ経済が安定しているこの二〇年間、大学を卒業した多くの若者たちは、幅広い選択肢の中から仕事を選んできた。現代のティーンエージャーは、将来の希望をしっかりともつでもなく、かといって一六世紀に職を求めて都会へ移り住んだ一二歳や一四歳の子どもたちのようになるでもなく、人生の二大テーマである友だち選びと仕事選びのために長い自由な時間を謳歌している。両親の仕事を受け継ぐ者も減った。今や、高校生の六〇%が進学する。かつて教養を深め人間性を追求する場であった大学は、今ではビジネスや金融、医療といった就職スキルを身につける場となっている。

仕事はレジャーとは違って、フローを経験するのに最も適した環境だ。いつでもはっきりとした目標とルールがある。うまくいってもそうではなくても、フィードバックが得られる。仕事は集中力を刺激するし、才能も強みも発揮できる格好の難題がたくさんある。結果として人は、家にいるより仕事をすることのほうに熱心になりがちだ。

有名な歴史研究家のジョン・ホープ・フランクリンは、次のように述べている。「ぼくの場合は、休みなく働いているともいえるし、少しも仕事なんかしてないともいえるんだ。ぼくは『花の金曜日だ』って言葉が好きなんだ。金曜日になれば、あと二日間は誰にも邪魔されずに仕事ができるからね」

ここではフランクリンを、仕事中毒者として引用しているのではない。私は彼が、非常に有能な学者やビジネスマンがよく使う表現を口にしている点に、むしろ注目している。フランクリンは月曜から金曜まで大学教授として働いている。そこには彼が得意なことがすべてそろっている。授業、管理運営、学問、同僚とのつきあい、何でもうまくいく。ここでは、彼の優しさやリーダーシップといった強みが生かされている。しかし、彼のとっておきの強みである独創性や向学心を十分に発揮することはできない。家にいれば、本を読んだり文章を書いたりと、仕事以上のフローがある。彼のとっておきの強みを週末には発揮することができるのだ。

発明家として数多くの特許をもつ八三歳のジェイコブ・レインボーは、マイク・チクセントミハイに次のように語った。

「興味があるんなら、君は喜んでアイデアを絞り出すべきだよ。ぼくみたいな人間はそうしている。アイデアがわきあがってくるのは楽しいもんさ。誰も望んでなくたって、そんなことは気にならない。何か変わったことや新しいことを見つけるのが面白いだけなんだ」

重要な発見などでフローを存分に味わえるのは、発明家や彫刻家、最高裁判事、歴史研究家といった仕事をしている人だけではない。日常の平凡な業務を見直して改善すれば、誰でももっと頻繁にフローを味わうことができるようになる。

フローの量を測定するため、マイクが生み出した経験サンプリング法は、現在では世界中で利用されている。第7章でも述べたように経験サンプリング法では、被験者にポケットベルあるいはパームパイロット（携帯情報端末）をわたし、一日のうちの不特定の時間にポケットベルを鳴らして合図を送る。被験者は、合図を受けたときに何をしているか、どこにいるか、誰といっしょかを記録し、さらにそのときの満足度、集中度、自尊心の度合いなどを評価し、数字で書きとめる。この調査の焦点は、フローが起きる状況を知ることである。

意外にもアメリカ人は、仕事中のほうがレジャーを楽しんでいるときよりも多くのフローが起きる。マイクはアメリカのティーンエージャー八二四人を対象に、余暇の過ごし方が積極的か受身的かを調査し分析した。ゲームや趣味といった積極的な過ごし方では、三九％がフローを経験し、一七%は無関心を示した。一方、テレビを見たり音楽を聴いたりといった受身的な過ごし方では、フローは一四%、無関心は三七%だった。平均的なアメリカ人の場合、テレビを見ているときの気分はやや沈みがちだ。受身的な過ごし方よりも積極的な過ごし方のほうがはるかに良いといえる。

黒字経済で失業率が低いときの有資格者の職選びの基準は、どれだけたくさんのフローを得られるかであり、少々の給料の額はそれほど気にしない。仕事を吟味する、あるいは現在の仕事を改善してより多くのフローを得ることは、けっして不可能ではない。フローは、大きなものであれ、日常的なものであれ、やりがいのある課題とあなたの能力とがうまくかみ合ったときに獲得できる。フローを増やすコツは次のとおりだ。

●とっておきの強みを自覚する。
●日々その強みを活用できる仕事を選ぶ。
●とっておきの強みをもっと発揮し、現在の仕事への取り組み方を見直し改善する。
●あなたが雇用主なら、業務内容に個人のもつ強みが合致する従業員を選ぶ。あなたがマネジャーなら、従業員に仕事への取り組み方を見直し改善する機会を与える。

フローや仕事での満足感を高めるためには、どのように自分自身の能力を活用すればよいかを探るケーススタディーとして、弁護士を例に説明しよう。

## 弁護士が不幸せな理由

弁護士は権威ある高収入の職業であり、ロースクールの教室は未来の弁護士であふれている。しかし最近、五二%の弁護士が不満を感じているという調査結果が発表された。もちろん理由は経済的なことではない。一九九九年の時点でトップクラスの弁護士は、年収二〇万ドルを稼ぐ。だが残念なことに、弁護士は精神衛生の面できわめて悪い状態にある。うつ病になるリスクがきわめて高いからだ。

ジョンズ・ホプキンス大学の研究者によると、一〇四のうち三つの職業に抑うつ障害の顕著な上昇が見られたという。弁護士はそのトップに位置し、一般の労働者の三・六倍のうつ病発症が見られる。弁護士にはアルコール依存や薬物依存も多い。弁護士の離婚率は他の職業よりも高く、とくに女性に多い。金銭面では裕福なのに、健康面では幸せとはいえないようだ。早くに引退したり辞職したりする弁護士が多いことも、彼らは自覚している。

ポジティブ心理学から考えると、弁護士がやる気を失う原因は三つあげられる。

一つ目は悲観主義だ。これはよく使う意味での悲観主義ではなく、第6章で述べた定義における悲観主義である。つまり悲観主義者は、否定的な出来事の原因を永続的で全体的なものと考える傾向がある。悲観主義者は悪いことが起きると、それを普遍的で永続的で管理できないものととらえるのに対して、楽観主義者は、悪いことを特定的で一時的な変えることができるものととらえる。悲観主義者は努力のわりに報われない。悲観的な保険業者は、楽観的な同業者に売上げで抜かれてしまう。悲観的な水泳選手は、楽観的な水泳選手に敗れる。悲観的な投手と打者が追いつめられると、楽観的な投手と打者に負けてしまう。悲観的なNBAチームは、楽観的なチームに点差をつけられる。

このように悲観主義者は、さまざまな場面で敗者になる。しかし注目すべきは、悲観主義者にとって法律は得意分野であるということだ。一九九〇年に私は、バージニア・ロースクールの学生を対象にして第6章で紹介した楽観度測定テストを実施し、以後三年間にわたって追跡調査をした。すると勉強においては、悲観的な学生のほうが楽観的な学生よりも平均して優秀だった。問題を普遍的で永続的だと考えることは、慎重さを要する弁護士という職業にとっては大事な要因なので、悲観主義は弁護士にはプラスになる。慎重なものの見方をする弁護士は、取引で起こるかもしれない大損失や落とし穴を見抜くことができる。一般の人が気づかない問題や裏切りを予想する才能を生かして活躍する弁護士は、クライアントを最悪の結末から守ることができる。しかし残念なことに、仕事での特性が人間としての生活を幸せにするとはかぎらないのだ。

サンドラは東海岸の有名な心理療法医だが、私にいわせると彼女はまるで白衣を着た魔女のような名医だ。彼女は、他の専門医にはない特別の技能をもっている。それは未就学児の統合失調症を予見するというものだ。統合失調症は思春期以降にあらわれる精神障害だが、一部に遺伝的要因が見られ、家族にこの病歴をもつ人がいると、子どもがそれを受け継ぐことが懸念されている。そのため、遺伝の影響をとくに受けやすい子どもをいち早く予見することは非常に重要な対策である。発見が早ければ、社交性や認識力といった、いわゆる統合失調症に対する免疫を与えることができるわけだ。アメリカ東部のいたるところから、四歳児を連れた家族がサンドラのもとを訪れる。彼女は一時間で、それぞれの子どもの将来的な発病傾向を評価するが、それは超人的な正確さである。

未知の行動の内面を探る技術は、サンドラの仕事には有益な能力だが、そのほかの場面ではそうではない。彼女とディナーをともにするのは誰にとっても試練だ。彼女に見えるのは、人びとが食べている食事の裏側なのだから。外見上は普通に見える四歳児の行動パターンを探る魔法のような能力が、食事中にも働いてしまう。そのことが、サンドラがごく普通の大人としての社会生活を送る妨げになっている。

弁護士も同様で、仕事以外でも思慮深い性格は変わらない。クライアントの暗い将来を予見する弁護士は、自分自身にも暗い予想をしてしまう。悲観的な弁護士は、自分は共同経営者にはなれないのではないか、配偶者が不貞をはたらいているのではないか、経済恐慌に向かうのではないか、などと危惧しがちだ。

仕事上の悲観主義は、個人生活におけるうつ病のリスクを高くする。仕事では威力を発揮する思慮深い性格だが、それを仕事以外の場まで引きずらないよう心がけることが大切だ。

弁護士のやる気を失わせる二つ目の要因は、高ストレス下での自由裁量権の低さである。自由裁量による決定とは、仕事において正しいと信じたことを自分の判断で選ぶということだ。ここに、うつ病と心臓病について、仕事への要望と自由裁量権とを関連づけた貴重な研究結果がある。仕事への期待が高いのに、自由裁量による決定権が低いと、健康ややる気に悪影響を及ぼすというものだ。このような状況のもとでは、心臓病やうつ病になりやすい。

弁護士を不幸せにする三つ目の、そして最も深刻な要因は、アメリカの法律が勝つか負けるかのゼロサム・ゲームになってしまったことだ。

ベイリー・シュワルツは、人が内面に秘めた「財産」と、利益重視の自由市場企業における「財産」とを、異なるものとして定義している。たとえば、アマチュアの選手にとって妙技は財産である。教えることは学ぶことでもあり、それが財産となる。薬はいやすという行為が財産だし、友情はその親密さが財産だ。この場合、行為と内的な財産は、必ずお互いに有利な関係にある。たとえば、教師と生徒はともに成長し、効果的な治療はすべての人に有効だ。

しかし自由市場では、このような行為がもたらす内的な財産はあまり評価されない。生徒指導は一部のスター教師の偏重を生み、薬は治療を管理し、友情は見返りを期待する。正義感や公平さを最大の財産としていたアメリカの法律も今では、時間単位の支払い請求による勝利を追求した一大産業へと変貌した。管理された治療システムのもとでは、経費削減のためには精神面はないがしろにされ、花形研究者が特定の基金から多額の昇給を得る一方で、若い教師の昇給は生活費以下に抑えられる。シリコン・インプラントの数十億ドルの訴訟は、ダウ・コーニング社を倒産へと追いこむ。そして勝つか負けるかの駆け引きは、感情面での犠牲をともなう。

第3章で私は、ポジティブな感情はお互いが満足できる関係を築く働きをするが、怒りや不安、悲しみなどのネガティブな感情は勝つか負けるかのゼロサム・ゲームを引きおこすと述べた。弁護士の仕事においても、ゼロサム・ゲームが続くかぎりは、日常でもネガティブな感情が増えることとなる。

弁護士たちの生活に喜びの感情を増やしたいからといっても、ただゼロサム・ゲームを取りさるわけにはいかない。なぜなら、真実への近道と考えられ、アメリカの法制度の核となっているのは、伝統的な勝つか負けるかの駆け引きを具体化した敵対関係のプロセスであり、その頂点に競争があるからだ。そこでは弁護士は、攻撃的で断定的、知的で分析的、感情面では客観的であるように訓練される。そして、法の執行者たちは将来を察知する能力と同時に、始終、憂うつで不安で怒りっぽい感情を受けとるのだ。

## 弁護士が幸せになる方法

ポジティブ心理学では、弁護士が抱えるやる気の喪失の原因は、悲観主義、自由裁量権の低さ、ゼロサム・ゲームの偏重の三つにあると判断した。悲観主義や自由裁量権については解決策がある。

弁護士に必要なのは、柔軟性のある幅広い視野をもつこと、すなわち法を越えて悲観主義を一般化することだ。第6章で紹介した「ABCDEモデル」は、何かにつけマイナス思考になりがちな弁護士が、別の側面から自分の生活を見直すのに有益だ。分析の鍵は「反論」である。他人からの中傷を真に受けたかのような悲観的な考えに反論し、その根拠を並べる。このテクニックは日常生活で楽観主義を身につけ、職場では弁護士として必要な順応性のある悲観主義を維持する方法を示している。この柔軟性のある楽観主義を身につけるABCDEモデルを、法律事務所や学校などで教材として用いれば、ポジティブな成果が得られ、弁護士の士気も十分に高められるに違いない。

一方、自由裁量権の低さにも解決策はある。過酷なストレスは弁護士にとって逃れられないものではあるが、自分の判断で決定できる項目が増えればより満足感が高まり、生産性も高まるだろう。

一つの方法として、弁護士としての一日をもっと自分で調整し、管理できるようにすることが考えられる。ボルボ社は一九六〇年代に、同じ作業をくりかえしおこなうのではなく、グループごとに車一台の全作業工程をまかせることで、流れ作業による仕事への満足感の低下を解決している。同じように若い弁護士も、仕事の全体像がつかめるようクライアントを紹介し、共同経営者と話す機会を設け、仕事についての意見交換にも参加する機会を与える。若手弁護士の職場離れ対策として、多くの法律事務所がこのプロセスを採用しはじめている。

法律がもつゼロサム・ゲームの特性は、簡単には解決できない。敵対関係のプロセスや顧問料の高騰、クライアントや自分への「倫理感」といった要因が、良くも悪くもあまりに定着しすぎている。有効な対策としては、無料奉仕活動や和解、法廷を介さない解決、あるいは「治療法学」の導入などがあげられるが、これらも応急処置にすぎない。いちばんの対処法はやはり、とっておきの強みを仕事に生かすことだ。強みを発揮すれば、敵対関係のプロセスがもつ美徳を残しつつ、弁護士としての充足感を高めることができる。

法律事務所に入ってすぐの新米弁護士たちは、思慮深さや高度な言語スキルといった知的才能だけでなく、それまでに使ったことのないとっておきの強み、たとえばリーダーシップや独創性、公平さや熱意、忍耐力や社会的知性などを秘めている。ところが、せっかくの強みを十分に生かす機会をもてなかったり、必要とされるような状況があったとしても、本人が自分の強みを把握していないためうまく活用できないというのが現状だ。

法律事務所は、スタッフの強みを発見するべきだ。活力に満ちた生産性の高いスタッフとなるか、やる気のない非生産的なスタッフとなるかは、それぞれのもつ強みを掘り起こすことができるかどうかにかかっている。そのためには、一週間の就労時間のうちの五時間を「強みについての勉強会」として確保して、スタッフ一人ひとりの強みを生かし、事務所全体の目標達成を目指すことを提案する。

●サマンサの強みは熱意だ。しかしこの強みは弁護士としてはあまり生かされない。彼女は、法律図書館で医療事故について資料を調べるより、むしろ弁護士としての高い言語能力と熱意を併用して、企画や宣伝材料を書くような外部の代理店との仕事をしてみるとよいだろう。

●マークの強みは勇気だ。これは法廷で訴訟者として働くときに有効である。しかし実際は書類書きに明け暮れている。マークは、法律事務所のスター訴訟者と組んで、相手への決定的な攻撃プランを作成することに強みを生かすべきだ。

●セイラの強みは独創性だが、彼女はもう一つの強みである忍耐力を併用すべきだ。独創性に忍耐力が加われば、すべての領域を方向転換できる。チャールズ・ライクは、エール大学の法学教授になる前は、かび臭い判例の改訂作業をしていた。そのとき彼は、従来の「資産」の解釈を「新しい資産」と定義しなおした。この定義は、福祉に正当な報酬が適用されるという重大な変革をもたらした。セイラの場合も、二つの強みを生かして、特殊な判例における新しい理論を見つけるべきだ。これは石油を掘り当てるようなものかもしれないが、当たったらすごいことになる。

●ジョシュアの強みは社会的知性だ。しかし実際は、著作権法を調べるという単調な業務に明け暮れている。彼はその強みをエンターテインメント業界の、とくに厄介なクライアントとのランチミーティングに生かすべきだ。より良い人間関係を築く能力は、クライアントの信頼を得る大きな武器だ。

●ステイシーの強みはリーダーシップで、他の若手弁護士のまとめ役になっている。彼女は同僚の不平を聞いてそれをまとめ、適切な上司に匿名で申し出て対処することができる。

自分の能力と照らし合わせて今の仕事を見直し改善するという試みは、弁護士にかぎった特殊なことではない。前述の例を参考に、あなたの仕事をふりかえってみようと思ったら、次の二つの点に留意していただきたい。

第一は、とっておきの強みの実践は、ほぼ間違いなくお互いに利益を生むということだ。ステイシーが同僚の不満や気持ちをとりまとめれば、同僚の彼女への尊敬が強くなる。ステイシーが上司に話せば、上司はスタッフのやる気が確認できる。もちろんステイシー自身、強みを実践することで本物のポジティブな感情が獲得できる。

第二は、仕事を通して得るポジティブな感情と高い生産性のあいだには、明確なつながりがあるということだ。離職率の低下は忠誠心の向上につながる。強みの実践はポジティブな感情を解放する。ステイシーも同僚も、自分の強みが認められ生かせるのなら、その職場で長く働こうと思うだろう。これがいちばん重要なポイントなのだ。たとえ勉強会の五時間が無給であっても、長い目で見れば多くの利益をもたらす時間となる。

さてこの章では、弁護士を例として、企業側は従業員にどうやってやる気を起こさせるか、また従業員は、仕事での満足度を高めるために仕事をどう改善すべきかについて述べてきた。仕事の究極の目的が、四半期の収支報告や有利な評決といった、勝つか負けるかの駆け引きであるのは確かだが、これはあくまでも目標達成の手段であり、お互いがメリットを得ることはできないとするのは間違いだ。

競技スポーツは明らかにゼロサム・ゲームだが、勝っている側も負けている側も、全力をつくすことで双方が満足することができる。企業でも、競技でも、一人ひとりが強みを発揮すれば、双方が得る利点は明らかだ。このアプローチによって仕事を単なる任務や経歴から天職へと高め、フローを増やし、忠誠心を形成することで、最終的には利益を生むことができる。仕事における充実感の達成は、あなたを豊かな人生へと導くのだ。

# 第11章

# 「愛すること」と「愛されること」

人間は、信用できそうにないことにもいとも簡単に、しかも深くコミットしてしまう生き物だ。ブリティッシュ・コロンビア大学でビジネス学を教える若き教授リーフ・バン・ボーベンは、不合理なコミット（かかわり合い）がいかに日常的な現象であるかをあらわしている。バン・ボーベンは学生たちに、大学の校章がついたビアマグを贈った。大学の売店に行けば五ドルで売られている商品だ。このビアマグを自分で使う学生もいたが、オークションで売る学生もいた。オークションではこれと似たような物、たとえば大学オリジナルのペンや旗なども出品されていた。このオークションの場面で、奇妙な現象が見られた。自分とそっくりな品物がわずか四ドルの価値しかないというのに、自分の品物となると七ドルになるまで手放さないのだ。自分の所有物だという気持ちが、品物の価値を著しく高め、その品物に対するコミットを強くしている。つまり

「ホモ・サピエンス」は、道理にかなった経済の法則に従う「ホモ・エコノミカス」ではないということだ。

前章のテーマは、仕事が労働の対価である賃金以上の広い意味をもつということだったが、この章では、愛情が見返りを求める感情以上の奥深い意味をもつということについて述べていく。このことはロマンティストにとっては当たり前だが、社会科学者には衝撃的な理論だろう。仕事は賃金以上に充足度を高める要因となるが、その仕事が天職となれば、いっそう深い愛着が生まれ、その結果、私たちが備えもつ驚くべき能力が発揮できるようになる。だが、愛情がもつ力はそれ以上なのだ。

ホモ・エコノミカスの法則は、人間は基本的に自分本位であるというものだ。社会生活は利益第一主義に支配されているので、商品の売買や株の選択と同じように、つねに相手から利益を得ようと考える。いつも「私のためにあの人は何をしてくれるのか」ばかり考えて、その期待が高まれば高まるほど相手に対する熱心さが増す。しかし愛情は、この法則にあてはまらないのだ。

「銀行家のパラドックス」の例で考えてみよう。あなたが銀行家だとする。ウォーリーがローンの申し込みにやってきた。彼は信用面の審査をパスしたし、十分な抵当もある。そうとなれば、あなたは彼にローンを許可するだろう。一方、ホラスもローンの申し込みにきた。だが彼は滞納歴もあるし、抵当となる物件もない。おまけに年をとって健康状態もかんばしくない。そうなると、あなたは彼の申し込みを断わるに違いない。このパラドックスは、それほど差し迫っていないウォーリーは簡単にローンが組めるのに、本当に必要としているホラスは組めないという事実を示している。世界を律するホモ・エコノミカスにおいては、つぶされるのはたいていが厳しい経済難におちいり、救済を差し迫って必要とする人たちだ。こうして真に理性的で正当な人たちがチャンスを逃す一方、成功に恵まれた人たちはさらに成功してゆく。

人生にはどうにもならない困難がある。人は年をとると病気になり、美貌も財産も力も失う。そうなると、何を期待されても応えることなどできない。しかし人生の峠を越したあとも、自分の時間を楽しむことができるのはなぜなのだろう。それは他の人たちが、愛情や友情で支えてくれるからだ。

愛情は、銀行家のパラドックスに対する、自然淘汰を背景にした回答だといえる。愛情とは、他人を自分にとってかけがえのない人だと思える感情である。愛情には「見返りとして私のために何をしてくれるのか」というコミットさえも抱きこむふところの深さがあり、人間の身勝手さをも吹き飛ばす。このことを象徴するのが、「その健やかなるときも病めるときも、喜びのときも悲しみのときも、富めるときも貧しきときも、死が二人を分かつまで、愛しうやまいつづける」という結婚式での誓いの言葉だ。

この章では便宜上、結婚、安定した交際、恋愛関係をひとまとめに「結婚」と呼ぶことにするが、これはポジティブ心理学の視点から見てもたいへんに優れた効果をもつ。私がディーナーと共同でおこなった調査では、幸せを感じている人の上位一〇%は恋愛中だった。結婚している人と恋愛中の人は、そうではない人よりも幸福度が高かった。結婚している人の四〇％が「とても幸せだ」と答えたのに対して、結婚していない人では二三％だった。この調査では、世界一七カ国で同じ傾向が見られた。結婚は仕事や経済状態、コミュニティー以上に幸せの決め手となる要素なのだ。

デビッド・マイヤースは綿密にまとめあげられた論文『アメリカン・パラドックス』で、「身近にいながらともに成長することができる、公平で親密な生涯の友とのつきあいに勝る幸せの予言者はいない」と語っている。

一方、うつ病に関しての項目では、最もうつ病を意識しないのは結婚している人だった。その次が結婚したことのない人で、一度離婚したことのある人、同棲中の人、二度離婚したことのある人の順で続く。心痛の第一の原因は、大切な人との破局だ。「最近起こった最も悪いことは？」という質問に、半分以上もの人が人間関係の破局をあげている。離婚する夫婦が増えるにつれて、うつ病も急増する。

アメリカの家族社会学の第一人者であるグレン・エルダーは、サンフランシスコに住む三世代を調査した。その結果、結婚はトラブルを和らげるのにたいへん重要な役割をはたしていることがわかった。結婚していると、貧困や大恐慌、戦争といった大きな困難にも立ち向かうことができる。第4章でも述べたが、結婚することは、私たちを幸せへと導くための外的環境における大切な要素である。

なぜ結婚は、良い結果をもたらすのだろうか。また、結婚という制度はどのように発生し、多種多様な文化の中で長い年月をかけながら、どのように維持されてきたのだろうか。これはありふれた疑問で答えは簡単に得られるように思われるだろうか、じつはそうでもない。

コーネル大学の心理学者シンディ・ヘイザンは、愛情には三つの種類があると述べている。一つ目は、自分を守り、受けいれ、助け、信頼し、導いてくれる人への愛情、つまり子が親に対して抱く愛情だ。二つ目は、自分を頼ってくれる人への愛情、つまり親の子に対する愛情である。三つ目が、相手の強みや美徳を理想化し、欠点には目をつぶる、すなわち恋愛の感情である。結婚にはこの三つの愛情のすべてが含まれ、それこそが結婚を成功へと導く財産になる。

人間の行動はすべて環境によって決定されるという環境決定論の立場をとる社会科学者たちは、「結婚は社会と伝統によって仕組まれた慣習だ」と信じこませようとするだろう。ある地区のバスケットボール・チームとか、ある年のある高等学校の卒業生といったように、社会的に作り出された制度なのだと。たしかに、花嫁の付添人、宗教的な衣裳や民族衣装、それに新婚旅行は、社会的な制度だ。しかし結婚には、社会的な制度としてよりも、もっと奥深い意味がある。それは進化だ。進化は生殖にも結婚の制度にも、非常に強い影響力がある。人間は未熟な状態で生まれ、親からのさまざまな手助けを得ながら成長する。親の愛情を受けて育った子どもは、親の愛情を得られなかった子どもよりも健康に育つという研究結果がある。私たちの祖先もお互いに強くコミットし寄りそいながら、社会で生きぬくことができる子どもを育て、遺伝子を伝えてきたのだ。このように結婚は文化ではなく、自然の摂理から「発生した」のである。

これは単なる進化の物語でも空論でもない。性的な関係が安定している女性には規則正しい排卵があり、それは中年まで続き、不安定な関係にある女性よりも更年期の訪れが遅い。結婚やそれに近い安定したカップルのもとに生まれた子どもは、そうではない子どもよりも学校の成績が良い。生みの親と暮らす子どもの場合、情緒不安定になるのは、そうではない場合の四分の一から三分の一まで減少する。それ以上に驚くべき結果は、安定した夫婦間の子どもは、親が離婚を経験した子どもよりも、性的な意味での成長が穏やかで、その相手に対してもポジティブな態度で向かい合い、長期的な関係を築くということだ。

## 愛する能力と愛される能力

私は、「愛する能力」と「愛される能力」とを区別している。第9章で紹介した二四種類の強みのリストを完成させるために美徳と強みの分類で格闘していたとき、ジョージ・バンライトの指摘によって、ようやく私はこの二つの違いに気がついた。一九九九年の初冬からの研究調査で私は、すべての調査グループを対象に、強みのリストの中で「親密な関係」または「恋愛関係」で得点の高かった被験者を抽出した。しかし、私のとった抽出法には、ジョージが「強みの女王」と呼ぶ愛される能力が含まれていなかったのだ。

ジョージと愛される能力がもつ求心性について論じたとき、私はボビー・ネイルのことを思い出した。一〇年前にカンザス州ウィチタで、ボビー・ネイルと同じチームで一週間もブリッジができたことは、私にとって幸福な経験だった。ブリッジの名手であることはもちろん聞いていたが、彼は優れたストーリーテラーとしても有名だった。私が知らなかったのは、ボビーが重度の奇形だということだった。おそらく一四〇センチ足らずの身長だったと思うが、実際にはもっと小さく見えた。骨が退化していく進行性の病気で、腰の部分で体が曲がっていた。ギャンブルやいかさまについて、面白おかしく話をする彼を、私は車から降ろして椅子へと運んだ。彼の体は羽根のように軽かった。

そのイベントで最も印象に残ったことは、チームの勝利でも、ボビーの話やブリッジの腕前でもなかった。それは、私が彼を手助けしていたときのすばらしい気持ちだった。五〇年前のボーイスカウトのまねごとのように、目の見えない人が道路を横断するのを手助けしたり、路上の貧しい身なりの人にお金をわたしたり、車椅子の婦人のためにドアを開けてあげたりしても、私はうわべだけの感謝に、かえって自分がかたくなになっていくのを感じていた。ところが、ボビーは不思議な魔法を使って、まったく逆の気持ちにさせてくれた。それは言葉にならない深い充足感だった。彼を手助けすると自分の心が広くなったように感じたし、また、私の助けを借りてはいても彼の尊厳が損なわれることもなかった。

私は、数カ月前に久しぶりにヒューストンにいるボビーに電話をしようと思いたった。ボビーに彼の魔法の話を書いてもらいたかったのだ。そうすれば私や読者が誰かを手助けする際に活用することができる。しかし、そのときボビーはすでに亡くなっていた。ボビーの魔法は、今となってては知るよしもないが、彼は愛される能力がわき出る泉のような人だった。その能力が彼の人生を、とりわけ年を重ねるということを成功へと導いたのだ。

**［愛し愛されるタイプ測定テスト］**

ここで、次の「愛し愛されるタイプ測定テスト」を受けていただきたい。これは、クリス・フレイリーとフィル・シェイバーによる最も普及している測定法の抜粋である。現在恋愛関係にあるパートナーがいたら、相手にもこのテストを受けてもらうといいだろう。

次の三つの記述を読み、あなたが今までに経験した恋愛の中で、最も大切に思っている恋愛のタイプにいちばん近いと思われるものを選んでみよう。

①他の人と親しくなるのは比較的簡単だ。頼ったり頼られたりするのも別に不快とは思わない。拒絶されて悩んだり、親しすぎて疎ましく思ったりすることもない。

②他の人と親しくなるのはなんとなくわずらわしい。心から信頼したり頼ったりするのもむずかしい。親しくなりすぎるとイライラする。相手はもっと親密にしてほしいと望んでいるのかもしれないと思うことがある。

③私が望んでいるような親密なかかわりを、他の人は望んでいないと思う。彼（彼女）は私を本当に愛してくれていないのではないか、いっしょにいたくないのではないかと悩むことがある。もっと他の人に心を開きたいと思っても、相手の気持ちが離れていってしまうことがある。

この測定は、大人になってからの愛し愛される三つのタイプを示したもので、それぞれの愛情タイプの違いを、幼い子ども時代との関連で説明している。あなたが①を選んだならば「安心」タイプである。そして②は「回避」、③は「不安」と呼ばれる愛情タイプである。

これらの恋愛タイプは、心理学史上、非常に重要な出来事を通して発見された。

第二次世界大戦後、ヨーロッパでは親を亡くしたおおぜいの戦争孤児の福祉対策として、子どもたちに後見人をつけた。しかし、イギリスの精神分析学者ジョン・ボウルビーは、この不幸な子どもたちについてのきわめて重要な調査報告を発表している。当時のソーシャルワーカーたちのあいだで普及していた説は、「子どもは、一人ではなく複数の養育者によって育てられたとしても、その成長にとくに顕著な違いはない」という、当時の政情を反映したものだった。この説をもとにソーシャルワーカーたちは、許可を得たうえで多くの子どもたちを母親から引き離した。とくにこういった政策は、母親が極度に貧しい場合や夫を亡くした場合におこなわれた。ボウルビーがその後の子どもたちの成長を観察したところ、盗みを働く子どもが多いことに気がついた。

そうした子の多くは早くから母親と引き離されており、ボウルビーは彼らを「愛情喪失」「愛情不足」と診断した。感情が欠落してうわべだけの人間関係しか知らず、怒りと反社会的な気持ちしかないのだ。

親子の強い絆がかけがえのないものだと主張したボウルビーは、当時の知識人や社会福祉施設関係者の反感を買った。フロイトの影響を受けていた知識人は、子どもの問題を、現実世界の貧困によるものではなく、人間が心の中に抱える未解決の葛藤によるものだと思いたがった。そして社会福祉施設関係者も、子どもの物理的なニーズを満たしてやるだけで十分だと考えていた。しかし、この論争により、子どもを母親から分離した場合の科学的な観察報告が初めて明らかになったのである。

その当時、子どもが病気で入院している場合、親は週一回一時間だけ面会を許されていた。ボウルビーは、子どもが親から引き離される状況を撮影し、それに続いて起きる現象を記録した。結果として三段階の変化が見られた。抗議（泣く、叫ぶ、ドアをたたく、ベッドの柵をゆするなど）は数時間から数日間見られた。その次が絶望（ぐずる、消極的な無関心など）で、最終段階が離脱（両親からの愛情の転移、他の大人や子どもへの新たな社交性、新しい世話人の受容など）である。最も注目すべきことは、離脱段階に達した子どもは両親が戻ってきても、再会に喜びを見いださなくなることだ。今日の多くの人道的な病院や社会福祉施設においては、ボウルビーの観察結果が副次的な形で実践されている。

メアリー・エインズワースは、ジョンズ・ホプキンス大学の幼児研究者である。エインズワースはボウルビーの観察報告を採用し、彼女が「見知らぬ状況」と呼ぶ実験室で、親子を対象にした調査をおこなっている。最初は、おもちゃに夢中になって遊ぶ子どものそばで、母親が静かに座っている。次に見知らぬ人が部屋に入ってきて母親と入れかわり、子どもと上手に遊ぶ。このあとにはいくつかのケースがある。母親が戻ってくる、見知らぬ人がふたたび入ってくる、母親が離れる。この「ちょっとした分離」から、エインズワースは幼児の反応を分析し、前述の三つのパターン（安心、回避、不安）を発見した。

安心タイプの幼児にとっての母親は、いわば部屋を探検するための安全基地である。母親が部屋を出ていくと遊ぶのをやめるが、見知らぬ人に対しても普通に親しく接し、遊びを再開する。母親が戻ってくると少しのあいだべったりと甘えるが、また以前のように遊びはじめる。

回避タイプの幼児は、母親がそばにいると遊ぶが、安心タイプの幼児と違い、あまりニコニコしないし、おもちゃを母親に見せたりもしない。母親が部屋を出ていってもさほどがっかりした様子もなく、見知らぬ人に対しても母親とあまり変わらぬ態度で接する。母親が戻ってきても、無視して見もしない。母親が抱き上げてもまったく甘える様子を見せない。

不安タイプの幼児は、母親を安全基地とみなすことができない。分離される直前まで母親に甘えていて、母親が部屋から出ていくとひどく失望する。見知らぬ人では気持ちを静めることができず、母親が戻ってくると駆けよって甘えて、やがて怒りだす。

ボウルビーとエインズワースは、幼児研究のパイオニアとして、彼らの研究分野に行動科学の公正な役割を与えたいと思い、これを「アタッチメント（愛着）」と名づけた。

しかし、一九八〇年代に入ると、より自由な精神の視点から心理学をとらえる研究者が出てきた。シンディ・ヘイザンとフィリップ・シェイバーは、ボウルビーとエインズワースの観察が実際は、アタッチメントによる行動だけではなく愛という感情にも及んでいること、そして対象は子どもだけでなく赤ん坊から年寄りまでにわたることに気がついた。彼らは、幼児期に母親を見つめていたのと同じやり方が、人間の一生を通じた親密な関係を形成すると提唱した。母親という「ワーキング・モデル」は、子ども時代になると兄弟のようなつきあいや親友への接し方として展開し、思春期には初恋に影響し、ひいては結婚にまで影響していくのだ。

## ●思い出

安心タイプの大人にとって親の思い出は、頼りがいがあり、温かく愛情に満ちている。回避タイプの大人にとって親の思い出は、母親が冷たく拒絶的で頼れないというものだ。不安タイプの大人にとっての親の思い出は、父親が不公平だったというものだ。

## ●態度

安心タイプの大人は自己評価が高く、自分への不信感があまりない。よほど悲しい目にあわないかぎりは他人を信頼し、彼らを良心に満ちた自分を助けてくれる人だととらえる。回避タイプの大人は他人に対して疑心暗鬼で、実際はそうではないことが証明されるまでは他人を不誠実で信頼に値しないとみなし、とくに社会的な状況における自信に欠ける。不安タイプの大人は、自分の人生をコントロールできないと感じている。他人は理解しがたく、よくわからない存在であるため、ふりまわされてしまう。

●目標

安心タイプの大人は、愛する人と親密な関係を築き、依存と非依存のバランスをとろうとする。回避タイプの大人は、愛する人と距離をとろうとし、親密さよりも実際の行動を重視する。不安タイプの大人は、愛する人に甘え、拒絶されることを絶えず恐れ、自主性や独立心をもたない。

●悩みの処理の仕方

安心タイプの大人は失望を認め、悩みを建設的に解決しようとする。回避タイプの大人は失望や怒りを表にあらわさない。不安タイプの大人は悩みと怒りを過度にあらわし、脅かされると過度に従順になったり、びくびくしたりする。

［安心のアタッチメントの重要性］

前述の研究者たちは、大人を「安心」「回避」「不安」の三つのタイプに分類すると、次に、そのさまざまな愛情が生活の中でどのように発揮されるのかを調べはじめた。研究室や実社会での調査から、ボウルビーが提唱したとおり、安心タイプのアタッチメントが愛情を成功へ導く最もポジティブな要因であることが立証された。

さまざまなカップルを対象にした日々の研究から、二つの大きな発見が得られている。第一に、安心タイプの人は親しくなることをより快適だととらえ、その関係にあまり不安を感じない。さらに最も重要なのは、結婚による満足度が高いということだ。つまり安定した恋愛関係での最良の組み合わせは、両者が安心タイプのカップルである。しかし、結婚にはあらゆる組み合わせがあり、片方だけが安心タイプという場合もある。その場合はどうだろうか。第二に、片方だけが安心タイプでもう片方が回避、あるいは不安タイプであっても、結婚にとっては、他の組み合わせよりもプラスに働くということだ。

とくに安心タイプの結婚で有利なのは、相手への配慮、セックス、困難な状況での協力という三つの局面においてである。安心タイプのパートナーは相手をよく気づかい、必要なときに手をさしのべる。不安タイプの場合はそれが強制的であり、気づかいが必要か否かに関係なく一方的に押しつける。回避タイプの場合は、それが必要なときにもよそよそしく、思いやりがない。

セックスに関してはタイプ別に次の傾向がある。安心タイプは一夜限りの関係を好まず、愛情のないセックスに喜びを見いださない。回避タイプはもっとセックスを気軽に考え、不思議なことに実際には多くは求めないが、愛情がなくても楽しむ。不安タイプの女性は露出趣味やのぞき行為、ボンデージなどにのめりこむ傾向があり、一方、不安タイプの男性はあまりセックスをしたがらない。

湾岸戦争時におこなわれた夫婦を対象にした二つの調査によると、結婚生活に困難が生じたとき、安心、回避、不安の各タイプは、それぞれが異なった反応をとることがわかった。

一つはイスラエルでの調査である。イラクのミサイル攻撃が始まると、安心タイプの人びとは他人からの支援を求めた。それとは対照的に、回避タイプの人びとは支援を求めず、不安タイプの人びとは自分たちのことしか考えなかった。その結果、不安タイプと回避タイプに心身症の発症や夫婦間の対立が多く見られた。

もう一つは、多くの兵士が妻と離れて戦地へおもむいたアメリカで、引き離されたときと戦争終結後に再会したときのそれぞれの状況において、愛情タイプによって夫婦の反応にどのような違いがあるかを調査したものである。その結果、メアリー・エインズワースの幼児の実験のように、安心タイプでは夫婦間の満足度が高く、他のタイプよりも葛藤が少ないことがわかった。

さまざまな価値基準から判断すると、最も望ましいのは安心タイプ同士の恋愛関係である。こうしたことをふまえて、現在の親密な関係を、どうしたらもっと充実した安心できるアタッチメントに変えられるかをこれから述べていこう。

## 強みと美徳で結婚を長続きさせる

とっておきの強みを日常的に活用すると結婚はうまくいき、日々の暮らしに充足感を与えるものとなる。強みと美徳、そして運も味方して人は恋に落ちるが、たいていは初めのころの愛情は色あせ、一〇年もすると結婚の満足度はたしかに低下する。最初に魅力を感じた相手の強みにも慣れてしまい、賞賛されるべき強みは退屈な性格にすら見えはじめ、最悪の場合、軽蔑の対象にさえなってしまう。大好きだったはずの相手の強みである信念を曲げないことや誠実さは逆に退屈に思え、冒険的な要素がなくなると気持ちがぐらついてしまう。彼女の輝くようなウィットも、ひどいおしゃべりに思えてくる。高潔さは頑固さに、忍耐強さは厳格さに、優しさは軟弱さに思えてしまう。

シアトルにあるワシントン大学のジョン・ゴットマン教授は、ゴットマン研究所の共同ディレクターであり、結婚についての信頼できる研究者でもある。離婚する夫婦と長続きする夫婦を予見する洞察力をもつ彼は、その知識を生かしてより良い結婚のためのプログラムを作成しており、一日に一二時間、彼の「愛情研究所（生活に必要な設備を用意した快適なアパートで、一方からだけ見える鏡がとりつけてある）」で多くのカップルを観察してきた。彼が離婚を予想し、それを言い当てる確率は九〇％以上だ。彼があげる離婚の前兆は次のようなものである。

- ●意見の不一致
- ●文句というより相手を批判する
- ●軽蔑をあらわにする
- ●一触即発のかまえ

●確認の欠如（とくに話をさえぎる）
●否定的なボディーランゲージ

こういったネガティブな側面だけではなく、ゴットマンは長続きする結婚も予見する。彼は、長続きするカップルは、努力して一週間に五時間は二人の生活のために使っていることを発見した。ここにその内訳を紹介しよう。

朝の挨拶　朝出かけるときにお互いの予定を明確にする（二分×五日＝一〇分）。
夕方の挨拶　仕事が終わると、いっしょにたわいもない話をする（二〇分×五日＝一時間四〇分）。
愛情　触れあったり手をつないだり抱き合ったりキスしたりといった行為すべてに優しさと寛大さがある（五分×七日＝三五分）。
デート　リラックスした雰囲気の中で、二人きりで愛情を確かめあう（週に一度、二時間）。
賞賛と感謝　毎日、少なくとも一度は感謝や愛情をあらわす（五分×七日＝三五分）。

次に紹介するのは第9章で取りあげた強みの測定テストだが、あなたのパートナーがもつ特別の強みを三つ、マークしてみよう。

［あなたのパートナーの強みを三つマークしなさい］

**知恵と知識**

①好奇心――【○】
②学習意欲――【○】
③判断力――【　】
④独創性――【　】
⑤社会的知性――【○】
⑥将来の見通し――【　】

**勇気**

⑦武勇――【　】
⑧勤勉――【　】
⑨誠実――【　】

**人間性と愛情**

⑩思いやり――【○】
⑪愛情――【○】

**正義**

⑫協調性――【　】
⑬公平さ――【　】
⑭リーダーシップ――【　】

**節度**

⑮自制心――【　】
⑯慎重さ――【　】
⑰謙虚さ――【　】

**精神性と超越性**

⑱審美眼――【　】
⑲感謝の念――【　】
⑳希望――【　】
㉑精神性――【　】
㉒寛容さ――【　】
㉓ユーモア――【　】
㉔熱意――【　】

あなたのパートナーの三つの強みについて、最近パートナーがその強みを発揮した出来事について書き出してみよう。次にあなたが書き記したことを、パートナーに読んでもらう。ここまでが終わったら、今度はあなたのパートナーにも同じようにテストを受けてもらおう。

●強み（　　　　　　　　　　　　　　　　　　　　）
●出来事（　　　　　　　　　　　　　　　　　　　）
●強み（　　　　　　　　　　　　　　　　　　　　）
●出来事（　　　　　　　　　　　　　　　　　　　）
●強み（　　　　　　　　　　　　　　　　　　　　）
●出来事（　　　　　　　　　　　　　　　　　　　）

このテストの大事なポイントは、自分とパートナーの双方にとって理想とする自分の姿を知ることだ。理想の自分は、自分がいちばんなりたいと思うイメージであり、自分のもつ最高の強みが実現し発揮されている状態だ。大切にしている理想を目指して生きていると感じると、充足度が高まるし、強みが強化されるので、ますます充足感を得ることができる。パートナーも同じように考えたならば、さらに効果が上がり、お互いの信頼感も高まる。

今まで述べてきた概念は、恋愛に関する全研究の中でも最も画期的な成果である「思い違い」と呼ばれる原則が背景となっている。ニューヨーク州立大学バッファロー校のサンドラ・マレイ教授は、たいへん想像力豊かな恋愛科学者だが、彼女はきわめて客観的に、恋愛における思い違いを研究している。マレイは多くの既婚カップルや交際中のカップルを対象に、彼らの実際のパートナーと想像上の理想のパートナーについて、それぞれの強みと短所を聞き取り、その調査結果をもとに恋愛における強みの測定法を開発した。さらに彼女は、それぞれのカップルの友人たちにも同じ評価を依頼した。決定的だったのは、ある人について、そのパートナーが強みだと認識していることと、友人が認識していることのあいだに違いがあったことだ。その違いがポジティブな方向に大きいほど、パートナーが抱く「思い違い」も大きくなる。

注目すべき点は、その思い違いが大きければ大きいほど、二人の関係が幸せで安定したものになるという点だ。うまくいっているカップルは、親しい友人が気づかないようなお互いの強みを相手の中に見いだしている。それとは対照的に、うまくいっていないカップルは、お互いを悪いほうに解釈して、相手に対して「汚れたイメージ」を抱く。つまり友だちほどにはパートナーの強みを見いだせていないのだ。幸せなカップルは二人の関係の明るい面を見つめ、相手の短所よりも強みに注目し、他のカップルをおびやかしているような悪いことは自分たちには起きないと信じている。「ポジティブな思い違いは自己満足だ」とマレイは言う。なぜなら、理想化されたカップルは、実際に自分たちの信念に従って行動するからだ。お互いを許しあい、ちょっとしたルール違反は気にしない。思い違いというテクニックを使うことは、短所を重要視せず、むしろ強みへと高めることになる。

幸せなカップルは「なるほど、でも……」という、いったん肯定してから異論を述べるテクニックをうまく使う。イライラするという短所をもった人とパートナーとなったある女性は、とるに足らない意見の相違であっても、よく話し合うように心がけている。彼女は、「こうやって話し合うことは、お互いがうまくいくのに役立っていると思うわ。だって、今まで小さなもめごとが大きな問題に発展したことは一度もなかったもの」と語った。自信のないタイプの人をパートナーにした別の女性は、「自分がすごく面倒見がいい人間だと思える」と言う。頑固であつかいにくいパートナーをもつ女性は、「彼の強い信念を尊敬している。それが二人の関係を確かなものにしている」と言う。嫉妬深い相手には、「それだけ私のことを大切に思っている証拠」だと考える。短気ですぐに決めつけてしまう人には、「彼女はどうかしているって最初は思った。でも今はそれが勘違いだとわかった。その特性がなくなったら二人の関係は悪くなる」と思えばいい。シャイな相手には、「言いたくない自分のことを無理にしゃべらせようとしないのが彼女の魅力だ」と考える。

このような感情の機微は、結婚における楽観的な解釈と共通している。第6章で私は、幸せや仕事の成功、健康、憂うつな気分に対して、楽観的な解釈をすることの重要性を述べた。愛情もまた、その解釈が手助けとなる領域だ。楽観的な人びとは、悪い出来事を一時的で特定なことだと考え、良い出来事については永続的で普遍的だと考えるのである。

ニューヨーク州立大学バッファロー校教授のフランク・フィンチャムとカリフォルニア州立大学ロサンゼルス校教授のトーマス・ブラッドベリーは、一〇年以上にわたり結婚生活に楽観的な考えがもたらす効果を追跡調査した。彼らの最初の発見は、楽観主義者同士のカップルも楽観主義者と悲観主義者のカップルも、末長い結婚が可能だということだった。そして唯一の例外が、悲観主義者同士のカップルであるというものだった。

悲観主義者同士が結婚した場合、トラブルが生じると、全体の流れが負の方向になる。たとえば、仕事で妻の帰りが遅かったとする。夫は悲観主義なので、「彼女はぼくのことより仕事のほうが大事なのだ」と考え、ふくれるだろう。妻も悲観的だから、「私がこんなに長時間働いて家計に貢献しているのに、感謝してくれないのね」と思う。すると夫は「感謝していることを話そうとしても君は聞こうともしない」と切り返し、妻も「女々しい人ね」と負けていない。このようにして食い違いは激しい喧嘩へと発展していく。もっと早い段階で楽観的な発言ができれば、このような悪循環にはおちいらずにすむ。同じことをくどくどとくりかえす代わりに、次のように言ってみたらどうだろう。「あなたが作ってくれたおいしい食事を楽しみにしていたのよ。でも事前に連絡もなく、五時に得意先が訪ねてきてしまって」。それなら夫もこう言うだろう。「早く帰ってきてくれる君を、本当に大事に思っているよ」

この調査の結果、悲観主義者同士の結婚は長期的に見て危ういことがわかった。第6章のテストの総合評価が、もし二人ともが○点以下だったなら、解説を参考にしながら平均点以上になるよう心がけてほしい。

結婚における楽観主義と悲観主義をテーマに、五四組の新婚カップルを四年にわたって追跡調査した研究によると、結婚の満足度と悲観的なものの見方には関連性があるという。すなわち、ポジティブに考える姿勢が結婚の満足度を高め、この満足がまたさらにポジティブな姿勢を生み出すというのだ。

結果は正直だ。五四組のうち四年後に離婚していたのは一六組で、ポジティブに解釈するカップルのほうが結婚は長続きしていた。つまり、楽観主義は結婚に良い効果をもたらすということだ。パートナーが何か気にさわることを言ったら、「彼は疲れている」「虫の居所が悪い」「二日酔いだから」と考えるといい。逆に、「いつも無愛想だ」「不機嫌だ」「酔っぱらいだ」とは考えないこと。そして何か感心できることをしたときには、もっともらしい言葉で、それがつねに普遍的な特徴であることを誇張して言うのだ――「彼女はすばらしい」「最高だ」と。逆にこう言ってはいけない――「降参したのさ」「運がいいだけさ」とは。

## うなずき上手と聞き上手

エイブラハム・リンカーンは、優れた感性の持ち主であるだけでなく、人の話に耳を傾ける人でもあった。彼は、政治生活を通して、延々と続く不満や苦悩の話に「無理もない」「まったくそのとおりだ」と共感の表現で対応した。私が大好きなリンカーンは、まさに最高の聞き上手だったのである。

リンカーンのようになれる人はなかなかいないし、私たちの会話はほとんどが話すことと待つことのみで構成されている。だが、話すことと待つことだけでは、結婚を成功させるための表現としては貧弱である。そこで、人の話に共鳴する上手な聞き方を分析し、構築する研究が確立した。この研究では、結婚生活を改善するのに役立つスキルも考案されている。

聞き上手の何よりも重要な原則は「確認」である。話し手はまず、相手が理解しているかどうかが知りたい。できれば聞き手が、共感しているか、同情しているかも知りたい。聞き手は確認の言葉を使って、話し手の役に立たなくてはならない。聞き手は問題が深刻であるほど、確認の態度をはっきりと示す必要がある。異論を述べるのは、自分が話し手の立場になってからだ。

心ここにあらずといった態度で相手の話を聞くことは、いちばん無責任な聞き方だ。子どもが泣いている、テレビがついていてうるさいといった環境での会話は避けたほうが賢明だ。聞く側の内的な問題としては、疲れている、他のことを考えている、退屈している、そして反論に備えているといったことがある。相手があなたに確認してもらえていないと感じる理由がこれらのいずれかの状態によるものなら、要因は取りのぞくべきだ。疲れていたり退屈していたり他のことを考えているのなら、率直に次のように言ってみてはどうだろう。

「あなたとじっくりその話をしたいのは山々だけど、ひどく疲れているんだ」「所得税のことで取り込み中だから」「個人的なことで落ちこんでいて、まだ立ち直れないんだ。もう少しあとで話してくれるかい」

人の話を聞きながら、自分がする反論に備えるのは陰険な習慣で、そう簡単には克服できない。しかし、話し手の発言を自分の中でわかりやすく言い換えることは、改善方法の一つである。適切な言い換えをするためには、高い集中力を要するからだ。

聞き上手を妨げるもう一つの問題は、そのときの感情の状態だ。良い状態でないと、話し手を疑わしい気持ちにさせてしまう。機嫌が良くないと同情心が働かず、相手を受けいれにくい。話し手の悪い点ばかりが耳についてしまう。このような場合も率直に、相手の気持ちをなだめる効果的な言葉を使うといいだろう。

「今日はどうしてもイライラしてしょうがないんだ」「ぶっきらぼうで申し訳ない」「夕食が終わってからゆっくり話そうか」

こういった表現は毎日の会話では有効なテクニックだが、激論を引きおこす恐れのある問題には十分に効果があるとはいえない。結婚そのものに問題を抱えているカップルの場合、何をどう話しても激論になり、すぐに喧嘩になってしまうが、幸せでうまくいっているカップルであっても微妙な問題だ。

さて、第一のコントロールレバーである、「聞き手と話し手のしきたり」を紹介しよう。たとえば、金銭、セックス、義理の親といった問題で、最初から言い争いになるとわかっているときには、「この問題は、言い争いになりそうなことだから、例のしきたりを使って話し合おう」と切りだしてみよう。このしきたりを始めるに当たって、まずどちらが聞き手でどちらが話し手かをはっきりさせるため、ハンカチやボールなどの専用の目印を用意する。目印をもっていないほうの人が聞き手だ。話し合いの最中、この目印はお互いのあいだを行き来することになる。ここで性急に問題を解決しようとしてはならない。まず相手の言うことをよく聞いて共感し、解決の糸口を見つけることが重要だ。

話し手になったら、相手の考えや気持ちを取りあげ、批評するのではなく、自分の考えと気持ちを述べる。その際もできるだけ「あなた」ではなく、「私」の考えや気持ちに力点を置く。長々としゃべらずに要点を述べ、ときどき話を中断して聞き手の言い換えを待つ。

聞き手になったら、今度は、相手から聞いたことを言い換えてみる。解決策を提案したり、反論したりしてはいけない。否定的なジェスチャーや表情もいけない。聞き手の役目は、聞いたことに理解を示すことだけだ。目印を相手にわたして初めて反論のチャンスが得られる。

このテクニックの一例を紹介しよう。テシーとピーターはジェレミーの幼稚園について、激論になりそうな問題を抱えている。ピーターはこれまでずっと話し合いを避けてきた。テシーはテレビの前に立ち、この問題を話し合おうと目印をもった。

ピーター（話し手）▼ジェレミーの幼稚園選びについては、ぼくもかなり気になっていた。ただ、今その必要があるのだろうか。

テシー（聞き手）▼あなたも気にしていたのね。ただジェレミーが幼稚園に通うにはまだ早いというのね。

ピーター（話し手）▼そうだよ。年齢のわりには幼いし、あの子にとってそれが良いのかどうかも確信できない。

次の要点に移る前に、ピーターが目の前にいるテシーの主張をどのように認めているのかを注目しよう。

テシー（聞き手）▼あなたはジェレミーが他の子どもたちのようにうまくやれるかどうか心配なのね。

テシーはピーターの要点を理解したと確信したので、控えめに言い換えをした。

ピーター（話し手）▼そう、それもある。ジェレミーが君から離れられるかも心配だ。もちろん過剰に依存心の強い子にはなってほしくないけれど。

二人は役割を交代し、テシーが目印をもった。

テシー（話し手）▼あなたの話はよくわかったわ。そんなに考えているって本当はわからなかったの。あなたが真剣に考えてくれないことで悩んでいたの。

話し手になったテシーは、ピーターが述べたことを確認している。

ピーター（聞き手）▼ぼくもそれなりに考えていたってわかってもらえたみたいだね。

テシー（話し手）▼ええ。簡単に決められることではないという点では、私も同意見だわ。もし今年、ジェレミーを幼稚園に入れるとしたら、それがあの子にとってふさわしい場所でなくては。

ピーター（聞き手）▼彼に合うところなら、今年から通わせる価値があるというんだね。

テシー（話し手）▼そのとおりよ。彼にふさわしいところさえあれば、通わせたいの。

ピーターが丁寧に聞いてくれたことをテシーは快く思っている。

ピーター（聞き手）▼もしジェレミーに合った幼稚園があれば通わせたいんだね。

テシー（話し手）▼できればそうしたいわ。どうしても行かせるかどうかは、まだはっきりわからないけど。

ピーター（聞き手）▼完璧な幼稚園があったとしても、絶対にそうしたいというわけじゃないんだね。

テシー（話し手）▼そうなの。さあ、場所を代わりましょう。


この章で述べた、愛情をさらに良いものへと高める原則は、相手をよく見て、話すことをよく聞き、心を集中させること、そして、その人の代わりはいないのだということを自覚することだ。愛する人に心を傾けることを惜しんではいけない。前述の聞くことと話すことのテクニックも、お互いに心を傾けあうための手助けになるだろう。また、より愛情を込めて心を傾け、相手の強みを賞賛することも大切だが、その回数も重要だ。愛情に関しては、「質の高い時間」という言い訳に逃げこんではいけない。どんなふうに耳を傾けてくれるかだけではなく、どのくらい頻繁に耳を傾けてくれるかも大切なポイントだ。職場や学校といった私たちを取りまくさまざまな問題が障壁となると、愛の力は弱められる。それでも、あなたの代わりは他にはいないのだという気持ちが、いつも私たちを根底で支えている。

いつだったかニッキとクローンについて話し合ったことがある。彼女は当時一〇歳で、マンディ先生の生物学の授業でクローンについて学んだところだった。私は言った。「ニッキ、想像してごらん。君の細胞を少しはがして培養すると、もう一人のニッキが生まれる。そうしたら、そのニッキのクローンが大人になるまで、クローゼットにしまっておくんだ。そのうちに科学が進歩して、君の脳の記憶をすべてダウンロードできるようになるだろう。君が一〇〇歳になったら、脳の記憶をクローンにダウンロードする。そうするとクローンのニッキはさらに一〇〇年生きることができる。それを一世紀に一度続ければ、君は永遠に生きてられるということになるんだよ」

驚いたことにニッキは落胆した。目に涙をためて、こう言ったのだ。

「それは私じゃないわ。私はここにいる私だけよ」

愛する人たちは、唯一無二の存在として無条件で私たちに深くコミットしてくれる。子犬やクローンでは代わりにはならない。愛する人が私たちにとってかけがえのない存在となるのは、彼らの強みと固有の表現方法が私たちをゆり動かすからだ。愛することと愛されること、両方を強みとしてもっている幸運な人たちも、もちろんいるだろう。そうした人たちは川の流れのように愛情があふれ出て、スポンジのようにそれを吸いあげる。しかし、そのような強みをもたない私たちの多くは、強みを鍛える必要がある。

作家として成功するためには、桁はずれの言語IQと膨大なボキャブラリーがあれば幸先のよいスタートがきれる。しかし、そうした能力を最初からもっていなくても、忍耐力、良き相談相手、営業能力、それに多くの読書などによって、通常のIQやボキャブラリーを向上させることができる。

良い結婚も同じことだ。幸運なことに私たちには、思いやり、忍耐、寛容さ、社会的知性、洞察力、高潔さ、ユーモア、熱意、公平さ、自制心、慎重さ、謙虚さといった、たくさんの強みがあるではないか。

# 第12章
# 子どもたちをポジティブに育てる

「考古学者は休まないんだ」

ダリルは息を切らせながら、腰まである穴の中からバスケットボール大の溶岩の塊を放り出した。メキシコの太陽の下で、彼はもう四時間以上も砂浜に穴を掘りつづけている。六歳の子どもにはきつすぎると思った母親のマンディは、日陰に入りなさいとしきりにうながしている。その日の朝食のとき、ダリルはウィリアムズバーグで穴を掘っていたという若い考古学教授の話を聞いた。そして彼は、日焼け止めを塗ってもらい、長袖のシャツと長ズボンを着せてもらうと、帽子をかぶり、シャベルを手に一人で穴を掘りはじめたのだった。

昼食に戻った私は、手入れの行き届いたホテルの砂浜に深い穴が三つ掘られ、数十個の丸石が散乱しているのを見て肝を冷やした。「ダリル、この穴はもと通りにならないよ」と私は叱った。

「パパは悲観主義者だね」とダリルは答えた。「パパは『つよい子を育てるこころのワクチン』を書いた人なのに。本と違うじゃない」

ダリルは四人いる私たちの子どもの三番目の子だ。この本を書いている現在、ラーラは一二歳、ニッキは一〇歳、ダリルは八歳、カーリーは一歳である。この章でとりあげる題材の多くは、私たち自身の子育ての経験に依拠したものである。なぜなら、既存の研究では幼児のポジティブな感情と特性についての十分な調査データが不足しているからだ。私と妻のマンディは、ポジティブ心理学のいくつかの原則を強く意識しながら子育てをした。この章は二つに分かれており、前半では子どものポジティブな感情について、後半では子ども時代の満ちあふれるポジティブな感情から生まれる最良の成果、すなわち強みと長所について述べていこう。

## 幼児のポジティブな感情

かんしゃくを起こし、すねてむずかる子どもを相手にしていると、幼い子どもにはポジティブな感情がふんだんにあるという事実をどうしても見逃しがちになる。こうした例外的な場面はあるにせよ、子犬と同じく幼い子というものは、愛らしく陽気で機嫌が良いものだ。石のような無関心や凍りつくような無感覚、そして抑うつの皮膜が人間に忍びこむのは、子ども時代の後期や思春期の初期になってからである。子どもや子犬が愛らしいのは、そうすれば大人が愛情を注ぎ世話をしてくれるからであり、進化上それが子どもの生存を保証し、愛らしさを促進する遺伝子を伝達するのに役立つからだと考えられている。しかし、なぜ幼児は実際に愛らしいばかりでなく、それほどまでに幸せで陽気なのだろうか。

第3章で学んだように、バーバラ・フレデリクソンの研究によると、ポジティブな感情は、知性を磨き、身体能力を培い、危機に直面したときは勇気をふるいおこさせる。ネガティブな感情は目前の脅威と戦う能力を減少させてしまうが、ポジティブな感情は成長をうながす。子どもが発散するポジティブな感情は、子どもにとっても親にとっても、順調な成育を照らしだすネオンサインのようなものである。ポジティブな感情に関する子育ての三原則の第一は、それが子どもの知的・社会的・身体的な資産を増大し構築するということであり、子どもはのちの人生で、その預金口座から資産を引き出すことができる。したがって進化上、ポジティブな感情は子どもの成長の重要な要素となるものである。

子どもや子猫、子犬といった幼い生き物は、ネガティブな感情を経験すると隠れ場所を求める。もし安全な場所や慣れ親しんだ場所を見つけられないと、そこで動けなくなってしまう。その後、安全を確認するとふたたび避難場所を離れ、冒険に出る。彼らは、安全だとわかるとポジティブな感情を抱き、冒険や遊びを通して外に向かい、自分の能力を拡大しようとする。おもちゃであふれた大きな毛布の上に置かれた生後一〇カ月の赤ん坊は、初めは警戒して動こうとしない。後ろで静かに座っている母親のほうをしょっちゅう振り向き、やがて安全を確認したところで初めておもちゃに手を伸ばし、遊びはじめるのだ。

前章で述べたように、そこは「アタッチメント（愛着）」が十分に保証された場所である。安心感を抱く子どもは、そうでない子どもよりも早く冒険に乗りだし、習熟も早い。しかし、何らかの危機感が広がったり、母親がいなくなったりすると、ネガティブな感情がわきおこり、子どもは、安全だがかぎられた世界に戻ってしまう。そして冒険を拒み、未知のものに背を向け、めそめそする。しかし母親が戻ると、安心して幸せな気持ちになり、ふたたび冒険を始める。

ポジティブな感情は第一に、のちに「マスター（熟知・統御力）」となる冒険心を作りあげる直接のひきがねとなる。そしてマスター自体がさらにポジティブな感情を生みだして気分の良い上昇スパイラルを作りだし、さらなるマスターを生み、よりいっそう気分を高揚させてゆく。こうして子どもは本格的な拡大構築機能を身につけ、当初ささやかだった預金口座は大きく増えてゆく。逆にネガティブな感情を経験すると、難攻不落だとわかっているものだけでできた安全な基地を築きはじめ、外へ発展することを拒むようになる。

三五年前に認知セラピストたちは、うつ病患者に見られるネガティブな感情の「下降スパイラル」に遭遇した。

ジョイスは明け方の午前四時に目が覚め、今日中に書かなくてはならないレポートのことを考えはじめた。第三・四半期収益分析は、すでに一日遅れている。上司が遅れを嫌うことは十分すぎるほど承知していたので、ベッドの中でジョイスはすっかり憂うつになった。「どんなにレポートの出来が良くても、提出が一日遅れたら上司は怒る」と考え、レポートを提出するときの上司の軽蔑したようなしかめ面を想像してさらに落ちこんだ。「このせいでクビになるかもしれない」と考えると悲しくなり、双子の子どもたちに、仕事がなくなったらサマーキャンプに行かせてあげられないと告げるときのことを考えて、ジョイスはとうとう泣きだした。暗澹たる絶望の淵で、ジョイスはいっそ何もかも終わらせてしまおうかと思った。薬は寝室にある……。

うつ状態ではネガティブな記憶がよみがえりやすいので、「下降スパイラル」をたどりがちである。こういうネガティブな考えはさらなるうつ状態を招き、それがますますネガティブな考えをうながす。この下降スパイラルをくい止めることこそ、うつ病患者が学ぶべき重要なスキルである。

では、ポジティブな感情による上昇スパイラルは存在するだろうか。ポジティブな感情を抱くと、人はそれまでとは異なる行動や考え方ができるようになる。つまり、創造的で寛容な考え方をし、冒険的で探索的な行動ができるようになる。こうして世界が拡大されるとさらに困難は克服されてゆき、それがポジティブな感情を生み、考え方も行動もいっそう拡大・構築されてゆく。

もしもこういう循環が本当に存在し、それが利用できるのなら、幸せな人生への可能性はさらに計りしれないものになる。

バーバラ・フレデリクソンとトーマス・ジョイナーは、上昇スパイラルを発見した最初の研究者となった。二人は五週間の間隔を空けて一三八名の学生に気分についての二回のテストをおこない、各人に認知に関する「対処スタイル」を明らかにしてもらった。最初のテストでは学生に前年経験したいちばんの重大問題を選ばせ、それにどのように対処したかを書かせたが、得られた回答には、あきらめる、助言を求める、前向きな再構成、自由討議、回避、認識分析（問題への別の対処法を考える、一歩しりぞいて客観的になる、といった寛容な対処スタイル）などがあった。

同じ学生たちに五週間後、同じテストを受けてもらったところ、以前より幸福になると同時に、もっと寛容な対処スタイルをとるようになり、その変化の様子をくわしく観察することができた。最初に幸福だった学生は、五週間後にはもっと寛容になり、最初に寛容だった学生は、もっと幸福になった。この結果は、上昇スパイラルのプロセスがきわめて重要であることを明らかに示していた。したがって子育ての第二の原則――子どものポジティブな感情を強化し、さらにポジティブな感情を生むための上昇スパイラルに導く――がここから導かれた。

子育ての第三の原則は、子どものポジティブな感情をネガティブな感情と同じくらい重要にとらえること、つまり、その強みを弱点と同じくらい大切にすることである。現在の有力な定説によると、ネガティブな動機こそが人間の本質で、ポジティブな動機はそこから派生したにすぎないとされているが、私はその定説を信じるに足る証拠をほとんど得ていない。それどころか、私は進化によってこの両方の特性が選ばれたのであり、殺人や窃盗、利己主義、邪悪さが生まれるのと同様に、道徳や協力、利他主義、善良さも生まれるのだと考えている。ポジティブな特性とネガティブな特性はともに真実であり、根源的であるとする両面的な視点こそが、ポジティブ心理学の基本前提なのだ。

子どものかんしゃくやぐずりを目の前にしている親にとって、その場でこうしたことを思い起こすことはむずかしいだろうが、ポジティブ心理学から生まれる次の三つの育児原則を意識することはできるだろう。

●ポジティブな感情は、子どもが将来活用できる知的・社会的・身体的な能力を「拡大し構築」する。

●子どものポジティブな感情を強めてやると、ポジティブな感情の「上昇スパイラル」を引き起こすことができる。

●子どもが示すポジティブな特性とネガティブな特性は、どちらも「真実であり本物」である。

親として最も喜びに満ちた仕事は、単に子どものネガティブな感情や特性を解消してやることだけではなく、ポジティブな感情と特性を育ててやることである。生後三カ月の赤ん坊のほほえみは誰にでもはっきりわかるが、その子の優しさや賢明さまではわからない。ポジティブな感情は強みや美徳より早く出現し、それをもとに強みや美徳が発達していく。そこで次に、子どものポジティブな感情を育てるために私たちがとっている方法を紹介しよう。

## ポジティブな感情を育てる八つのテクニック

### ①添い寝の利点

マンディと私は、第一子のラーラが生まれた直後から、子どもとの添い寝を実践しはじめた。おっぱいをやる妻にとっては、赤ん坊をそのまま私たちのベッドで眠らせたほうがずっと便利だったのだ。最初に妻からその提案を受けたとき、私は仰天した。そして「雌牛が寝返りをうって子牛をつぶしてしまった映画を見たばかりだ。それに私たち夫婦のことはどうなるんだ」と不満を述べた。しかし、私たちの子育て計画ではいつもそうだが、妻のほうが勝った。添い寝の効果は絶大で、ほかの子どもたちにも実践し、まもなく一歳の誕生日を迎える末っ子のカーリーはまだ私たちといっしょに寝ている。この昔ながらの添い寝が良い理由には次の三つがある。

#### ●甘え

両親と赤ん坊のあいだに愛情の強い絆を築くことができる。目が覚めたときいつも親がそばにいると、見放されるという恐怖感が弱まり、安心感が強まる。忙しい両親にとっては、赤ん坊とのふれあいという貴重な時間が増えることになる。子どもと過ごす時間が多ければ多いほど、みんなにとって良い結果になることを否定する人はいないだろう。添い寝すれば、赤ん坊が寝つくとき、真夜中に目が覚めたとき、朝起きるとき、両親と子どもはいつでもかかわりあえる。さらに、赤ん坊が真夜中に空腹でいつまでも泣かずにすむ。日本ではこれを「甘え」と表現するが、適切に育てられた子どもなら誰もがもつ大事にされているという感覚、つまり、当然愛されているという確信を育てるものである。私たちはみな、大切にされていると子どもに感じてほしいし、愛されるという期待をもって新しい状況に臨んでもらいたい。たとえそれが間違いだとわかっても、結局のところ、こうした経験が期待感を最も生み出しやすいのだ。

## ●安全

多くの親は赤ん坊のことを過剰に心配しすぎる。乳幼児突然死症候群や呼吸停止以外にも、侵入者や火災、洪水、ペットや虫による攻撃など、予期できない危険は多い。添い寝をしていればこうした不測の事態が起きたとしても子どもの命を守れる可能性は高い。それに、小児科の文献には睡眠中の親が寝返りして赤ん坊をつぶしたという例は見られない。

## ●父親との冒険

私たちの文化では母親が子育ての中心である。その結果、赤ん坊は母親を慕ってまとわりつくようになり、父親は自分が排除されていることになかなか気づかない。赤ん坊といっしょに寝ることでこの点が改善できる。

添い寝の理論的根拠は、即効性があり長続きするという特性により、信頼できるアタッチメントを作りだすことだ。前章で述べた愛情を込めた関心がもたらす利点は、配偶者だけでなく子どもにとっても大切である。赤ん坊が目を覚ますと、そこには親がいる。親が起きていて、子どもに時間を割き、関心を向けてくれる。こうしたことこそが、子どもが親を信頼し、親に大事にされているという感覚を育てる源泉なのだ。

## ②同調ゲームの利点

私は子どもが満一歳になるまで、六人の子ども全員と「同調ゲーム」をしてきた（ちなみに私には三二歳のアマンダと二七歳のデイビッドという二人の子どももいる）。このゲームは無力感についての研究から生まれた。もう三〇年以上前におこなった学習性無力感の実験において、避けられないショックを受けた動物は、何をしてもだめだとわかると、受け身で抑うつ状態になることがわかった。さらに、早死にすることさえある。それに対して、まったく同じショックを受けても、それを制御できる、つまり自分が行動すればショックをくい止められるような場合には、動物も人間も活動的になり、情動が落ち着き、健康になるという正反対の結果が得られた。その決定的な変数は「随伴性」である。つまり行動することに効果があり、結果を制御できると知ることが重要なのである。ここに育児のための直接的な示唆がある。「マスター（熟知・統御力）」は育児に良好な効果を生むはずだ。逆に、行動と結果のあいだに何も関連がないと、受け身で抑うつ的になり、健康を損ねる。

同調ゲームは簡単なので、赤ん坊としょっちゅう遊ぶことができる。私たちは食事のときや車の中で遊んだ。方法は次の通りだ。昼食のとき、おなかがいっぱいになったカーリーがテーブルをバンとたたくのを私たちは待っていた。彼女がバンとたたいたとき、同時に私たちもテーブルをたたいた。カーリーは顔を上げ、今度は三回たたいた。すると私たちも三回たたく。カーリーはにっこりした。次に両手で一回たたく。私たちも同じように両手で一回たたいた。カーリーは笑いだし、私たちみんなも大笑いした。カーリーは、自分の行動が大好きな人たちに影響を与えていることを学んだのである。それが大事なのだ。

赤ん坊にあまり早くから同調性を教えすぎると、本人の自尊心を「損ねる」のではないかと考える向きもあるかもしれない。だがこうした役立たずの「自尊心」運動を弾劾するため、私は一九九六年に次のような文章を書いた。

子どもには失敗が必要である。悲しみや不安、怒りを感じることが必要である。一時の感情に駆られて子どもを失敗から守ってやれば、技能を学ぶ機会を奪うことになる。子どもが障害に出合ったとき、大人が介入してその自尊心を煽り、風当たりを弱くし、ほとばしる歓喜から気持ちをそらせてしまうと、子どもはかえって障害の克服をマスターすることが困難になる。マスターの機会を子どもから奪うのは、ことあるごとにけなしたり、恥をかかせたり、物理的に邪魔をしたりするのと同様に、確実に子どもの自尊心を弱めてしまう。

だから私は、「自尊心運動」はとくにそうだが、子どもに苦労をさせないという価値観は、自尊心のない人間を大量に生むという望ましくない結果をもたらすのではないかと思う。不快感を和らげてしまうと、快感やフローを経験するのが困難になる。敗北感を回避すると、子どもたちはマスターを感じにくくなる。正当な悲しみや不安を鈍らせると、子どもたちをいわれなき落ちこみのリスクにさらすことになる。そして、とるに足らない成功をほめることは、取り返しのつかない失敗を生み出すことになるのだ。

現実の世界は赤ん坊の思いどおりにはならないし、赤ん坊時代という繭玉《まゆだま》から外に出たときには、自分が本当はどんなに微力であるか知って思い悩むだろう。親は子どもに、失敗とその対処スタイルを教えてやらなくてはならない。同調ゲームの欠点に対する私の答えは二重構造になっている。まず、たとえ同調ゲームでたくさん遊んであげたとしても、衝撃から守られた赤ん坊の小さな世界には、まだ学びうるたくさんの失敗や事件があるということだ。電話が鳴る、おもらしをする、母親が買い物に行ってしまう、お腹が痛くなるといったことはみな、子どもにはどうにもならないことである。第二に、同調ゲームは人生の基本であるということだ。この人生の大事な時期に「無気力」あるいは「同調性」のどちらかを選ぶなら、私は同調性を選ぶ。いろいろなことを選ぶ積極性は多ければ多いにこしたことはない。

この意地の悪い疑問以外に思い当たる欠点はない。同調ゲームは、誰でもいつでもどこでも簡単にでき、肯定的な気分を大幅に増してくれる。

## ③否定の言葉は控えめに

カーリーが「ママ、パパ、マンマ」に続いて四番目に話した言葉は「いいよ」だった。そして一歳になるまで「いや」を言わなかった。これには驚いた。通常は否定の言葉である「いや、だめ」のほうが、肯定の言葉の「うん、いいよ」よりもずっと早く口に出るからだ。原因として考えられるのは、私たちが否定の言葉を意識して控えめに用いていたことだ。「いや」は制約や危険を意味するため、子どもの生活においては重要な言葉である。だがこれを無差別に多用することは子どもにとって有害だと私は思う。親は、自分たちにとって不都合なことと、子どもにとって危険だったり制約となることとを混同しやすい。たとえば、私が親になったばかりのころなら、ラーラが私のアイスティーに手を伸ばしたら、私は「だめ！」と叫んだだろう。だがこれはただ自分に不都合なだけであって、制約するほどのことではないし、ましてや危険ではない。ラーラの手の届かない場所にアイスティーをどけてしまえばよいだけのことだ。今なら私は、それに替わる言葉を見つけようとするだろう。カーリーが私の胸毛を引っ張ろうとしたり、エイブというペットのカメを突いたりすると、私は子どもの心を和らげるために、「だめ」ではなく「そっとだよ」とか「なでなで」と言うようにしている。

この方法の明らかな欠点としては、フリースクールの子どもの悪夢、つまり、制約やマナー、危険の感覚がないことがあげられる。「だめ」はたしかに私たちの語彙にはあるもので、危険（熱湯、ナイフ、漆、道路）や制約（上等の家具に傷をつける、食べ物を投げる、嘘をつく、他人を傷つける、犬をつねる）に対して用いられる。しかし、それが親の不都合だけによるものなら、できるだけ肯定的な別の言葉で表現するようにしよう。

買い物に行ったとき、子どもがつんざくような声で「買って買って！」と駄々をこねることがよくある。これに対して「だめだめ！」と応戦しなくてもすむ例を紹介しよう。おもちゃを買いにトイザらスへ行くと、自分の欲しい商品を見つけて子どもたち全員がおねだりを始める。こういうとき私は、次のように答えることにしている。「ダリル、あと二カ月で君の誕生日だね。家に帰ったら、このビデオゲームを君の願いごとのリストに加えよう」

これは効果てきめんである。しかも衝動的な欲求を将来の願いへと転換できる。

## ④上手なほめ方と罰し方

何をしたかに関係なく子どもをほめることには二つの危険がある。まず、何をしてもほめられるため受け身になること。もう一つは、本当に成功したときに賞賛を正当に認識できないという弊害を生むことである。善意から出たものであっても無条件のポジティブ評価は、失敗と成功から学ぶことを不可能にしてしまうことがある。

愛情、好意、温かさ、喜びは、無条件にわき出るものであり、これが多いほどポジティブな雰囲気になり、子どもは安心する。安心すればするほど子どもはよりいっそう冒険ができ、障害の克服をマスターする。しかし、ほめることはこれらとはまったく異なる。ただ子どもを喜ばせるためにではなく、成功に応じて子どもをほめ、その達成したことに見合うようほめ方を変えることが必要だ。たとえば、子どもがおもちゃの自動車に人形をうまく立てるのを待ってからほめよう。また、それをやたらすごいことのようにあつかう必要はない。最高の賞賛は、自分の姉妹の名前を言えたり、初めてボールをキャッチしたりといった、子どもがもっと大きなことをなしとげたときのためにとっておこう。

罰は、苦痛と恐怖を呼び起こすため、ポジティブな感情の弊害になる。また、罰は子どもを萎縮させ、その行動を停止させるため、マスターの弊害にもなる。しかし、罰することは無条件のポジティブ評価ほど問題ではない。罰には効果がないとしたB・F・スキナーは間違っている。罰は、望ましくない行為を除去するにはきわめて効果的であり、それを改善するには最適な手段だろう。多くの実験がそれを証明している。だが実際には、子どもは自分がなぜ罰せられるのかわからないことが多く、その苦痛と恐怖は自分を罰する人と状況全体に向かっていく。こうなると子どもは恐がり、萎縮して、罰せられたときの反応だけでなく、自分を罰する親をも避けるようになる。

子どもがなぜ罰せられるのか理解できないわけは、「安全信号」に関するラットの実験で説明することができる。この実験では電気ショックなどの嫌な出来事の直前に、信号として大きな音を出すようにした。この音は危険信号となり、ラットは音と危険との関連を学ぶにつれ、恐怖を示すようになる。さらに重要なのは、音がないときにはショックも絶対にないということである。音がないことは安全信号であるため、そういうときのラットはくつろいでいる。危険信号が重要なのは、それがなければ安全を意味するからであり、明確な危険信号がなければ、明確な安全信号もありえない。その場合、ラットはつねに恐怖で丸まっている。まったく同じショックを与える前に一分間続けて音を鳴らすと、ラットは音が鳴っているあいだじゅうはおびえて丸まっているが、それ以外のときは正常に活動する。

罰で失敗することが多いのは、子どもにとって安全信号がはっきりしないせいである。子どもを罰するときには危険信号を明確にしなくてはならない。それが安全信号を明確にすることにつながる。そして、自分のどの行動が罰せられるのかを子どもに正確に知らせることが必要だ。また、子ども自身やその性質を罰する対象にしてはいけない。罰する対象はあくまでも具体的な行動だけにする。

この方法の主な欠点は、いつも子どもに上機嫌でいてもらいたいという、親の自然な気持ちにそぐわないことだ。子どもはほめてもらえなくて、あるいは思ったほどほめてもらえなくてがっかりすることがある。これは大きな代価である。しかし、それ以上に、良い出来事に対する学習性無力感を妨げ、子どもに信頼されつづけるという利点は、その代価を補ってあまりある。明確な安全信号とともに罰することの主な欠点も、これと同様である。子どもにはほんの少しでも嫌な気分でいてもらいたくない。しかし、くりかえすようだが、本当に不快で危険な行為をやめさせることの重要性のほうが、この欠点よりはるかに大事だ。

### ⑤兄弟間の競争

年長の子どもは生まれつき弟や妹に対して脅威を感じて嫌うという説が、一般に広く信じられている。だがこの説は、ポジティブ心理学と従来の心理学のあいだの最も根本的な違いを示すものである。「ネガティブ心理学」の見解では性悪説が普遍的なものだとされているが、それはこの心理学が、戦争中の社会的混乱や貧困との戦いのために問題を抱え、セラピーを求めている個人を対象としたものだからである。たしかに兄弟間の競争は、愛や関心が不足し、それをめぐって兄弟が勝つか負けるかの戦いをくりひろげているような家庭において数多く見られる。愛や関心、順位についての勝つか負けるかのゲームは、激しい憎しみや理不尽なねたみ、喪失の悲しみ、見放されることへの恐れといったネガティブな感情のオンパレードを呼び起こす。フロイトとその後継者一派が、兄弟間の競争について華々しいキャンペーンをくりひろげたとしても不思議はない。

だが、愛や関心がさほど枯渇していない家庭では兄弟間の競争がそれほど問題にならないということに、両親を含めた当人たちはあまり気づいていないようである。ときどき不都合はあっても、家庭に潤沢な愛と関心をもたらすことができれば、克服できないものはない。また、年長の子どもに自分が大切にされているという感情を育ててやれるような効果的な手段もある。

新しく子どもが生まれ、病院からその赤ん坊を連れて帰宅するたび、マンディは次のような儀式をおこなう。それを見て私は、はらはらせずにいられなかった。マンディは二歳半のラーラをベッドの上に置き、枕で囲った。「手を出してごらん、ラーラ」。力強く自信に満ちた声で言いながら、マンディは生後三六時間のニッキをラーラの膝に抱かせた。ダリルやカーリーが生まれたときも、同じように上の子どもに赤ん坊を抱かせた。

いつでもそれは効果があった。生まれたばかりの赤ん坊はうれしそうな兄や姉に抱きしめられた。

マンディがこの儀式にこだわるのは、どの子どもも、自分が大切で信頼されたかけがえのない特別な存在だと感じたがっていると考えるからだ。この願望が少しでもおびやかされると、たちまち兄弟間の競争が生まれる。ニッキが生まれてまもなく、私たちはラーラの中にその芽生えがあるのに気づいた。

ニッキが生まれてから初めてのポーカーの夜、客たちはみな赤ん坊に「わあ」とか「ハイ」といった型どおりの声をかけた。そばにララが座っていたが、みなに無視されて、みるみるうちにしょんぼりとしていった。

次の朝、ララが寝室にやってきて、赤ん坊に授乳しているマンディに向かってティッシュを取ってと言った。「ララ、自分で取りなさい。ママは赤ちゃんにお乳をやっているんだから」と私が叱るように言うと、ララはわっと泣きだして部屋を飛びだした。その日の午後、マンディがニッキのオムツを替えていると、ララがやってきて「ニッキなんて大嫌い」と言い、マンディの足にがぶりとかみついた。

これが兄弟間の競争だと診断するのに二人の心理学者はいらないし、マンディが教えているような解決策を実行する必要もない。その夜、マンディはニッキのオムツ替えのときにララを呼んで、「ニッキには本当にあなたの助けが必要なの。ママも同じよ」と言った。やがてマンディとララはチームを組んでニッキのオムツ替えを始めた。マンディが汚れたオムツをはずしているあいだに、ララがお尻ふきを取る。マンディがニッキのお尻をふいていると、ララが汚れたオムツを捨てて新しいオムツをわたす。マンディがニッキに新しいオムツをつけたら、マンディとララはいっしょに手を洗いに行く。マンデイが一人でオムツ替えをするのに比べて二倍の時間がかかるが、この場合、時間は問題ではない。

フロイト派の学者だったら、この解決策は二歳半のラーラにさらなる侮辱を与えるものだとやきもきするかもしれない。ラーラは自分のライバルのために厄介な雑用を抱えこんだのだから。しかし、私たちは、ラーラが責任のある仕事を頼まれて、自分が大切にされ信頼されていると感じ、それによって安心感と自分が特別な存在なのだという意識を得るだろうと考えた。

その七年後、ラーラはローラースケートで腕を骨折してしまった。今度はニッキがラーラに恩返しをする番だった。学業優秀なラーラに対してニッキは遅れぎみで、テニスのグラウンド・ストロークでも姉にかなわなかった。けれどもニッキには、いたわりと思いやりという強みがある。そこでマンディは、ニッキの強みを妬みに対抗するために生かした。ニッキはラーラの看護師役を務め、姉の歯ブラシに歯磨き粉をつけてやり、靴ひもを結び、髪をとかしてあげた。泳ぎに行ったときには、ラーラのかたわらで楽しそうに姉のギプスを支えながら泳いだ。

上昇スパイラルのほかに、ポジティブな感情の外に向かうスパイラルという原則がある。ニッキは、看護師とヘルパーという重要な役目を担うことで心の広さを養っただけでなく、彼女のマスター意識がさざ波のように外へ広がっていったのだ。その結果、学業面でも顕著な向上が見られ、それまでできなかったテニスのバックハンドも突然できるようになった。

学齢期になるとそれぞれの子どもの強みが明確になり、その強みの輪郭が兄弟間の競争を和らげる役割をはたすようになる。そうした個々の子どもの強みに応じて家の仕事を配分するとよい。雑用は退屈かもしれない。しかしジョージ・バイラントは、一九三九年から四四年のハーバード大学での授業と、サマビル市内の人びとを対象にした二つの大がかりな老いの研究によって、家事労働こそ大人になってからの成功を決める鍵であることを発見した。子ども時代に家事を手伝うことは、将来の肯定的な精神の健康を約束する唯一の鍵である。だからぜひ子どもには家事をやらせるようにしよう。

しかし、誰にどの仕事を頼めばよいだろう。

ニッキの強みであるいたわりと思いやりは、動物の世話に向いている。彼女は二匹のオールド・イングリッシュ・シェパード、バーニーとロージーにエサをやり、ブラッシングをし、ビタミンを与えた。また、ロシア陸ガメのエイブも散歩させ、ケージを掃除した。完全主義者で勤勉なラーラは、病院のようにきちんとしたベッドメイキングをする。ダリルは食器洗いの担当だ。そのユーモアと陽気さで、皿を洗ったりバケツにゴミを放りこんだりする作業は、抱腹絶倒の楽しいものになる。

子どもたちそれぞれの強みを活用し、それにふさわしい家事作業をさせることで、私たちはジョージ・バイラントの聡明な助言どおりに兄弟間の競争を緩和している。

## ⑥就寝前は価値あるひととき

子どもが寝る前の時間は、一日の中で最も貴重なひとときである。だが親はおざなりのおやすみのキスや手短なお祈り、あるいはちょっとした儀式などで、この時間を無駄にしてしまうことが多い。私たちはこの一五分間を「就寝前の価値あるひととき」として活用している。これは食器を洗ったりテレビを見たりするよりずっと価値のある時間だ。この時間に私たちは、「最高の瞬間」と「夢の国」と名づけた二つのゲームを実行している。

## ●最高の瞬間

子どもたちはトイザらスに行けば欲しい物が何でも買える。にもかかわらず、子どもの精神生活は驚くほど簡単に暗澹たるものになりうる。結局、肝心なのは、子どもの小さな頭の中にどれほどの積極性があるかということだ。毎日、良い考えと悪い考えがどのくらいわき起こっているのだろう。ポジティブな記憶や期待感、信念がたくさんあれば、ネガティブな気分を持続させにくいし、ネガティブな考えがたくさんあれば、ポジティブな気分を持続させるのは不可能だ。しかし、いったいどのくらいをたくさんと言うのだろう。

ピッツバーグ大学の心理学者グレッグ・ガラモニとロバート・シュワルツは、単純に人それぞれが抱く良い考えと悪い考えを数えて、その比率を割りだすことにした。彼らは「考え」を数えるのに、記憶、夢、説明などのいろいろな手段を用い、その研究によって次のことが判明している。

うつ傾向の人は、悪い考えと良い考えの比率がおおむね一対一で等しく、そうでない人は、良い考えが悪い考えのおよそ二倍だった。この調査結果はじつに単純だが、説得力がある。セラピーの結果もこの見解を証拠づけており、治癒に向かううつ病患者は、前述の比率が一対一から二対一に改善し、症状の停滞した患者は、一対一のままだった。

私たちは次に説明する「最高の瞬間」を肯定的な精神状態の比率を形成するために活用しているが、子どもたちが成長するにつれ、それを内面化していってほしいと思っている。

明かりを消して、マンディとラーラ（五歳）、ニッキ（三歳）は寄り添って寝ていた。

マンディ「かわいいラーラ、今日はどんな良いことがあったのかしら」

ラーラ「リーアとアンドレアと公園へ行って遊んだの。私の小さなおうちでクラッカーを食べたわ。泳ぎに行ってパパと深く潜ったし、お気に入りのお皿をもってランチにも出かけたの」
ニッキ　「ストロベリー・チョコレートを食べた」
ラーラ　「ダリルのガレージでいっしょにふざけたわ。洋服を脱いでパンツだけになったの」
ニッキ　「ニッキも」
ラーラ　「お話を読んだ。川でボートをこいだり、舗道でローラーブレードをしている人を見たわ。パパと映画ビデオを買って、私がレジでお金を払ったの」
マンディ「ほかには？」
ラーラ　「夕食のとき、ダリルに『いないいないいないばあ』をした。ニッキとお風呂で人魚ごっこをした。パパとすごいマシンで遊んだ。テレビでバーニーも見たわ」
ニッキ　「ニッキも。バーニー大好き」
マンディ「じゃあ、何か悪いことはあったかしら」
ラーラ　「ダリルが私の背中にかみついたわ」
マンディ「そう、痛かったわよね」
ラーラ　「とっても！」
マンディ「そうね。ダリルはまだ小さいものね。かんだりしてはいけないことをみんなで教えてあげなくてはいけないわね。明日の朝から始めましょう。いいわね」
ラーラ　「わかった。リーアのウサギが死んじゃったのは悲しかった。うちの犬のレディがウサギを殺して食べたというニッキの話も嫌だった」

マンディ「それはひどすぎるわね」

ラーラ「ひどいわ」

マンディ「ママもニッキのその話は良くないと思う。でも、ニッキはまだ小さくてよくわかっていないのよ。なんとなくお話を作っちゃったのね。ウサギが死んだのは悲しいことだけど、歳をとっていて病気だったの。リーアのパパが別のウサギを買ってくれるでしょう」

ラーラ「たぶんそうね」

マンディ「ラーラはとてもいい日だったみたいね」

ラーラ「ママ、私のいいことはいくつあったの」

マンディ「(考えてから)一五、かな」

ラーラ「じゃあ悪いことはいくつ」

マンディ「二つ、かな」

ラーラ「わーい。一日に一五もいいことがあるなんて! 明日はどんなことがあるのかなあ」

子どもが大きくなると、今日一日を思い出すことのほかに、明日の予告というのを加えた。じつは子どもが二、三歳のころに明日の予告を試みたのだが、うまくいかなかった。翌日のことを考えると、子どもたちが興奮して眠れなくなってしまったからだ。五歳を過ぎるとうまくいくようになり、同時に将来のことを考える力もつく。次にこのことについて述べよう。

## ●夢の国

子どもが眠りに落ちてゆく直前に考えることには、感情と豊かな視覚イメージが満ちていて、これを芯にして夢がつむがれる。夢と気分に関する科学文献は膨大だ。夢のトーンはうつ傾向と関連性がある。うつ傾向の大人と子どもが見る夢は、喪失、敗北、拒絶に満ちている。そして興味深いことに、ほとんどのうつ病の治療薬が夢を妨げる。私たちがおこなっている「夢の国」ゲームは、「楽しい夢」を見るためのものではなく、ポジティブな精神生活の土台を築く手助けになるべきものである。

まず、子どもたちに「とても幸せな場面を思い浮かべるように」と言う。これは誰にでも簡単にでき、とりわけ「最高の瞬間」ゲームのあとだとやりやすい。それから一人ひとりにその場面を語らせ、そこに心を集中させる。次にそれに名前をつけさせる。

ダリルはカーリーと遊んだゲームを思い浮かべた。カーリーに遠くから走ってこさせ、頭を自分のお腹にぶつけさせる。ダリルは倒れ、カーリーが声をあげて笑う。ダリルはこれに「頭」という名前をつけた。

私は催眠術師のような口調で子どもたちにこう言った。「眠ろうとするときに、これから言う三つのことをしてごらん。まず、その幸せな場面を思い浮かべること、次に、その場面につけた名前をくりかえし言うこと、そして最後に、その夢を見ようとすること」

この試みによって、子どもたちが思い浮かべた出来事に関連した幸せな夢が見られるようになることがわかった。さらに、このテクニックを大がかりなワークショップでも活用したところ、思い浮かべた出来事に関連した夢を見る確率はおよそ二倍になった。

## ⑦取引する

子どもたちの心をはっきりとポジティブな方向に強化する、本当に効果的な方法が一つだけある。それはしかめ面を笑顔に変えることだ。私の子どもたちも、「欲しい」「買って」だけで、なかなか「お願い」と言えない時期があった。しかし、この要求はたいてい機嫌の悪いときやぐずっているときに起きる。機嫌が悪くて「欲しい」が始まると、結果は必ず「だめ」になるが、機嫌が良くてニコニコしていれば、「いいよ」という答えが返ってくるかもしれないということを、私たちは子どもたちに伝えた。

しかし、現実にはこうしたやり方があまり効果をあげないこともある。たとえば、一歳のラーラが「ダーダ（パパ）」と言ったとき、私がごほうびにキスのシャワーを浴びせても、ラーラはうれしがるだけで、きょとんとしていたのも不思議はない。ラーラは相変わらず機嫌はいいのに、二度と「ダーダ」とは言わなかった。

マンディは頑固者だ。心理学の学位をもっているのに心理学を信じていない。「これは現実的ではないわ。子どもは過去にほめられたことをただくりかえしはしないもの」と主張する。「子どもだって、少なくとも私たちくらいには将来を考えているのよ。子どもは、将来したいことを叶えてくれると自分が信じていることをするのよ」

親なら誰でも、四、五歳の子どもがときとして見過ごせない、しかし、くい止めることもできない、下降スパイラルにおちいることを知っている。

ニッキにとってそれは隠れることだった。それがもう一週間近く続いていた。古くてだだっ広い家の中で、一日に何度かニッキは隠れ場所を見つけては身を潜めた。マンディは赤ん坊のダリルを世話しながら、声をかぎりにニッキを呼ぶ。「パパを迎えに行かなくてはいけないの」。ニッキはひっそりと隠れたままだ。ラーラにダリルを見てもらい、マンディは「ニッキ！」と半狂乱で叫びながら家や庭を探し回った。ついにニッキを見つけると、日ごろの積もりに積もった怒りとフラストレーションで、マンディはニッキを叱りつけた。しかしどうにもならなかった。ニッキへの関心が増えても減っても、怒鳴っても、ニッキの部屋でゆっくり話しても、見つけた直後にお尻をたたいても、隠れることがどれほど問題で危険か説明しても、何の効き目もなかった。雲隠れは日を追ってひどくなっていった。それが悪いことだとわかっていながら、ニッキはやめようとしなかった。

「絶望的だわ」とマンディは私に言った。そして朝食のとき、「ママと取引をしましょう」とニッキに穏やかに話しかけた。この半年間ずっと、ニッキはバービー人形を欲しがっていた。これは高価な人形で、誕生日のお願いリストの第一候補だ。しかし、ニッキの誕生日はまだ五カ月も先だった。

「今日これからバービー人形を買いに行ってもいいわ」とマンディが提案した。「そのためにニッキがしなければいけない約束は二つあるわ。一つは隠れるのをやめること。もう一つは呼んだらすぐに来ること」

「わかったわ！」とニッキは同意した。

「でも、大きな落とし穴があるのよ」とマンディは続けた。「もし呼んでも来ないことが一度でもあったら、バービーは一週間とりあげるわ。同じことが二度起きたら、お人形は永遠にいなくなるのよ」

ニッキは二度と隠れることはなかった。同じことをダリルにもおこなったが、取引はお守りのように効き目があった。ただし、この手法はあくまでも、ほめたり罰したりというふいつもの手だてを使いつくした場合だけにかぎった。「取引をしましょう」という発案はポジティブな不意打ちであるため、下降スパイラルを打ち破り、子どもはごほうびを失ってはたいへんだと思って、お行儀よくしつづける。ここでは、下降スパイラルを打ち破るためのポジティブな感情を吹きこむことが肝心なのである。ニッキが一週間隠れなければ一週間後にバービーをあげるという約束ではだめで、今ここでバービーをあげることに意味があるのは、そういう理由なのだ。

四歳の子どもと取引するには、いくつかの重要な前提がある。親が幼い子どもでも契約ができること。お行儀が直ってからではなく、その前にごほうびがあること。もし約束を破った場合は、せっかくのごほうびを失うことを子どもにわからせることである。要するに、子どもがしっかり将来を考える姿勢ができていることが前提なのだ。

## ⑧新年の誓い

私たちは毎年、子どもたちといっしょに新年の誓いを立て、それがどのくらい実行できたかをチェックする真夏の反省会をおこなっている。だいたい半分くらいはできているのが相場だ。しかし、ポジティブ心理学にかかわりはじめてから、この誓いにはずいぶん大げさなものがあることに気づいた。たとえば、兄弟姉妹をあまりないがしろにしない、マンディの話をもっと注意深く聞く、コーヒーに入れる砂糖はスプーン四杯までにする、ぐずぐず文句を言わない、といった具合だ。

「汝……するなかれ」は足枷《あしかせ》である。朝起きて、「甘い物を食べてはだめ、浮気はいけない、ギャンブルはだめ、酒を飲まない、けんか腰の電子メールは送らない」など、してはいけないリストをおさらいすることは、ベッドからポジティブな気分で抜け出るときにはふさわしくない。弱点を正し、より節制するといった誓いは、どちらも新年を元気にスタートするときにはふさわしくない。

そこで私たちは、今年の誓いを自分たちの「強み」を強化するものにしようと決めた。

ダリル――ピアノを覚える。

マンディ――物理学の弦理論を習得し、子どもたちに教える。

ニッキ――バレエを一生懸命練習して奨学金を受ける。

ラーラ――小説の投稿雑誌に作品を送る。

パパ――ポジティブ心理学の本を書き、人生最良の一年にする。

私たちは恒例の夏の中間発表を来週に控えているが、このうち四人はうまく実践しているようだ。

## 子どもの強みを伸ばそう

強みの発達は、言語の発達に似ている。正常な新生児はみな、あらゆる言語に対する能力をもっており、いちばん初めの片言の言葉の中にそれぞれの言語の原初的な音を聞きとることができる。だが、やがて「言語変化」が起き、赤ん坊の片言はしだいに周囲の大人が話している言語へと変化していく。一歳の終わりころには母国語となる言語の発音をしっかりとまねるようになり、吸着音と抑揚のないイントネーションの輪郭が消滅する。

明確な証拠はないが、正常な新生児はあらゆる強みの能力をもちあわせていると考えられている。やがて最初の六年間で強みの変化が起きる。幼児は何が自分に賞賛や愛情、関心をもたらすかを見きわめ、その強みを形に彫りあげていく。そのノミは、本人の才能と興味、強みの相互作用であり、子どもの小さな世界の中で何が効果的に働き、何がうまくいかないかを発見しながら、いくつかの強みを細部にいたるまで丁寧に彫りあげていく。それと同時に、いらない部分を削り落としていく。

この楽観的な仮説のもとに、私とマンディは子どもたちに観察できたさまざまな強みに対して、一つひとつを認識し、名前をつけ、ほめた。しばらくするとそこに規則性が見えてきて、子どもはみな同じ固有の強みをくりかえし発揮することがわかった。

たとえばラーラはいつでも公平を心がける子で、彼女がすすんで妹のニッキにブロックを分けてあげたときには、うれしくて親のほうが大騒ぎしてしまったほどだ。夕食の席でマンディに自分が読んでいたある本の話をしていると、ラーラが社会主義の道義的前提に強い関心をもっているのに気づいた。そして七歳のラーラと、共産主義と資本主義、独占主義、反トラスト法について延々と会話が続いたのである。

ニッキは、いつも親切で忍耐強い。彼女はダリルにお絵かきや文字を教えてやり、二人が夜遅くまでそれをしているのをよく見かけた。ダリルは、この章の冒頭で述べたように頑固で勤勉だ。彼が何かに興味をもったら、誰も止めることはできない。

子どもの強みを育てるための第一のアドバイスは、子どもが強みを示したら、どんなものでもほめてやることである。やがて子どもはその中のいくつかの方向に変化していく。これがその子ども固有の強みの原石である。

もう一つのアドバイスは、こうして芽生えてきた強みを、日常の家庭生活の中で発揮できる機会を与えてやることだ。そして、その強みがあらわれるたびに、きちんと名前で認識してあげる。

先週、ラーラには大きな事件があった。彼女は五年間フルートとリコーダーのレッスンを受けており、上級クラスに上がったために新しい先生についた。最初のレッスンで新しい先生は、立ち方、呼吸法、指使いにいたるまで、ラーラが学んできたことすべてが間違っていると指摘したのである。ラーラはショックと失望を抑えながらレッスンを続け、練習時間を倍に増やして頑張った。私たちはこれを「ラーラの辛抱強さの例」と名づけてあげた。

ニッキは幼いカーリーと音楽教室に通っている。ニッキは部屋に人形や子ども用の楽器を並べ、歌に合わせて踊り、カーリーがリズムに合わせて手をたたくのを助けてあげた。私たちはこれを「ニッキの忍耐強さと思いやり、いたわりの気持ちの例」と名づけた。

私たちは自宅学習派なので、子どもたち一人ひとりの固有の強みに沿ってカリキュラムを組むことができる。私たちが自宅学習にこだわる理由は、次の三つである。

①旅行が多いので、その旅を通じて子どもに教育ができる。
②私たちは二人とも熱心な教師である。
③子どもの成長を見守る喜びを見知らぬ人にゆだねたくない。

以上を前提に、一人ひとりの子ども固有の強みを活用できるような家族の活動計画を、今年のカリキュラムの一コースとして設計することについて説明しようと思う。

マンディは今年、子どもたちに地質学を教えようと決めている。うちの子どもたちはみな岩石が好きだし、地質学は化学や古生物学、経済学への優れた導入路だ。子どもたちにはおのおのの鉱物の好みがあり、それぞれの具体的な強みに見あった特別の課題がある。ニッキはその社会的知性と美しいものへの愛から、貴石や宝石を勉強している。彼女の特別テーマは、社会生活や服飾において鉱石がいかに美を創りだしてきたかということだ。公平さという強みをもつラーラは、石油の独占について勉強したいと考えており、ジョン・D・ロックフェラーと彼の慈善活動への転向について調べている。ダリルは、すでに岩石のコレクションを始めており、趣味で鉱物学を研究している私たちの知人にせがんで、いっしょにフィールドワークに出かけている。ダリルの持ち前の頑固さと勤勉さは、こうした旅行で遺憾なく発揮されている。

あるとき、何時間も採取作業をしていたダリルに車へ戻るよううながすと、建設現場に積み上げられた大きな岩山のてっぺんで、薄汚れて汗びっしょりになったダリルはこう叫んだそうだ。

「鉱物学者は休まないんだ!」

# 第13章 本当の幸せを手に入れるために

第1章の最後でみなさんには、幸福度のテストを受けていただいた。本書をここまで読み進んでこられ、いろいろなアドバイスや測定テストを経験された今、もう一度、同じフォーダイスの感情度測定テストを受けていただきたい。

あなたがいつもどのくらい幸せや不幸せを感じているのか、最も近い項目を一つ選んでチェックしてみよう。

☑きわめて幸せだ（喜びに満ちて至福の極みにある）――10点
□とても幸せだ（とても豊かな気分）――9点
□かなり幸せだ（気分が高揚）――8点

□やや幸せだ（豊かでなんとなく元気）――――――7点
□少し幸せだ（通常よりは幸せ）――――――6点
□どちらともいえない（とくに幸せでも不幸せでもない）――――――5点
□少し不幸せだ（5点よりはやや不幸せ）――――――4点
□やや不幸せだ（4点よりは不幸せ）――――――3点
□かなり不幸せだ（なんとなく憂うつな気分）――――――2点
□とても不幸せだ（気分が落ちこんでいる）――――――1点
□きわめて不幸せだ（気分がかなり落ちこんでいる）――――――0点

今度は幸福あるいは不幸だと感じるパーセンテージはどれくらいだろうか。どちらともいえないパーセンテージはどうだろうか。三種類の合計が一〇〇％になるように書き出してみよう。

●幸せだと感じる――――――【　　％】
●不幸せだと感じる――――――【　　％】
●どちらともいえない――――――【　　％】

第1章で説明したように、三〇五〇人の成人アメリカ人の回答をもとに算出した感情の平均点数（一〇点満点で）は六・九二である。幸せあるいは不幸せだと感じる割合の平均は、幸せが五四・一三％、不幸が二〇・四四％、どちらでもないが二五・四三％である。

この本の核となるテーマは、本当の幸せを手に入れるためにはどうしたらよいかということだ。これをかなえる道筋はいくつかあり、それぞれかなり違ったアプローチの方法をとる。この本のパート1では、ポジティブな感情はどうやったら高めることができるかを考察した。ポジティブな感情は、過去、現在、未来の三つに分類されるが、どれか一つだけを取りあげてはぐくむことができる。

たとえば過去に関するポジティブな感情は、過去に感謝し、過去を許し、さらに過去が未来を決定するという旧来の考え方を追放することで増強することができる。未来に関するポジティブな感情は、自分を責め悲観的になっていることに気づき、楽観度を高めるテクニックを使ってこれに反論することで増強できる。

現在に関するポジティブな感情には、快楽と充足感というまったく異なった二つの側面がある。快楽は刹那的で「生《なま》の感覚」そのものを感じとることで慣れのリスクを避けることができ、また、味わいや注意深さを養うことで増強することができる。そして、過去・現在・未来に対するポジティブな感情を追求することで快楽を得ることができる。一方、充足感は持続するもので、没頭や従事、フローに特徴づけられる。重要なのはポジティブな感情やあらゆる意識のないことが充足感を定義づけることだ。充足感は個人の強みや美徳を実践することで初めて得られるものである。そのためパート2では、いたるところに存在する二四種類の強みを説明し、強みを測定するテストを提供した。

パート3では人生の大きな三つの局面である仕事、愛情、子育てにおいて、とっておきの強みを展開する方法を述べた。

私は、あなたならではの強みをできるだけ多くの機会に発揮することが、高い充足感を得て本当の幸せを手に入れるための公式であると考える。

あなたがポジティブな感情を増やし、高い充足感を得られることを願いながら、最後の章へと進もうと思う。最後の章は、人生の意味と目的を探ることがテーマだ。快楽に満ちた人生はポジティブな感情の追求に成功することで実現するが、豊かな人生は本物の充足感を得るためにとっておきの強みを発揮することで実現する。さらに、より大きな何かに貢献するためにとっておきの強みを発揮すると、あなたは有意義な人生という新たなステージへと到達することができる。

# 第14章 私たちが生きる意味と目的

私は、それほど場違いとは感じなかった。義理の父に「プリンストン大学の一年のときにアイビークラブで食事をして以来ですよ」とささやいた。ヨットクラブといえばディズニーランドのものしか行ったことのなかった私が、今、マンディや子どもたち、そして妻の両親とともに本物のヨットクラブで食事をしている。ウエーターが「船長」と呼んでいた隣のテーブルの男性は本物の船長だし、窓の外にはピカピカの外洋航行船が見えた。

サー・ジョン・テンプルトンは私をライフォード・キー・クラブに招待してくれた。そこに約束どおりマンディと子どもたち、それにマンディの両親も同行させたのだった。銀行口座の残金の深刻さを思うと、この約束は軽率だったかもしれないが……。ライフォード・キー・クラブはバハマのニュープロビデンス島北東部にある私有地だ。そこはベルベットのような白砂がどこまでも続くビーチとクリケットのコート、カリブなまりの英語を静かに話す制服姿の使用人、それに映画スターやヨーロッパの王室関係者や世界中の大富豪が所有する豪華な大邸宅で知られており、誰もがバハマのゆるやかな税金制度を享受していた。生きる意味を見つけるという私の考えを提唱するには、少々似つかわしくない環境だ。

ここで一〇人の科学者と哲学者、神学者が集まり、進化には目的と方向性があるかどうかを話し合う会議がおこなわれることになっていた。二、三年前の私なら、このテーマはとるに足らないもの、つまり、ダーウィンの種の起源に反対する原理主義理論の焼き直しという印象しかなかった。しかし、ロバート・ライトが書いた『ノンゼロ』という本を読み、このテーマが驚くほど根元的で厳格に科学に根ざしていることを知ってからは、私は人生の意味と目的の考察に取り組むようになっていた。このヨットクラブに来た理由の一つは、著者のロバートに会えるからだ。彼の理論は、核となる根拠がなければ単なる自己啓発ブームの一現象となってしまうという点で、私が提唱するポジティブ心理学と一致していた。ポジティブ心理学の領域は、ポジティブ生物学よりも下に位置し、おそらくポジティブ哲学やポジティブ神学よりも上に位置し、それぞれがしっかりつながっているべきだ。私はロバートに、『ノンゼロ』で述べられていた内容よりもさらに深い解釈を聞きたかったし、平凡な人生と非凡な人生に意味と目的を与える私の考察も伝えたかった。

このヨットクラブにやってきたのには、もう一つ大事な理由があった。それは、私たちを招待してくれたサー・ジョン・テンプルトンを彼のエデンの園に訪ねることだった。

翌朝、私たちは、緑青色のカーテンがかかった明るい会議室に集まった。どっしりとした黒檀のテーブルの末席にテンプルトンがいた。彼は何年か前、莫大な富を築いていたテンプルトン・ファンドへの投資をやめ、代わりに慈善活動に残りの人生を捧げることを決心した。そして彼の財団では、年に数千万ドルという型破りの奨学金を提供し、宗教と科学のどちらともつかない時代遅れな領域を支援している。彼は八七歳だが、エメラルドグリーンのブレザーに身を包み、いたって元気だ。エール大学総代、熱心な読書家、多作な作家として、彼はいつも前向きに人生を歩んできた。射るようなまなざしで私たちを見つめながら、彼は中心議題を問いかけて会議を開催した。「人生には、高貴な目的があるのだろうか。われわれが自分のためだけに創造した意味を超越するような意味が、人生にあるのだろうか。科学は神聖な目的の存在、あるいは不在について何を訴えるのだろうか」

会議室にはあきらかな不安感、というよりは恐怖心が漂っていた。テンプルトンのあらゆる慈善と寛容の歴史を知り、彼の紳士的な態度を前にしても、それらは払拭されなかった。学者たちは、気前のいい私設財団に依存している。尊厳ある寄贈者を前にして、学者たちはうっかり彼を不快にさせることは言えない。軽率な一言で、長年にわたる手厚い奨学金や役員報酬を受けられなくなるのを恐れている。この会議の出席者のほとんどが過去にテンプルトンの支援を受けたことがあり、今後もそれが継続されることを期待していた。

進歩的な生物学者であるデイビッド・スローン・ウィルソンは、スタートにふさわしい柔らかい語り口で、しかし勇敢にこう語った。「サー・ジョンを前に、私は無神論者であると申し上げます。進化には目的がなく神聖な目的もありません」。まさに、イアン・フレミングの『007サンダーボール作戦』の場面さながらで、マイク・チクセントミハイは私の耳元でささやいた。「ナンバー・フォー、君はそれを言うべきではない。今夜は魚と寝ることになるぞ」と。

私は、くすくす笑いながら、マイクとデイビッドはテンプルトンを本当に理解していないのではないかと思った。私も今、彼とその財団とは親密なかかわりがある。二年前に彼らは突然、私の研究への出資を打診してきた。それは、希望と楽観主義の分野の二日間のプレゼンテーションを私の名前で開催するという趣旨だった。興味深い申し出ではあったが、財団のウェブサイトで、彼の財団がほかにどんな活動を主催しているかをくわしく調べたマンディと私は、その使命の宗教的な役割が気にかかった。

マンディは、一六万人もの心理学者を擁するAPA（アメリカ心理学会）の会長の名を自分たちの利益に利用したがる人が大勢いるということを知っていた。そのため私は財団の役員を家に招いて、申し入れは光栄なことだが断らざるを得ないことを伝えた。ポジティブ心理学も私も名を貸せるものではなく、また、財団の意向には独善的で不愉快な感じを禁じえないということも話した。

役員のアーサー・シュルツは、ポジティブ心理学とテンプルトンの命題は、まったく同じではないが似ていることを指摘した。根底を同じくするというのだ。

財団の命題は、宗教的で精神世界的な側面があるが、同時に科学的でもある。もちろん私のものは世俗的で科学的だが、私の研究を財団が支援することで、社会科学をポジティブな特質や価値と関連づけて何かを探求する方向へ動かせるかもしれないとアーサーは言った。彼は財団が、双方の命題が重なりあう部分だけに協力し、両者ともお互いの組織運営にはかかわらないことを約束した。私は、役員のこの反応に安心した。それ以来、今日にいたるまで、彼らの対応は十分に信頼に足るものである。

私はマイクの辛辣なジョークに笑いをこらえながら、テンプルトンが求めているのは、デイビッドやマイクが懸念しているようなことではないと確信した。過去二〇年間、テンプルトンは、純粋に個人的な探求に取り組んできた。彼のルーツとなるキリスト教の伝統に対しても、少しも独断的ではない。じつは彼は、科学に歩調を合わせられず、またこれまでの発展がもたらした現実の激しい変化にも合わせていけない神学に、物足りなさを感じていたのだ。

テンプルトンは、マイクやデイビッド・ウィルソンや私が探求しているようなテーマの多くを共有していた。八七歳になった彼は、これからの自分を待ちうけているのは何なのかを知りたがっていた。しかし、それは老い先長くないからといった個人的な理由からではなく、人類の未来へのより良い貢献として知りたいと思っていたのだ。もちろん彼は、壮大な疑問を一人で抱えこむことなく、昔の王室のパトロンのように、彼のために考えてくれる多くの人びとを集めるという贅沢ができた。彼は私たちに、「なぜ私たちは存在するのか」「私たちはどこへ向かっているのか」という人類の永遠のテーマに、深遠で明確な独自のビジョンを導きだすことを求めていた。

不思議なことだが、私はかなり若い時分から、この解決困難なテーマについての自分なりの何かをもっていたのだと思う。そして、ロバート・ライトの『ノンゼロ』は、まだ形になっていない私なりの何かを呼び覚ました。しかし、生きる意味を問う私の考察は、もちろん論理的でなければならない。これは、ポジティブ心理学にとって最も重い碇《いかり》のような存在になるだろう。

ロバート・ライトが演台に立った。彼は特異な風貌をしており、やせていて血色は良くないが、大柄で豪快なタイプだ。質問に答えるときはそうでもないのだが、話すときに、すっぱいレモンをかじっているかのように唇をすぼめる。声は穏やかで低く単調だが、ゆっくりとしたテキサスなまりを無理にニューヨークの速いスピードに合わせているかのような話し方だ。しかし、彼が彼である証明はその風変わりな外見や声ではない。それは、彼だけが、いわゆる学者ではないということだった。彼はジャーナリストで、そのことが彼以外の大学関係者から、やや軽蔑めいた見方をされていた。

彼は『ニュー・リパブリック』誌のコラムニストで、この肩書はほぼ一世紀にわたり、政治のエキスパートからエキスパートへと代々引き継がれてきたものだった。一九九〇年代の初めに『モラル・アニマル』を出版し、人間のモラルは進化の基盤に深く関与し、任意でもなければ支配的な社会化の産物でもないと主張した。また彼は一〇年前、プリンストン大学を卒業後まもなく

『アトランティック』誌にインド・ヨーロッパ語族の起源に関する記事を発表している。

政治、進化、生物学、言語学、そして心理学の単なるライターにすぎず、それぞれの分野に精通しているわけがないとみなさんは思われるだろう。しかし、ロバートは違った。彼に会う前に私の旧友で人口統計学の第一人者であるサム・プレストンは、『モラル・アニマル』を今まで読んだ科学に関する本の中で最も偉大な本だと話していた。著名な言語心理学者であるスティーブン・ピンカーも、彼のインド・ヨーロッパ語族に関する記事は「間違いなく革新的だ」と絶賛した。スミッソンやダーウィンの伝説を受け継いだロバートは、今日の偉大なるアマチュア科学者の一人なのである。

ちょうど『ノンゼロ』が出版され、前の日曜日の『ニューヨーク・タイムズ』紙の書評で絶賛されたときだった。そのため学者たちは少しうらやましかったのか、思ったよりは彼を見下したりはしなかった。たとえそういう気持ちがあったとしても、ロバートの話す内容の深さに私たちは愕然とした。

ロバートは、生命の神秘はDNAではなく、ノイマンとモルゲンシュタインが提唱した、一方の利益が他方の損失に結びつかない非ゼロサム・ゲームだという提唱から講演を始めた。勝つか負けるかのゼロサム・ゲームでは、勝利者はポジティブ、敗者はネガティブと、正反対の関係にある。一方、双方がメリットを得るウィン・ウィン・ゲームでは、全体がポジティブとなる。

彼が主張する生命そのものの基本原理は、ウィン・ウィン・ゲームを好む優勢的な繁殖の成功にあるというものだった。つまり生物学の体系は、自然淘汰によってより複雑でより双方が利益を得られる方向に推し進められた。そして複雑な知性は、十分な時間を経ておこなわれた自然淘汰と特異な繁殖の成功の当然の結果だというのである。

この方向性は生物学的な変遷だけではなく、人類の歴史そのものにもいえるとロバートは述べた。数世紀にわたる世界中の政治的変化における共通概念は、未開な人間が野蛮人になり、やがて文明人になるということだ。この進化の過程では、ウィン・ウィン状況が増加し、全体がポジティブへと向かう。そうなると文化もポジティブな方向へと向かったものが生き残り、繁栄する。もちろんロバートは、歴史が次から次へと脅威にさらされることを知っている。歴史上での進化は止まらない蒸気機関車のようなものではなく、言うことを聞かずに動くことを拒んだり突発的に後ろへ戻ったりする馬のようなものだ。ホロコースト、炭疽菌によるテロ、アボリジニの大量虐殺といった後戻りは無視できないが、それでも数世紀にわたる人類の歴史の大きなうねりは、ウィン・ウィン・ゲームの方向性にあるのだ。

私たちは今、静けさの前に吹き荒れる嵐の終わりに生きている。インターネット、グローバリゼーション、非核への流れは偶然ではない。それらもまたウィン・ウィン・ゲームのシナリオが選択した、人類の必然的な産物なのだ。そこを過ぎると人類の未来は、過去よりももっと幸せになるはずだ、そういう曲がり角に立っているのだと、ロバートはしめくくった。会議室は酸欠状態のように息苦しい雰囲気だった。

聴衆は唖然としていた。私たち学者は知性と批評には自信があるが、これほど楽観的な講演は聞いたことがなかった。私たちは、人類の未来に関するバラ色のシナリオが、しかも誰よりも現実政策の立場にある正真正銘の悲観主義者の口から、控えめな言い方で語られることなど経験したこともなかった。その後のうわべだけのディスカッションを終え、まぶしいカリブ海の日ざしの中に出た私はぼうっとしていた。

次の日、私はロバートとゆっくり話すチャンスを得た。彼の娘のエリナーとマーガレットは、プールサイドに腰を下ろして水しぶきをあげていた。金のモールをあしらった白い制服姿の黒人ウエーターは、裕福そうな常連客に飲み物を運んでいた。昨夜、私と家族は町はずれをドライブして道に迷い、そこでバハマを訪れる旅行者の目には触れることのない極貧状況を目の当たりにした。朝になっても、不公平感への怒りと絶望は消えず、富のグローバリゼーションとウィン・ウィン・ゲームの不可抗力に対して強い疑念が渦巻いていたのだ。

どんなに世界中がユートピアへと向かうと信じても、結局は富や特権と結びついてしまうのではないか？　ポジティブ心理学はマズローの欲求階層説でいう、いちばん上に位置する自己実現欲求を主張しているだけになってしまうのだろうか？　楽観主義や幸福、そして協力の世界で、私たちは何をしているのだろうか？

「マーティン、君は生きる意味を探すために、何らかのウィン・ウィン・ゲームの意味合いを具体的にしたかったのではないだろうか？」

ロバートの礼儀正しい問いかけで、私の中のもやもやとしていたものが吹き飛んだような気がした。

最初に心理学、次に神学という二つのかけ離れた視点から私はそこにいたったのだ。私はロバートに言った。

「ぼくは、心理学者たちが科学に従事し、人生にとって最高のものを構築できるように、自分の天職を変えようと心がけてきたんだ。ぼくはネガティブ心理学に対抗しているわけではない。三五年間そうしてきたけど、狂気についての知識を深めるだけではなく、正気についての知識も補い、バランスを今すぐに修正しなくてはいけないんだ」

ロバートが唱えるとおり、かつてないほどに人は人生における意味を見いだすことに取り組むようになっている以上、私は急いでウィン・ウィン・ゲームの立場からの理論立てをしなくてはいけない。

「ロバート、私は美徳とポジティブな感情、つまり、沸きたつ歓喜、満足、喜び、幸せ、陽気な気分といったことを、じつにあれこれと考えてきたんだ。ぼくたちがみなネガティブな感情、つまり、恐れ、怒り、悲しみなどを抱いたら、人間の基本的な行動もネガティブな方向に向くのだろうか。魅力のある楽しいことは、ネガティブな感情からの解放だと説明される。だからぼくたちは、恐れや悲しみから解放してくれる人や物に近づいていく。ではなぜ進化はぼくたちに、ポジティブな感情とネガティブな感情の両方をもたらしたのだろう。一つだけで十分なのに」

私は息もつかぬほど夢中で話していたが、この問いの答えはロバートの『ノンゼロ』理論が説明しているのかもしれない。ネガティブな感情は、私たちが勝つか負けるかの戦いを生き抜くのに不可欠なのだ。食うか食われるかの壮絶な戦いの場にあるとき、恐れと不安は私たちの動機づけであり指南役になる。ネガティブな感情を抱くということは、勝つか負けるかの戦いをしているということだ。そのような感情は、喧嘩、逃亡、あきらめといった行動を引き起こす。さらにその感情は、今、目の前にある問題しか見えないという分析的で狭い思考形式をもたらす。

では、ポジティブな感情はウィン・ウィン・ゲームを引き起こすのだろうか。たとえば、求愛、狩猟、子育て、協力、種まき、教授と習得といった誰もが有益な状況にあるときは、喜びや陽気な気分、満足、幸せが私たちの動機になって行動を導く。ポジティブな感情は知覚システムの一部であり、それはウィン・ウィン・ゲームの可能性を私たちに知らせてくれ、さらに永続的な知性と社会性を増幅するような行動と思考様式を引き起こす。つまり、ポジティブな感情は人生に聖堂をうち建てるのだ。

「ロバート、このことが正しければ、人間の未来は君の予言よりももっと良くなる。ぼくたちがウィン・ウィンの境界にいるのなら、文字どおりの良い感情の境界にいるのだ。文字どおり良い感情の」

「マーティン、君が言いたいのは、生きる意味と神学的な見方ってことだね？」

　ロバートの顔からは半信半疑の表情が消えなかった。しかしその口元は、レモンを食べるときのようにすぼまっていないことは確かだった。ポジティブな感情とウィン・ウィン・ゲームが絡みあっているという考えは彼に伝わったのだ。

「君は無神論者だと思っていたよ」

「ぼくは無神論者さ。少なくとも以前はそうだった。今まで、時間の外側に存在する超自然的な神、宇宙を計画し創造する神という考えを受けいれることができなかった。自分で選んで切り拓く以上に、人生には何か意味があるとは信じることができなかった。でも今までは間違っていたんじゃないかと思いはじめているんだ。でも、ぼくが言いたいことは、創造主を信じている人たちの信仰のようなものではないんだ。そういう人たちは、すでに自分たちが信じる人生を有意義なものへと導いていて、ぼくらもそれは本当だと思っている。だけどぼくは、宗教を信じないコミュニティー、つまり自然だけを信じ証拠を重んじる懐疑的なコミュニティーも、有意義な人生に導く方法として適用できればと思うんだ」

　私は前よりもかなり用心深く歩んでいる。以前は神学書は読まなかったし、昔の科学者が書いた神学的な空論に出会うと時間の無駄だと思っていた。しかし、ロバートの原稿を読んでそれが変わった。最初に、私や人類よりも広く大きな何かの暗示を感じたのだ。私が感じたのは、現実的で神の啓示が不足している人たちが信じることのできる神の暗示だった。

「ロバート、君はアイザック・アシモフが一九五〇年代に書いた『最後の質問』を覚えているかい？」と私が訊くと、彼は首を振って、まだ生まれていなかったとつぶやいたので、私はストーリーの要約を話した。

その物語は太陽系が寒冷化しはじめた二〇六一年に始まる。科学者たちが巨大なコンピュータに「エントロピーは変えられるか」と質問した。コンピュータは「意味のある答えをするにはデータが不十分です」と答えた。次の場面で科学者たちは、人間の知識をすべて記憶する小型化したスーパーコンピュータに質問する――「エントロピーは変えられるか」と。答えは「データが不十分です」だった。これはコンピュータが高性能になっても、宇宙がさらに寒冷化しても、何度も続く場面だ。結局、何兆年かが過ぎ、宇宙のすべてから生命体と熱が消滅してしまう。すべての知識はほとんどゼロに近い超空間のひとにぎりのものに縮小化される。その小さな物体が自問していた――「エントロピーは変えられるか」と。

「光あれ」とそれは答えた。すると光が<u>あ</u>っ<u>た</u>。

「ロバート、この物語の根底には神学があって、それはウィン・ウィン・ゲームの延長線上にある。君は著書で、設計者のいない設計について書いているだろう？　どんどん複雑な方向へ向かうこの設計がぼくたちの運命だ。それは君が主張する運命であり、自然と文化の選択という見えざる手によって支配され、ますますウィン・ウィン・ゲームを好むんだ。ぼくは、世の中のさらなる複雑化は、より大きな力や知識、さらにはより大きな善の心と一致するものだと思っている。

より大きな善の心とは、あらゆる文化に繁栄をもたらす美徳とかかわるものだ。力や知識、そして善の心が増えれば増えるほど、ウィン・ウィン・ゲームの傾向が強まる。もちろん後退や逆転、中断もあるが、全体としてウィン・ウィン・ゲームの方向へ進んでいく。君に訊きたいことがあるんだ。この成長する知識と力と運命は、結局、どこに向かっているのだろう」

彼のすぼめた口元が見てとれたので、私は話を続けた。

「ユダヤ教とキリスト教の神には、全能、全知、善良さ、そして全世界の創造主という四つの業がある。神が善良で全知全能な創造主であるなら、世界にはなぜ瀕死の子どもやテロ、残虐な行為が多いのだろうか。創造主は人間の自由意思を否定している。神が全知全能なら、なぜ人類に自由意思を与えたのか。そもそも誰が創造主を生んだのか」

「こういった疑問について、神学者は『邪悪の存在は、神の計画の不可思議さによるもの』と説明するが、これは悪賢く入り組んだ答えだ。彼らの説だと、私たちに邪悪に見えているものは、神が意図して創った邪悪ではないということになる。人間の自由な意思を、神の四つの業と調和させることはかなりの難問だ。カルビンとルターは全能なる神を守るために、人間の意思をとりあげた。一方、こういったプロテスタントの考えとは対照的なのが『プロセス神学』だ。進行する世の中の複雑化は、必ず自由意思と自意識をともなう。そのため人間の自由意思は神の力の前で強い制約を受けていた。プロセス神学での神は全知全能であることをあきらめ、人間に自由意思を享受することを許した。『創造主を生んだのは誰か』という命題を回避するため、プロセス神学は永遠に複雑化する過程を主張することで、それ自身の創造をあきらめた。つまり、始まりも終わりもないということだ。神がもつ四つの業をすべて除いてしまったために、プロセス神学は失敗したのだ。思うに、神をあまりにも過小にしすぎたのだ。しかし、これも神を全知全能の善良なる創造主と解釈するための最善の試みだ。

神は、本当に善良で全知全能な創造主なのかという疑問には、別の考え方もある。善良で全知全能という三つの業とはあまりに対照的な四番目の創造主という業を、断念するというものだ。この創造主という業が、とくに一神教においては、科学的な考え方の人たちに神を理解しにくくさせている。創造主は超自然的で知的で、時間より前に存在し、自然の法則には従わないように創られているからだ。創造の謎は宇宙論といわれている物理学の分派にゆだねるとしよう。言わせてもらうなら『いい厄介払い』だ。

さて、『神は存在するのか』という壮大な疑問だが、そのような神は今、存在しえない。神が存在するとなると、また二つの同じ謎に突きあたってしまうからだ。『全知全能にして善良なる神が存在するのなら、なぜ世界に悪が存在するのだろうか』『全知全能なる神が存在するのなら、なぜ人間は自由意思をもっているのだろう』という二つの謎がね。だからそのような神はいなかったし、今もいないんだ。

ここでまた、双方ともにメリットを得る、ウィン・ウィン・ゲームの原理はどこに向かうのだろうという質問に戻るが、行く手に待ちかまえているのは、超自然的な神ではなくウィン・ウィン・ゲームのプロセスの中で全知全能な善良さを獲得する神なのだろうと思う。神はたぶん最後にあらわれるのではないだろうか」

不確かさと入り交じって、私は彼の表情に理解したサインを見てとった。ロバートの唇は動かなかった。

より複雑なものを継続して選ぶプロセスは、全知全能で善良なるものを目指すことそのものだ。もちろんこれは、私たちが生きているあいだには達成できないだろう。もしかしたら人類が存続するあいだにも達成できないかもしれない。個人としてできる最善のことは、この進化をうながすための小さな部分から始めることだ。そうすることで、私たちを超越する意味を人生に取り入れる扉を開くことができるのだ。有意義な人生は、自分たちよりも大きな何かに加わる人生である。そしてその何かが大きいほど、人生の意味も多くなる。究極の終わりが私たちの人生に非常に大きな何かを加えるように、参加するプロセスは全知全能で善良だとされる神がもたらすものだ。

人生ではどのような道を歩くことも許されている。これらの目的に向かって、意欲的に、あるいは穏やかに、人生を選ぶことができる。それらに逆行する人生すら選べる。学ぶ、教える、子どもたちを教育する、科学、文学、ジャーナリズムなど多くの知識を豊かにする人生を選ぶことができる。テクノロジー、エンジニア、建築、健康、製造などパワーを豊かにする人生を選ぶことができる。あるいは、法律、警察、防災、宗教、倫理、政治、兵役、チャリティーなど、善良さを豊かにする人生を選ぶことができる。

良い人生とは、毎日の生活の主要な領域で、自分の強みを使うことによって引き出される幸せの中にある。有意義な人生とは、人生を豊かにするのと同じ強みを使って、さらに知識や力、善良さを促進することだ。そういった人生は意義深いものになるだろう。そして、もし最後に神があらわれるとするならば、その人生は崇高なものになるだろう。

# 訳者あとがき

著者のマーティン・セリグマン博士は、一九四二年、ニューヨーク州アルバニー生まれで、現在六一歳。ペンシルベニア大学大学院在学中の一九六四年に「学習性無力感」の理論を発表して以来、うつ症状、楽観主義、悲観主義、そしてポジティブ心理学の研究で現代の心理学を牽引する第一人者である。セリグマン博士の著書は一九九一年に出版され、一六の言語に翻訳された『Learned Optimism』（邦訳『オプティミストはなぜ成功するか』講談社刊）をはじめ、数多くの本が米国のみならず世界各国でベストセラーとなった。

本書『Authentic Happiness』は、アメリカ本国で二〇〇二年に出版され、昨年までにドイツ語、オランダ語、ヘブライ語、中国語、ポルトガル語、イタリア語、スペイン語に翻訳されている博士の最新ベストセラーである。

博士が提唱する「ポジティブ心理学」は、不安や落ちこみ、抑うつといった、人間のもつネガティブな側面を捉えてもとに戻すのではなく、希望や喜び、創造、楽しさといった、ポジティブな側面に視線を向けたものである。そして、「人間にとって何がベストなのか」を追求する過程で、ポジティブ心理学は、人間の複雑な行動についての科学的根拠にもとづいた解明を試みている。本書で博士は、「今よりもっと幸せになるには、そして永遠の幸せを手に入れるには」をテーマに、過去に実施されたさまざまな研究調査の結果をおりまぜ、事実と推論を明確に区別しながら、一つひとつ淡々と論理を展開している。それだけに導き出された結論には説得力がある。

しかし、本書は単なる「幸せ構築法」を科学的に論じる学術書ではない。セリグマン博士の言葉が人の意見を素直に取り入れることの苦手な人の心にも響くのは、みずからが典型的な悲観主義者である博士の、ポジティブな情動が低いレベルにいる人たちに対するかぎりない優しさが根底にあるからだ。

私自身、「普通以上の不幸を抱えていても、たくさんの喜びを得ることはできるのだ（第4章）」、「ポジティブな感情がもとから低いレベルにある地球上の半数の人たちも、けっして不幸せではない（第7章）」といった言葉に勇気づけられ、「過去を許す、忘れる（第5章）」ことの困難さと重要さを知り、そして「許さないという行為で、加害者を直接傷つけることはできないが、許すという行為で自分自身を解放することはできる」との言葉に感銘を受けた。

毎日のように、民族間のいさかいや自爆テロから子どもの虐待まで胸をふさがれるようなニュースが入ってくる今日、ポジティブ心理学が担う役割は大きい。今後もセリグマン博士の活躍からは目が離せそうもない。

本書とめぐりあう機会を与えてくださったアスペクト編集部の宮崎洋一編集長、塚田眞周博さん、オフィス・カガの加賀雅子さん、最後まで忍耐強く助言を頂きありがとうございました。また、本書の訳出にあたってサポートを頂戴した株式会社ジェースの宍戸信天さん、朝倉和子さん、矢澤暢子さん、帯瀬恭子さん、そしてハワイ島のビジネスパートナーのシャーリー・バーマンとアリス・ブラテンに、この場を借りて御礼申しあげます。

二〇〇四年四月

小林裕子

著者略歴

## マーティン・セリグマン
Martin E. P. Seligman, Ph. D

心理学者（ペンシルベニア大学教授）。アメリカ心理学会（APA）の前会長を務めるともに、学習性無力感と学習性楽観主義の提唱者でもあある。これまでに『オプティミストはなぜ成功するか』（講談社）、『つよい子を育てるこころのワクチン』（ダイヤモンド社）をはじめとする20冊以上の著書と200以上の論文を発表。現在は、ポジティブ心理学の推進のために活動する。

http://www.authentichappiness.org/

訳者略歴

## 小林裕子
Hiroko Kobayashi

成蹊大学文学部卒業。㈲ジャパン・ランゲージ・フォーラム代表取締役として、学術論文の翻訳、英語教材の開発などにあたる。主な訳書に、いずれもシャリー・バーマン著で『コストゼロ! インターネット英語留学』（角川書店）、『TOEIC テストのための直前対策シリーズ』（日東書院）、『CD で覚える使える英会話』（日本文芸社）がある。

http://www2.gol.com/users/jlfexecs/



ブックデザイン

HOLON

世界《せかい》でひとつだけの幸《しあわ》せ
ポジティブ心理学《しんりがく》が教《おし》えてくれる満《み》ち足《た》りた人生《じんせい》

2004年7月2日　第1版第1刷発行
2008年3月17日　第1版第2刷発行

著者　マーティン・セリグマン

訳者　小林裕子《こばやしひろこ》

発行人　高比良公成

発行所　株式会社アスペクト
〒101-0054東京都千代田区神田錦町3-18-3錦三ビル3F
TEL:03-5281-2551　FAX:03-5281-2552　ホームページ:http://www.aspect.co.jp

印刷所　中央精版印刷株式会社


ISBN978-4-7572-1044-8